KB260529

지역사 자원의 교육자료 활용방안 탐색

● 지은이

임호민 _

관동대학교 사학과 졸.
관동대학교 일반대학원 사학과 졸.
한국학중앙연구원 한국학대학원 문학박사.
관동대학교, 강릉대학교, 강원대학교 삼척캠퍼스 한국사 시간강사.
2004년 朝鮮後期 江陵地方 士族의 鄕村活動 硏究란 주제로 韓國學中央硏究院 韓國學大學院
에서 博士學位을 취득함.
이 외에도 『강릉시 금석문 자료집』, 「신사임당의 가계와 생애」, 「옛문서를 통해 본 영동」,
「낱장에 담겨진 삼척인의 삶」, 「18세기 강릉지방 사족·관·문중간의 갈등양상」 등 강원 영
동지역사와 관련된 주제의 논문을 다수 발표함.

지역사 자원의 교육자료 활용방안 탐색 - 주제별로 본 강원 영동 지역사 -

초판인쇄일   2009년 7월 20일
초판발행일   2009년 7월 30일
지 은 이   임호민
발 행 인   김선경
발 행 처   도서출판 서경문화사
　　　　　　주소 : 서울 종로구 동숭동 199 - 15(105호)
　　　　　　전화 : 743 - 8203, 8205 / 팩스 : 743 - 8210
　　　　　　메일 : sk8203@chollian.net
인 　 쇄   한성인쇄
제 　 책   반도제책사
등 록 번 호   제 1 - 1664호

ISBN 978-89-6062-046-9   93900

지역사 자원의 교육자료 활용방안 탐색
- 주제별로 본 강원 영동 지역사 -

임 호 민 지음

서경문화사

책 머리에…

우리 나라의 지역사 연구는 대체로 1980년대 이후 본격적으로 시작되었다. 특히 지역사 연구가 시작된 초기, 문헌사학 분야에서는 고문서 자료의 조사와 정리가 일차적으로 추진되었다. 이로 인해 많은 연구 성과물이 축적되었으며, 자연스럽게 지역사 교육의 문제까지로 확대되어 초·중학교 교과과정에 향토사 학습 항목이 설정되기에 이르렀고, 또 지역 소재 대학에서는 지역사 관련 교과목이 개설되는 등 괄목할만한 성과를 낳았다.

필자 역시 관동대학교와 강릉대학교 사학과에서 주로 영동지방의 역사, 향토사연구, 영동지방 역사와 민속 등 지역사와 관련된 교과목을 강의하였다. 그간 필자 또는 선학들의 개별적 연구 성과를 중심으로 강의를 진행하였다. 그리고 정형화된 강의 교재가 없기에 수강생들에게는 매번 논문 또는 요약된 자료를 이메일 또는 학교 홈페이지 수업 커뮤니티를 통해 배포한 후 강의에 임하였다. 이렇게 진행된 강의는 체계적인 지역사 학습을 받지 못한 지역 출신 수강생뿐만 아니라 타지에서 온 학생들에게 올바른 지역문화를 인식하게끔 하였고, 또 수강생들과 직접 자료 수집 및 정리를 해봄으로써 지역사 교육의 기초인 자료의 중요성을 몸소 느끼도록 하였다.

필자는 1990년 대학원 진학 이후 현재까지 줄곧 강원 영동지방 지역사 자료를 수집 및 정리함과 동시에 지역문화와 관련된 연구논문들을 발표하였다. 그러나 이러한 연구 성과들을 어떻게 지역사 교육자료로 활용할 것인지가 매우 고민스러운 일이었다. 이에 2006년 지역사 자료를 교육 자료로 어떻게 활용할 것인지를 고민하기 위해 학술진흥재단으로부터 보호학문강의지원사업을 지원받았고, 이제 그 결과물을 발표하기에 이르렀다.

고민의 결과, 지역사를 연구하는 전문 연구자들은 지속적으로 지역문화 자원에 대한 자료 조사와 분석, 재조명을 수행하여야 하고, 이런 과정을 통해 생성된 연구 성과들을 주제별로 분류하여 지역사 교육 자료로 활용하여야 한다는 것에 도달하였다. 특히 무엇보다도 중요한 것은 분류된 주제별 내용에 담겨져 있는 역사적 사실들을 객관적으로 전달함으로써 학습자 스스로 지역사에 대해 흥미를 갖도록 하여야 한다. 또 그렇게 하자면 수강생 스스로 제시된 역사적 주제나 사실들에 대한 탐구와 적응, 그리고 지역 공동체 의식을 갖도록 함과 동시에 그와 관련된 다양한 의견들을 나눌 수 있는 형태의 학습이 병행되어야 한다.

지역사 교육을 위한 학습 주제 분류는 인물, 고문서, 역사적 사건, 공동체 조직, 유형문화유산, 구전되어 전해지는 설화 속에 담겨진 역사성 등으로 나누었고, 이 책에는 그와 관련된 구체적인 연구 결과들을 논문 형식으로 수록하였다. 이에 필자는 지역사 토론의 장과 강의 현장에서 수록된 논문과 자료에 대한 탐구가 활발히 이루어지기를 기대해 본다.

2009년 7월

임 호 민

차례

Ⅰ. 지역사 교육의 목적과 의의

1. 지역사 교육의 목적

지역사 연구와 교육의 주된 관심은 중앙사 중심의 연구와 교육으로 인해 발생되었던 매몰된 지역사를 발굴하여 학생과 시민들에게 과연 옛날 우리 지역에서는 어떤 인물들이 어떻게 활동하면서 지역사의 주축을 이루어 왔는지, 어떤 일들로 인해 지역의 문화적 환경이 변화되었는지, 또 관청은 지역 운영을 위해 어떤 정책들을 펼쳤는지 그리고 이에 대한 지역민들의 대응은 어떤 모습으로 나타났고 어떤 결과가 초래되었는 지를 살펴보는 일이다. 따라서 이러한 역사적 사실들은 학생과 시민들에게 지역사와 관련된 다양한 역사적 정보로 전달되고, 이와 같은 지역사적 정보를 복합적으로 재구성함으로 인해 지역사에 대한 이해 발달에 중요한 영향을 미치게 된다.

지역사 역시 지역의 변화와 계속성, 역사적 사실들에 대한 인과관계, 발전 등과 같은 시간관련 개념들을 중시한다. 이와 같은 지역사 교육은 지역의 과거, 현재, 미래를 서로 연결시켜 배우는 교육활동이며, 지역사적 사실들을 시간적 변화과정으로 이해하는 활동이다.

그러므로 시간성과 관련된 개념을 정확히 파악하도록 하는 것은 지역사 교육에 있어서 필수적으로 요구되는 사항이다. 이러한 개념들은 모두 역사의 본질적 개념들이기 때문에, 시간적 추이와 관련된 역사적 사실들을 획득하는 것은 지역사 교육의 기초적 목적이 된다.

지역사 교육은 지역민들의 활동을 총체적으로 다루는 교육활동이므로 그 내용의 이해에서 종합적인 접근 방법이 요구된다. 지역사는 지역을 범위로 한 정치, 경제, 사회, 문화 등 총제적 변화상을 상호 인과적으로 파악하는 학문 분야이다. 정치학이 인간 생활의 정치적 측면을, 경제학이 경제적 측면을, 지리학이 지리적 측면을 다룬다면, 역사학은 인간생활의 전체적 측면을 다룬다는 점에서 이들 학문과 구별된다. 따라서 지역사란 지역적인 대상, 즉 특정지역이 지역 연구 범위로 설정된 것을 말한다. 지역을 단위로 하더라도 독특한 지역성을 내포하고 있어야 한다. 또 지역민들과 연관된 사건들은 상호 긴밀하게 유대관계를 맺고 있어야 하며, 그리고 다양한 자료 조사 및 발굴을 통한 역사적 사건의 구체적 설명이 수반되어야 한다.[1]

한편 지역사를 왜 배워야하는가?라는 문제는 흔히들 역사를 왜 배워야 하는가?라고 하는 문제와 무관하지 않다. 학생들에게 역사 학습의 목적을 설명할 때, 보통은 과거의 삶을 재조명함으로써 얻어지는 간접적인 사회경험 취득, 교훈적인 측면에서 과거 사실의 간접적인 경험을 통해 현실사회에서 발생할 수 있는 과오에 대한 예방 등을 그 이유로 설명하고 있다. 또 특정 지역을 대상으로 한 자료의 발굴, 즉 문헌 및 구술자료 등을

---

[1] 정진영은 지역성의 의미를 "특정지역의 특수성만을 강조한다는 것이 아니라 그 지방과 지방민의 입장에서 역사를 연구중심으로 한다" 하였고, 지방과 지방민의 입장이란 "국가나 지배층, 또는 제도가 아니라 그 지방과 거기에 거주하고 있는 인간을 중심으로 그래서 이들이 더 이상 역사의 대상이 아니라 주체가 됨을 말한다" 고 설명하고 있다. (역사문화학회 편, 『지방사와 지방문화 1』, 학연문화사, 1998, pp.78~79)

종합적으로 재구성한 지역사 교재를 가지고 학습하게 됨으로써 얻어진 경험과 지역에 대한 이해는, 지역 사회의 일원으로서의 자각을 가지게 하여 자기 고장을 자랑하는 의식을 싹트게 할 것이고, 그것은 곧 지역발전의 가장 큰 정신적 밑거름이 된다. 즉 지역의식을 가진 동질성 있는 학생들을 양성하는 것이 지역사 교육의 본질이자 또 다른 목적이다.[2]

앞의 목적 외에도 본인이 살고 있는 지역의 역사를 학습함으로써 지역의 정체성을 확고히 하면서 지역민으로서의 긍지와 자부심, 그리고 선조들의 삶을 통해 지역문화의 특성을 인식시키고자 함도 또 하나의 목적에 해당된다. 또한 이러한 역사적 인식을 통해 미래지향적인 지역사회의 발전상을 그려내고자 함도 근원적인 목적이라 할 수 있다. 그리고 바람직한 역사적 기능과 태도, 가치관을 소유한 건전한 시민의 양성이 더 장대한 목적이라 할 수 있다.

2. 지역사 교육을 위한 노력

지역사 학습을 선도하는 지역사 전공자 또는 지역의 역사 담당교사들은 아집과 선입관이 배제된 지역적 특성들을 역사적 시각으로 정리하려는 의식적 노력[3]을 전개해야 한다. 이와 같은 노력이 갖추어 진 후 진행될 수 있는 바람직한 역사교육을 위한 선행의식으로는 양적인 이해와 객관적인 역사인식을 기본으로 한 지역사의 핵심내용에 대한 이해와 역사가들의 역사연구방법론에 대한 본질적 이해가 필요하다.

---

2) 역사문화학회 편, 『지방사와 지방문화 1』, 학연문화사, 1998, p.151.
3) 이해준, 「조선시대 지방사사료의 수집과 정리」, 국사편찬위원회 사료조사위원회 특강자료, 1991.

학생들이 수동적으로 흥미를 가질 수 있도록 유도해야만 지역사 학습의 효과를 지속적으로 유지할 수 있다. 시민들이 역사에 대한 흥미를 느끼면서 역사바로알기에 적극성을 보이는 현상은 시민들의 삶과 거리감을 느끼지 않을 때나 교육 내용이 자신들이 알고 있는 역사적 지식들과 흡사할 때 가장 수동적 동기유발이 일어난다고 해도 과언이 아니다.

따라서 지역사 교수자는 학습의 효과를 극대화하기 위해서 다음의 몇 가지 부분에 대한 수준을 파악하여야 한다. 첫째, 지역민들이 가지고 있는 지역에 대한 신념, 지식, 경험 등에 수준 파악, 둘째, 지역민들의 지역에 대한 종합적인 인식 수준, 셋째, 지역민들이 지역사를 얼마나 구체적이며 구조적으로 알고 있는 지에 대한 파악, 넷째, 지역사와 관련된 역사적 사실들에 대한 다양한 이해성과 상세성, 다섯째, 지역민들이 지역사 내용과 관련된 참고자료 또는 증빙자료들, 즉 역사적 사고의 인자라고 할 수 있는 역사자료에 대한 습득 및 이해 정도 파악, 마지막으로는 지역사와 관련된 사건의 인과 관계와 상호관련성에 대한 이해도 등이다.

그렇지만 시민이나 학생들에 대한 지역사 지식 수준의 파악에 앞서 더 중요하게 생각해야 할 점은 지역사를 전공으로 하는 연구자의 의식과 지역사 연구자의 연구 축적물들이 교육현장에서의 활용성과 동시에 교사의 지역사에 대한 인식과 사고의 전환이 필요하다는 것이다. 참고로 슐만(L. Shulman)은 역사 지식을 전달하는 교사에게 필요한 것으로, 첫째, 교사가 가지고 있는 지식의 양과 구조를 의미하는 내용 지식(content knowledeg), 둘째, 가르치기 위한 내용 지식으로 학생들의 이해를 돕는 유추, 은유, 직유, 예중 등의 방식을 의미하는 교수내용지식(Pedagogical Content Knowledge), 셋째, 어떤 주제나 교과를 가르치기 위한 프로그램과 그와 관련된 교육과정 자료의 이용을 나타내는 교육과정 지식(curricular knowledge) 등을 강조하였다.[4] 특히 이 셋 중에서도 교수내용지식을 더 강조할 필요가 있다.

지역사 연구자 또는 교수자에게 있어서 가장 시급히 개선되어야 할 문제는 지역사 관련 자료의 체계적 수집 및 정리이다. 아무리 내용지식을 담으려고 하나 그와 관련된 원천 자료가 확보되지 않는 이상 내용지식은 담겨질 수 없다. 우리나라 지역사 연구는 1980년대를 접어들면서 서서히 활기를 뛰기 시작하는데, 이때 지역사 자료 수집은 연구자 개인에 의해 이루어졌다. 이러한 모습으로 인해 자료의 공유가 제대로 이루어 지지 않았고, 따라서 원천자료는 몇몇 연구자들의 특정 전유물처럼 인식되던 때도 있었다.

그렇지만 최근에는 상황이 매우 호전되어 국사편찬위원회, 한국학중앙연구원, 정부기록보존소, 각 시군의 박물관과 행정자료실 또는 기록관, 그리고 지역사 자료 수집 및 연구를 중점으로 하는 각 지역 대학 내 연구소 등에서 많은 자료를 수집하였고, 이것을 연구자들에게 제공하기 위해 자료집을 간행하였거나 또는 한국역사정보통합시스템 서버에 탑재하여 책이나 인터넷 상으로 쉽게 자료를 찾을 수 있도록 하고 있다.

이제 지역사 연구자들은 원천 자료의 수집 단계를 넘어서서 수집된 자료를 어떻게 유형화 하고 분류하여 교육 자료를 활용할 것인지에 대해 방법론적 고민과 노력이 필요하다. 우선 지역사 관련 자료를 통한 교육에 있어서 요구되는 몇 가지 조건을 제시하면, 첫째, 수집된 자료의 유형 분류이다. 체계적인 유형 분류를 통해 수집된 자료가 지속 가능한 교육 자료로 활용될 수 있는 지에 대한 여부를 판단하여야 한다. 즉 주제별 유형 분류를 통해 다양한 지역문화 관련 강좌 주제를 개발하여야 한다. 예컨대, 역사적 인물의 가계도 조사 및 그리기 강좌, 불교유적과 불교미술 등을 주제로 한 강좌, 향교나 祠院과 같은 유교유적과 관련된 강좌, 문중중심으로

---

4) 김한종 외, 「역사교사의 인지적 특성이 역사수업에 미치는 영향」, 『역사교육과 역사인식』, 책과 함께, 2005, pp.95~135.

운영되었던 사우나 재실 건립과 그 주체들을 주제로 한 강좌 등을 들 수 있다.

예시한 강좌들이 초기에 효과를 얻으려면 첫째, 전문화된 것보다는 교양 수준의 내용과 교수법을 통해 진행되어야 한다. 특히 혈연 공동체 형성과 운영 그리고 지역사회 운영과 관련해서 혈연 공동체가 어떤 역할과 입장을 취하고 있는지에 대한 인과적 분석은 혹 그간 잘못 인식하고 있던 혈연적 문제로 인한 지역민들 간의 분쟁 등을 야기시킬 수도 있기 때문에 매우 객관적이면서도 사실적인 역사 지식의 전달이 요구된다.

둘째, 수집 자료를 대상으로 한 연구 주제 개발이다. 가령 지역 주민의 생활사와 관련해서 어촌지역 사람들은 어떻게 살았을까? 조선후기 지방의 양반들은 어떻게 살았을까? 대한제국기 및 일제강점기 지역 지식인 층들의 현실 인식과 생활상 알아보기 등의 주제 개발이 가능할 것이다. 이와 같은 주제에 합당한 자료들을 수업 현장에서는 원본 자료를 제시하는 것도 중요하지만 피교육자들의 용이한 이해를 돕기 위해서는 가공할 필요성이 있다. 이에 수집 자료의 가공 방안에 대한 검토가 있어야 한다.

셋째, 전근대 자료 조사 및 연구 시 가장 필수적인 요소는 사료 터득 능력이다. 한자능력의 향상을 위한 선수 교육이 필요하다는 것이다. 예컨대 선수교육에 있어서 한문학습이 체계적으로 이루질 수 있다면 좋지만 그렇지 못하다면, 터득이 용이한 사료, 즉 국역화가 추진된 실록, 신증동국여지승람 또는 지역과 직접 관련된 읍지류 등을 사료 독해 자료로 채택하여 학습함으로써 기초적인 한문학습을 향상시킴은 물론이거니와 지역사에 대한 기본적 사실을 이해하는데 많은 도움이 된다.

이러한 세가지 조건은 지역사 교육을 수행함에 있어서 선행되어야 할 사안들이다. 선행된 조건들이 충족되었을 경우, 유형별 자료 제시를 통해 지역사 교육의 성과를 높일 수 있을 것이다. 제시 가능한 지역사 자료로는 첫째, 실제 지역사 자료에서 수집 가능한 자료, 즉 고문서 자료의 원본 제시를 통해 생소한 고문서 자료의 중요성을 각인시킴과 동시에 이들 고문서 자료를 어떻게 역사 연구에 활용할 수 있는지, 그리고 박물관 등에서 쉽게 접할 수 있는 교지, 소지, 호구단자 등과 같은 자료를 제시한 후 이들 자료가 가지고 있는 사료적 가치와 활용성을 습득하도록 하여야 한다.

둘째, 최근 지역사와 관련하여 구술사 자료도 매우 중요하게 인식되고 있다. 특히 구술사 자료의 경우 가장 최근의 사료로서 생동감이 있을 뿐만 아니라 시민들에게 최근 지역사회의 변화나 실상을 파악하는데 있어서 귀중한 자원으로 이용될 수 있다. 가령 강원 영동지방은 1945년 해방 이후 남북분단선 38선 전후 지역이었고, 또 한국전쟁 발발 직전과 직후 좌우익의 대립과 갈등이 표출되었던 뼈아픈 역사를 간직한 지역이다. 따라서 당시 실상을 잘 담고 있는 구술 자료는 지역사를 학습하려는 학생 또는 시민들에게 있어서 최근 지역사와 관련된 생생한 사실을 전달할 수 있다는 측면과 근현대 자료 확보의 필요성과 중요성을 인식시킨다는 측면에서 유용하다.

셋째, 지역사 교육에 있어서 활용될 수 있는 자원으로는 각 지역에 산재해 있는 유무형의 문화자원을 들 수 있다. 예컨대, 강릉지역의 경우 강릉단오제, 학산오독떼기, 관노가면극 등과 같은 무형문화유산이 있고, 유형문화유산으로는 임영관, 객사문, 칠사당, 강릉읍성과 같은 관아유적, 강릉향교, 오봉서원, 송담서원, 향현사 등과 같은 성리학 또는 교육관련 유적, 굴산사지, 보현사 등과 같은 불교 관련 유적 등이 있다. 이와 같은 다양한 형태와 성격을 갖고 있는 유적들에 대한 현장 답사와 이들 문화유산들에 대한 역사성 파악은 지역사 교육에 있어서 또 다른 매우 중요한 요소 중에 하나이다.

이러한 자원을 교육 자료로 이용함에 있어서 활용되는 일반적 방법은 현장체험을 병행한 해설이다. 그러나 더 효과를 극대화하기 위해서는 학생 스스로 호기심을 갖게 한 후 그 호기심을 해결하기 위한 방법들, 예컨대, 자발적으로 이와 관련된 문헌자료는 어떤 것들이 있고, 거기에는 어떤 내용들이 전해지는지를 파악하도록 하여야 한다. 그리고 더 나아가서는 현장의 경험과 문헌자료를 종합적으로 파악한 후 스스로 생각한 바를 표현하고, 토론함으로써 지역사에 대한 생각의 폭을 확대시킬 수 있다. 결국 이와 같은 방법 실행에 따른 최종적 목표는 지역사의 다양성을 인식하게 할 수 있고, 또 정해진 주제에 정해진 해답이라는 고정의 틀을 깨면서 스스로 사회를 보는 눈과 판단력을 배양할 수 있다.

3. 지역사 교육의 의의

역사 교육는 과거의 사실을 아는 것에 그치지 않고 주체적 시각으로 과거를 통찰하고 현재의 자기 삶을 점검하며 미래를 예측하는 것이라면 당연히 현재를 역사적 시각으로 볼 수 있어야 한다. 인간에 의해 생성된 제도, 문화, 사회적 관습에 대한 올바른 이해를 바탕으로 시대를 관통하는 보편적 상식을 간접적으로 체험하는 것이야 말로 마음에 깊이 와 닿는 역사학습의 최대 효과이다.

교사가 학생들을 대상으로 진행하는 수업은 학생들이 학습내용을 받아들이기를 기대하는 행위이며, 이에 교사는 수업시간에 어떤 방법으로든 학생들과의 함께 호흡하기를 원하며, 가르치는 것 역시 의미 있고, 가치 있게 전달되기를 원한다. 이런 의미에서 수업은 교사와 학생간의 대화인 것이다. 그러므로 교사와 학생은 지역사 교육을 통해서 지역에서 발생된 구조적이며, 종합적인 역사적 사실들에 대한 인식의 공유를 이끌어 낸다. 특히 지역사를 가르치는 교사는 학생들이 지역사와 지역문화를 종합적으로 파악할 수 있도록 함으로써 지역문화의 특수성을 인식하게 하는 것이 아니라 지역사와 지역문화의 보편 타당성을 일깨워 줌으로써 학습자 스스로가 지역문화를 생성시키고 인식하는 한 일원[5]이라는 역사적 사고를 갖게 한다.

한편 지역사 교육은 지역민들이 지기 지역 문화를 올바르고 객관적으로 이해하는데 도움이 된다. 우리 현대 정치사에 있어서 많이 언급되는 내용들 중 지역 편중 또는 지역주의라는 것이 있다. 이러한 현상으로 인해 자기 지역문화에 대한 이해에 있어서 '우리 것이 좋은 것이야' 라는 말은 자기중심적인 편향성을 야기 시킬 수 있다. 따라서 각 지역 지역사에 대한 체계적인 정리와 교육은 지역의 특수성을 터득하려는 것이 아니라 지역 간의 상호 연관성 또는 문화적 교류 관계를 파악하기 위함이다.

중학교 『국사』의 첫 단원인 역사와 역사학습에는 향토사학습이란 소주제에서 "역사학습에서 향토사학습을 중요시하는 이유는 무엇인가?" 라는 문제가 있다. 이에 대해 "지역사 학습을 통하여 애향심, 국토애, 그리고 지역문화 자원에 대한 애호정신을 기를 수 있다" 라고 기술되어 있다. 이 표현은 향토사 학습의 목표가 애향심과 국토애 고취라는 것을 의미한다.[6]

여기서 전제해 두어야 할 점은 지역의 고유성과 특수성만을 강조하는 형태의 학습은 역사 학습의 궁극적 목적을 저해할 수도 있다. 특히 지역사 연구와 교육에 있어서 염두해 두어야 할 부분은 현재의 행정구역에 따른 지역적 구분에 너무 집착할 필요가 없다는 것이다. 이러한 인식은 오히려 앞서 제기한 문제를 지속적으로 발생시킬 소지를 가지고 있다.

행정구역이라고 함은 항상 사회적 변화에 따른 가변성을 가지고 있다. 그러나 생활터전에 기인한 문화권은 그리 쉽게 변화되지 않는다. 가령

---

5) 이해준은 「지역문화 연구의 과제와 자료활용 방향」이란 논문에서 "지역의식을 가진 동질성 있는 학생들을 길러내는 것이 지역화 교육의 본질이자 궁극적인 목표이다. 그리고 그것은 개인적인 것이 아닌 공동체적인 것이어야 마땅하다"고 하였다.(역사문화학회편, 『지방사와 지방문화 I』, 학연문화사, 1998, p.151)
6) 김용선, 「중학교에서의 역사교육」, 『역사교육, 무엇을 어떻게 가르칠까』, 천화, 2002, p.58.

강릉의 경우를 예로 제시하면, 1906년 지방행정구역 개편 이전 강릉의 서쪽 행정 경계는 현재의 평창군 대관령면(옛 도암면), 진부면, 봉평면, 대화면, 홍천군 내면, 정선군 임계면이고, 남쪽은 현재의 동해시 망상, 묵호 일대까지에 이른다.[7] 그런데 주목할 점은 이들 지역 주민들 특히 대관령면, 진부면 지역의 경우 아직까지도 교육, 문화 등 생활전반과 관련해서 상당한 부분은 강릉을 중심으로 한 생활권과 문화권에 포함되어 있다.

따라서 지역사 교육에서는 현재의 행정구역 중심의 지역문화 인식틀을 강조하는 것이 아니라 문화권 내지는 생활권 중심을 중요하게 여김으로써 지역문화에 대한 이해의 공간적 폭을 확대시킬 수 있다. 그러므로 생활권 내지는 문화권 중심의 지역사 교육은 행정단위에 의한 인위적 구분에 따라 발생될 수 있는 지역 편중 또는 소지역주의와 같은 사회적 폐단을 해소하는데 기여하게 된다.

---

7) 1933년 간행된 『증수임영지』에 수록된 강릉의 옛날 면리 중 2009년 현재 강릉에 속하지 않는 고을은 다음과 같다.

羽溪面 墨津里
望祥面 望祥里, 晩遇里, 大津里
臨溪面 臨溪一里, 臨溪二里, 臨溪三里
道巖面 橫溪里, 道巖里
珍富面 洞口里, 上里, 下里, 巨文里, 束沙里
蓬坪面 蓬坪里, 綿溫里
大和面 新里, 大和里, 安味里, 芳林里, 云交里, 桂村里
內面面 一里, 二里, 三里

II. 설화에 담겨진 지역사

1. 병부령 이사부의 우산국 정벌

1) 머리말

신라는 지증왕·법흥왕 대에 이르러 율령의 반포, 불교의 수용, 관제 정비 등을 단행하면서 고대국가의 체제를 완성하였다. 이를 기반으로 진흥왕대(540~576) 정복국가로 발전하였다. 이러한 일련의 과정은 고구려가 소수림왕대의 대내적인 정비단계를 거쳐 광개토대왕·장수왕대에 이르러 광범위한 영역을 확보하여 동아시아의 강자로 등장하는 것과 흡사하다.[1] 고구려와 같이 신라가 고대국가 체제를 완성하고 정복국가로 발전하는데 있어서 핵심적 역할을 수행했던 역사적 인물이 바로 이사부이다.

이사부에 관한 가장 오래된 기록은 『삼국사기』 신라본기와 열전에 수록되어 있다. 『삼국사기』에 기록된 이사부의 활동상을 요약하면, 지증왕

---

[1] 국사편찬위원회, 『한국사』7, 1997, p.104.

6년(505) 실직주[지금의 삼척] 군주에 임명되었고, 같은 왕 13년(512) 하슬라주[지금의 강릉] 군주가 되어 우산국을 정복하였다. 진흥왕 2년(541) 兵部令이 되었고, 또 동왕 6년 이사부는 왕에게 국사 편찬을 건의하였으며, 같은 왕 11년(550) 고구려와 백제간의 국경분쟁을 틈타 道薩城과 金峴城[2]을 함락시켜 신라의 한강 진출의 교두보를 확보하였으며, 같은 왕 23년(562) 대가야에서 모반이 발생하자 이를 진압하는 원정군 사령관에 임명되어 대가야를 신라에 복속시켰다.

이에 6세기초·중반경 이사부 활동상을 지역적으로 구분하여 설명하면, 6세기 초반경에는 삼척과 강릉지역의 군주에 임명된 것으로 보아 신라의 동해안 북쪽 지역 영토확장에 큰 공을 세웠으며, 6세기 중반경에는 백두대간 서쪽지역 정복활동을 펼쳤으며, 또 백제와 접해있던 대가야를 정복함으로써 서쪽으로 영토를 넓히는데 크게 기여하였다.

한편 이사부는 영토 확장과 같은 戰功외에도 많은 역할을 했던 것으로 보여진다. 즉 병부령을 역임한 사실, 국사 편찬을 주청하여 완성한 일, 진흥왕대에 조직되었다는 화랑도의 전초라 할 수 있는 풍월주를 이끌었던 점 등은 전투에 능한 유능한 장수로서의 역할 외에도 지증왕·법흥왕·진흥왕으로 이어지는 3대 동안 신라 국정 운영에 있어서 중추적 기능을 수행했던 것으로 볼 수 있다.

이처럼 신라를 정복국가의 반열에 올려놓았던 이사부의 주요행적은 널리 알려져 있고, 특히 지증왕 13년(512) 하슬라주 군주로써 우산국을 정복한 사실은 울릉도 및 독도 관련 외교적 분쟁이 일어날 때 마다 시민들의 마음속에서 되새겨지는 역사적 사실이며, 또 더 나아가서는 시민들의 자

---

2) 도살성은 지금의 천안 또는 증평일대로 추정되며, 금현성은 전의로 비정하고 있다. 이 두 지역은 신라가 한강유역으로 진출함에 있어서 매우 중요한 전략적 요충지라고 할 수 있다.(이병도, 『역주 삼국사기』, 을유문화사, 1977.)

주적 영토의식을 고취시키는데 있어서 아주 중요하게 다루어지는 핵심 주제어라 할 수 있다.

그러나 신라중고기의 영웅이자 중추적 인물인 이사부의 활동에 관한 기록은 『삼국사기』의 기록을 토대로 조선시대 까지도 거의 대동소이하게 전해지고 있으며, 간혹 현재까지 잘 언급되지 않았던 내용과 관련된 기록들이 후대에 전해지고 있어 주목된다. 본 글에서는 조선시대 이사부와 관련된 문헌기록들을 조사 · 정리하여 신라중고기 동해 해상 영웅 이사부의 행적을 재음미해보고자 한다.

2) 잊을 수 없는 나무사자[木獅子]

우리 국민들에게 이사부와 울릉도에 관한 역사적 사실을 설명해보라고 하면, 아마도 대부분의 국민들은 『삼국사기』에 전하는 내용을 준거로 해서 설명할 것이다. 그것은 예전이나 지금이나 별 차이가 없는 것으로 파악된다. 조선시대 기록을 조사한 바에 의하면, 조선시대 선비들 역시 지금 우리가 알고 있는 바 대로 기억하고 그것을 기록하였다.

다음의 기록은 조선후기 실학자인 성호 이익의 『성호사설』에 전하는 울릉도에 관한 기록이다.

鬱陵島

울릉도는 동해 가운데 있는데, 于山國이라고도 한다. 육지에서의 거리가 7백 리 내지 8백 리쯤 되며, 강릉 · 삼척 등지의 높은 곳에 올라가 바라보면 세 봉우리가 가물거린다. 신라 智證王 12년(511) 그곳의 주민들이 힘을 믿고 복종하지 않자, 何瑟羅州의 軍主 異斯夫가 나무로 만든 사자의 위력으로 이를 정복했으니, 하슬라는 지금의 강릉이다.[3]

---

3) 『성호사설』, 천지문 울릉도조.

『청장관전서』는 조선 후기 실학자 李德懋(1741~1793)의 저술총서이다. 이 책은 여러 방면에 걸친 저자의 학식이 나타나 있기에 실학의 계몽적 사조를 엿볼 수 있다. 이 전서에도 역시 유사한 기록이 전하고 있다.

신라 異斯夫가 于山國을 정벌할 때 나무로 獅子를 만들어 …[4]

다음 기록은 조선후기 소론계 학자이며 역사서를 편찬한 李種徽(1731~1786 ;영조 7~정조 10)가 저술한 본인의 문집 『修山集』東史志에 수록된 글이다.

于珍之東鬱陵于山 在海中 有果竹蠙珠鰒蛤之利 其國愚而恃險 異斯夫爲木獅子 怖其衆而降之[5]

다음의 기록은 成海應[6]의 『研經齋全集』권45 지리류 鬱陵島志에 전하는 기록이다.

島本于山國 恃險不交隣 新羅智證王十三年 河瑟羅軍主異斯夫多造木獅 分載戰船 以威之 國人懼遂服 後新羅恐導倭爲寇 刷出居民 空其地[7]

다음은 조선후기 실학자인 동사 안정복이 지은 역사서인 『동사강목』에 수록된 관련 기록이다.

---

4) 『청장관전서』제62권 「西海旅言」.
5) 『修山集』권12 「東史志」.
6) 成海應은 조선 후기 학자·문신. 자는 용여, 호는 연경재. 본관은 창녕. 포천 출생. 아버지는 부사를 지낸 대중이다. 정조 7년(1783) 진사시에 합격하였고 朴齊家 등의 북학파 인사들과 교유하며 학문의 바탕을 이룩하였다. 그는 국내의 전승과 지리, 중국의 제왕과 왕실 및 유민, 조선과 중국의 관계, 풍속과 법제, 경제에 대한 연구를 하였다.
7) 『研經齋全集』外集 卷45 地理類 菀陵島志.

군주 異斯夫는 奈勿王의 손자인데 用兵을 잘하고 智略이 많았다. 이사부가 생각
하기를, "우산국 사람들은 어리석고 사나워서 위력으로 오게 하기는 어렵지만 꾀
로 설복시킬 수는 있다." 하고, 곧 나무로 사자를 많이 만들어 戰船에 나누어 싣
고, 그 나라 해안에 이르러 속여 이르기를, "너희들이 만일 항복하지 않으면, 이
짐승을 풀어놓아 죽이겠다." 하니, 그 나라 사람들이 두려워하여 곧 항복하고, 해
마다 토산물을 조공하였다.[8]

다음의 기록은 조선후기 실학자 이긍익이 『동국여지승람』에 수록된
정보를 토대로 본인의 저술인 역사서 『연려실기술』에 기록한 자료이다.

于山國 지금의 蔚珍 東海의 섬은 羽陵 지금은 鬱陵島라고 칭한다. 신라 智證王
때에 험준한 것만 믿고 완강하게 버티었는데, 何瑟羅州의 軍主 異斯夫가 그들이
미련하고 사나워서 위엄으로 굴복시키기 어렵다는 것을 알고 木獅子를 많이 만
들되, 그 형태를 아주 이상스럽게 하여 戰艦에 나누어 싣고 들어가서 속여 말하
기를, "너희들이 만약 항복하지 않으면 곧장 이 짐승을 풀어놓아 짓밟아 죽이게
하겠다." 하니, 우산국 사람들이 겁을 내어 항복했다.[9]

『임하필기』는 조선후기 문신 李裕元이 隨意·隨錄한 것을 모아서 엮
은 雜著로 1871년(고종 8) 천마산 林下廬에서 탈고하였다는 기록으로 보
아 이 때 간행하였음을 알 수 있다. 이 책은 백과사전식으로 구성되어 있
는데, 經·史·子·集·金石·典故·護·풍속·지리·서화·시문·정
치·외교·산물·歌辭·궁중비사 등 광범위한 분야가 수록되어 있다. 이
에 우산국과 관련된 기록은 다음과 같다.

우산국은 溟州 정동쪽의 海島에 있었다. 혹은 이름을 '鬱陵島'라고도 하였는데,
영토는 사방 100리였다. 대나무는 크기가 외나무다리만 하고, 쥐는 크기가 고양

---

8) 『東史綱目』.
9) 『練藜室記述』別集 제19권 「歷代典故」신라의 屬國.

이만 하고, 복숭아씨는 크기가 되[升]만 하였다. 신라 智證王 13년 異斯夫가 木獅子를 제작해 가지고 고하기를, "너희들이 만일 복종하지 않으면 이 짐승을 풀어놓아 밟아 죽일 것이다" 하자, 그들이 겁이 나서 항복하였다.[10]

이처럼 본문에 제시한 8건의 자료는 그 내용상 큰 차이를 보이고 있지 않다. 내용인 즉, 해상에 위치한 험준한 섬에 살고 있는 島民들이 신라의 항복 요구에 완강히 버티자 하슬라주 군주인 이사부가 그들을 굴복시키고자 木獅子를 만들어 전함에 싣고 울릉도로 들어가 도민들에게 항복하지 않으면 이 사납고 특이한 금수를 풀어 위협하겠노라 하자 그들이 항복하여 신라에 복속되었다는 역사적 사실을 공통적으로 전하고 있다.

한편 이 기록과 관련된 흥미로운 자료가 있어 소개하면 다음과 같다. 즉 조선후기 실학자인 성호 이익의 저술인 『성호사설』 제3권 인사문조에 의하면,

> 新羅의 鄕樂에 다섯 가지가 있으니, 金丸·月題·大面·束毒·狻猊이다. 금환은 옛날 이른바 熊宜僚의 弄丸이니, 지금 사람들이 혹 4~5개의 알[丸]을 연달아 공중으로 날리되, 한 개는 항상 손에 있고, 나머지는 모두 공중에 있는 것이요, 월제는 옛날 이른바 광대 놀음인 듯하니, 假面의 이마가 달처럼 둥글다는 뜻이며, 대면은 佛像과 같은 황금 가면이요, 속독은 또한 귀신의 모양과 같은 가면이며, 狻猊는 異斯夫의 木獅子로부터 시작된 듯한데, 지금 중국 사신을 맞이할 때 아직도 그 놀음이 있다.[11]

라고 소개하고 있다. 이 자료에 의하면 금환, 월제, 대면, 속독, 산예와 같은 풍습이 신라의 향악으로 전해지고 있고, 특히 나무사자를 활용한 놀이는 조선후기 사신을 맞이할 때에도 성행되었던 사실을 전하고 있다. 이 처

---

10) 『林下筆記』 제36권 「扶桑開荒攷」.
11) 『성호사설』 인사문.

럼『성호사설』인사문에 전하는 이 기록은 이사부의 울릉도 정벌의 역사적 사실을 후세에 전하는 단순한 수준 이상의 의미가 내포되어 있다고 할 수 있다. 특히 이사부가 울릉도를 복속시킬 때 사용하였다는 나무사자가 다른 형태의 풍습으로 계속 전해지고 있다는 점은 아주 중요한 의미가 있다.

함경남도 북청군 일대에 전승되어 온 민속놀이인 북청사자놀이는 해마다 정월대보름에 都廳을 중심으로 놀아왔다. 이 북청사자놀음의 연원은 삼국시대의 伎樂・舞樂에 두고 있다. 심지어 아키바 다카시[秋葉隆]가 일제강점기 후반 현장조사를 통해 정리한『조선민속지』에 의하면, 강릉지방에서 행해지고 있는 강릉단오제 때 대성황당에 12신위가 모셔져 있었다고 하며 그 12신위 가운데 이사부도 포함되었다는 증언기록이 수록되어 있으며, 또 강릉단오제 기간 중 펼쳐지는 연희 중에 양반광대가 등장하는데 이 양반광대의 춤이 이사부가 나무사자를 만들어서 우산국을 토벌한 모습을 모방한 것이라고 하였다.[12]

이상의 자료들을 살펴본 결과, 이사부가 울릉도를 토벌할 때 활용하였다는 나무사자는 우리 민족에게 아주 중요한 역사적 상징성이 내포되어 있다고 할 수 있다. 사나운 것으로 대변되는 사자를 등장시킴으로써 우리 민족의 용맹과 기개를 표출하고자 하였던 것이며, 또 천오백여년전 이사부의 위대한 업적과 공적을 지속적으로 계승하고 인식하고자 했던 시대적 인식의 연속이라 할 수 있다. 이점은 마치 지금도 우리 국민들이 우산국을 정벌한 신라 장군 이사부를 뇌리 속에 꼭꼭 담아두는 것과 같은 현상이라 할 수 있다.

---

12) 秋葉隆『朝鮮民俗志』, 동문선 문예신서 25, pp.199~202.

3) 화랑도의 기초를 마련한 이사부

화랑도는 신라가 정복활동을 전개하는 과정에서 큰 기여를 하였을 뿐만 아니라 이후 신라가 삼국을 통일할 때 중추적 역할을 담당했던 조직이다. 화랑도는 진흥왕 37년(575) 처음 설치되었다. 조선후기 기록인 『林下筆記』제36권에 수록된 신라 관련 기사에 의하면, 진흥왕 6년(545) 伊飡 異斯夫의 건의로 처음 國史를 편찬하였고, 37년에 처음 花郎을 설치하였다고 한다.

이사부와 화랑도와의 관계에 있어서 약간의 시간적 오차를 발견할 수 있다. 즉 현재 전하는 자료로는 이사부의 생몰연대를 정확하게 확인할 수는 없다. 다만 이사부의 활동 기록이 진흥왕 23년(562)까지 한정되어 있는 점으로 보아 대체로 이 시기를 전후하여 이사부는 역사 속 인물이 되었던 것으로 보인다. 그런데 조선후기 실학자 이긍익의 『연려실기술』에 전하는 진흥왕 즉위초 인재 등용과 관련된 흥미로운 자료에는 "남자 아이로 어질고 착한 자를 선발하여서, 孝弟忠信을 가르쳤다"라고 전한다. 또 다른 자료를 소개하면 다음과 같다.

> 미남을 뽑아 風月主라 불렀으며, 뒤에 또 미녀 두 사람을 간택하여 源花라 이름했다. 한 사람은 南毛요, 또 한 사람은 俊貞이니, 나라 안 남자들로 하여금 좇아 놀게 하여 그 행실과 의리를 보아 등용했다. 뒤에 다시 미남을 뽑아 花郎이라 하고, 명망 있는 이를 택하여 등용했다.[13]

라는 내용을 볼 수 있다. 이 기록에 의하면 화랑이 처음 설치된 진흥왕 37년(575) 이전에 화랑과 유사한 형태의 낭도조직이 운영되었던 것으로 보

---

13) 『練藜室記述』別集 제19권 「歷代典故」新羅條.

인다. 즉 관리 등용을 위한 한 방법으로 활용되었던 제도가 화랑이라는 형태로 설립되었던 것으로 사료된다. 따라서 진흥왕 즉위 이후 정치실권자이며 중앙 정치권력의 핵심이었던 이사부는 우수한 인재 등용을 위해 風月主라고 하는 방법을 활용했던 것으로 보이고 그것이 발전하여 화랑이 되었던 것이다.

진흥왕대 정치실권자라고 할 수 있는 이사부는 참신한 인재 등용을 통해 자신을 추진하고자 했던 정복활동의 목적을 달성하고자 했던 것으로 여겨진다. 즉 군사조직 확충에 있어서 참신한 인재등용은 매우 필요하였을 것으로 여겨진다. 그것은 그의 정치적 역정을 통해 추측할 수 있을 것이다.

지증왕 때 실직주의 군주가 되었고 또 하슬라주 군주가 되었던 이사부는 강원 영동 동해안지역의 지방장관으로서 신라의 동해안 북방 영토 확장에 중추적 인물이었다. 지증왕 6년(505) 2월 왕은 국내의 주·군·현 제도를 정하고, 실직주를 설치하여 이사부를 그 군주로 삼았는데, 군주의 명칭이 이때부터 시작되었다. 또 같은 왕 13년(512) 6월 우산국이 항복하였으며, 해마다 토산물을 받치게 되었다. 우산국은 명주의 바로 동쪽 바다에 있는 섬으로 혹은 울릉도라고도 한다. 이찬 이사부를 하슬라주 군주로 삼아 이를 복속시키게 되었다.[14]

그런데 법흥왕 재위 27년간 이사부의 행적은 묘연하다. 그것은 이사부와 법흥왕 간에 정치적 갈등이 나타났기 때문으로 여겨진다. 즉 왕족이 성골과 진골로 구분되는 시점이 대략 법흥왕 7년(520)이다. 즉 법흥왕 7년 정월에 율령을 반포하고 처음으로 백관의 공복을 제정하였다는 사실에서 골품제의 실시를 확인할 수 있다. 법흥왕이 골품제를 실시한 까닭은 내물

---

14) 『삼국사기』4, 신라본기 지증왕 5년·13년조.

왕계의 다른 집단들과 구별하여 왕의 측근 혈족을 강조하기 위하여 왕을 중심으로 하는 3대 가계의 성골집단을 만들었을 가능성이 있다고 한다.[15]

법흥왕은 골품제를 실시하면서 성골 3대 가계 외에 최측근 방계 혈족인 이사부의 왕위 계승권을 박탈하였던 것으로 보인다.[16] 즉 법흥왕의 입장에서 강원 영동지방으로의 영토 확장을 성공적으로 달성한 이사부가 차후 정치세력화 하여 그 세력이 강성해지게 되면 왕위계승이 형제계승에서 부자계승체계로 정착된 지 오래되지 않은 상황에서 정치권력의 이동이 발생될 소지가 있을 것으로 판단하여 이사부를 멀리하고자 하였던 것으로 보인다.

이에 이사부와 법흥왕 그리고 진흥왕의 가족 관계와 관련된 사실들을 정리해보면 다음과 같다. 이사부는 성은 김씨이고, 내물왕의 4세손이다.[17] 법흥왕은 지증왕의 원자이다.[18] 진흥왕은 이름이 川麥宗, 혹은 深麥夫, 지증왕의 손자요, 법흥왕의 동생인 立宗의 아들이다. 大同 경신년에 왕이 되니, 나이 7살이라, 太后가 섭정했다. 陳 宣帝 大建 8년 병신년(576) 승하하니, 재위 37년이다.[19]

이상에서처럼 이사부와 법흥왕은 내물왕의 4세손으로 형제간으로 추정되며, 진흥왕은 이사부의 조카로 여겨진다. 특히 여기서 주목할 점은 법흥왕은 앞서 제시한 연유로 이사부를 정치권에서 철저히 소외시켰던 반면에 진흥왕대에 이르러 이사부는 권력의 중심부에 다시 등장하는 것을 확인할 수 있다. 이는 법흥왕 — 진흥왕으로 이어지는 과정에서 정치권력의

---

15) 이종욱, 「신라중고기의 성골」, 『진단학보』50.
16) 이명식, 「신라 중고기의 장수 이사부고」, 동해왕 이사부 재조명과 21세기 해양강국의 비전 심포지엄 발표자료, 2007.
17) 『삼국사기』44, 이사부열전.
18) 『삼국사기』4, 신라본기, 법흥왕 즉위조.
19) 『練藜室記述』別集 제19권 「歷代典故」新羅條.

변동이 있었던 것으로 여겨진다. 즉 진흥왕이 7살의 어린 나이에 왕이 된 점과 법흥왕의 동생 입종의 아들이었다는 점으로 보아 알 수 있듯이 법흥왕은 후사를 이을 원자가 없었던 것으로 보인다. 이에 어린 진흥왕을 대신해 태후가 섭정을 했던 상황에서 진흥왕의 삼촌격인 이사부는 지증왕 대에 이룩한 뛰어난 공적을 토대로 다시 권력 일선에 등장할 수 있게 되었던 것이다. 따라서 법흥왕 재위 27년간 이렇다 할 행적이 없었던 이사부가 다시 정치일선에 등장하면서 가장 필요하였던 부분이 참신한 인재 확보였을 것이다. 젊고 참신한 인재야 말로 그가 추진하려했던 정복활동을 성공적으로 이룩할 수 있었던 관건이 되었다고 할 수 있다.

이사부가 정치일선에 재등장하는 과정은, 진흥왕 2년(541) 병부령에 임명되어 내외병마사를 주관하면서 부터였다.[20] 이후 이사부는 신라가 한강지역을 진출할 수 있는 교두보를 확보하였고, 또 대가야를 병합하여 신라의 대내외적 영향력을 확대할 수 있었다.

진흥왕대 이사부가 한강유역과 대가야를 멸하는 과정을 살펴보자. 안정복의『동사강목』에 의하면,

> 경오년 신라 진흥왕 11년(550), 고구려 양원왕 6년, 백제 성왕 28년(梁簡文帝 大寶 원년, 北齊 文宣帝 天保 원년, 550)
> 춘정월 백제와 고구려가 서로 침략하여 각각 한 城씩을 함락하였는데, 신라가 이 틈을 타서 공격하여 이를 빼앗았다.
> 백제가 고구려를 침략하여 道薩城을 함락하고, 고구려 사람들은 백제를 공격하여 金峴城을 함락하니, 신라왕이 두 나라 군사들의 피로한 틈을 타서 異斯夫를 시켜 출병하여 두 성을 공격하여 취하고, 성을 增築하여 甲士 1천 명으로 지키게 하였다.

---

20)『삼국사기』신라본기, 진흥왕 2년조.

라고 전한다. 즉 신라는 고구려와 백제가 다투는 와중에 그 틈새를 이용하여 고구려와 백제군을 공격하여 두 성을 함락시키고 신라군사 1천명을 주둔하게 하였다. 이로 인해 신라는 지증왕 대에 확보한 강원 영동 동해안 지역에서 고구려 세력을 물리치는 한편 한반도 중부 지역의 고구려와 백제 군사력을 무력화하는 단초를 열었으며, 더 나아가서는 한강 유역을 통해 신라의 세력을 확장되는 계기를 열었던 것이다.

한편 진흥왕은 도살성과 금현성을 함락시킨 이듬해에도 고구려를 침략한 사실을 확인할 수 있다.

> 또 居柒夫傳에는 이르기를 "진흥대왕 12년(551)에 왕이 大角湌 거칠부와 仇珍, 角湌 比台, 迊湌 耽知, 非西, 波珍湌 奴夫, 西力夫, 大阿湌 比次夫, 阿湌 未珍夫 등 여덟 將軍을 명하여 고구려를 침공하게 했다."[21]

그런데 진흥왕 12년(551) 왕이 8명의 장수에게 고구려를 침공하도록 명한 점을 볼 때 당시 신라는 아주 체계적으로 군사력을 육성했던 것으로 여겨진다. 즉 군사력 증강의 중심인물은 역시 병부령이었던 이사부였던 것으로 사료된다. 이러한 사실은 이사부가 진흥왕대에 군제확장을 주도한 것에서 확인할 수 있다. 당시 군제확장을 보면, 진흥왕 5년(544) 병부령 1인을 추가하였는데 이는 중앙군이라 할 수 있는 대당이 설치되고 지방군으로 仕停 혹은 三千幢을 설치하면서 군사적 통제력을 강화할 필요가 있었기 때문으로 보인다. 또 진흥왕 10년(549) 大官大監, 같은 왕 23년(562) 第監, 少監을 임명하였으며, 정복활동을 통해 확보된 지방에는 주를 설치하고, 군주를 파견하여 중앙의 통제력을 강화하였다.[22]

---

21) 『완당전집』제1권 고(攷) 「진흥왕의 두 비석에 대하여 상고하다[眞興二碑攷]」.
22) 이명식, 「신라 중고기의 장수 이사부고」, 동해왕 이사부 재조명과 21세기 해양강국의 비전 심포지엄 발표자료, 2007.

한편 대가야 정복 과정을 보면,

① 9월에 가야가 모반하므로 왕이 이사부에게 명하여 이를 토평하게 하고, 사다
함을 그 부장으로 삼았다. 이때 사다함은 기병 5천명을 거느리고 먼저 진격하
여 旃檀門으로 달려 들어가 백기를 세워 놓으니 성중에서는 크게 두려워하여
어찌할 바를 알지 못하였는데, 이때 이사부가 군사를 이끌고 이에 다달아 공
격하니 모두 항복하였다.[23]

② 진흥왕이 이찬 이사부에게 명하여 가야국을 습격하게 하였는데, 이때에 사다
함은 나이가 15·6세로써 종군할 것을 청하였으나 왕은 그의 나이가 어리므
로 이를 허락하지 않았다. 그러나 그는 여러번 종군을 청하여 그 의지가 굳었
으므로 드디어 왕이 貴幢裨將으로 삼아 종군하도록 명하니, 그의 낭도들도 함
께하는 사람이 많았다. 이에 이사부는 군사를 거느리고 진군하여 국경에 이르
렀는데 사다함은 이사부 원수에게 청하여 그 휘하의 군사를 거느리고 먼저 전
단량으로 쳐들어 가니 그 나라 사람들은 예상 밖의 갑자기 군사들이 쳐들어
오므로 크게 놀라 능히 방어하지 못하고 어찌할 바를 모를 때에 신라의 대군
이 뒤따라 쳐들어 와 드디어 그 나라를 멸망시키고 개선하였다.[24]

③ 임오년 신라 진흥왕 23년, 고구려 평원왕 4년, 백제 위덕왕 9년(북제 武成帝
河淸 원년, 562)
추9월 신라가 大加耶國을 쳐서 이를 멸하였다.
伽倻國이 신라에 예속되었더니, 이때에 이르러 모반하니 왕이 이찬 異斯夫를
시켜서 이를 쳤다. 斯多含이란 자가 있었는데 내물왕의 7세손이었다. 나이 16
세에 國仙이 되어 그 무리가 1천여 인이었는데, 그들의 환심을 얻었었다. 종군
하기를 청하여 貴幢裨將이 되어 5천의 기병을 거느리고 먼저 旃檀梁 加耶에
서는 門을 梁이라고 하였다 에 달려가 백기를 세웠다. 이에 城中이 두려워하
여 어찌할 바를 몰랐는데, 대병이 이 틈을 타서 드디어 그 나라를 멸하였
다.[25]

---

23) 『삼국사기』4권 진흥왕 23년(562)조.
24) 『삼국사기』44권 사다함열전.
25) 『동사강목』.

라고 전한다. 이처럼 신라가 가야를 정복한 까닭은 모반이 발생했기 때문이다. 『동국여지승람』에 의하면, "신라 법흥왕 19년(532) 임자에 가락왕 金仇衡 혹은 仇亥가 항복해 왔으므로 金官郡을 설치하여 구형을 上等에 임명하고, 그의 나라를 식읍으로 주었다"라고 한다. 즉 진흥왕 이전 가야는 신라의 속국 지위를 유지하였던 것으로 보인다.

그러나 가야는 신라와 백제가 관산성에서 전투를 할 때 백제를 지원한 사실이 모반행위로 간주되었고 이에 신라의 입장에서는 가야에 대한 응징이 필요하였던 것으로 보인다. 다시 말해서 이사부는 관산성 전투에서 가야가 백제를 지원함으로써 신라의 정복활동 전개에 있어서 걸림돌로 작용할 것을 염려해 치밀한 계획 하에 가야를 정벌하였던 것이다.

특히 정벌하는 과정에서 15~16세인 사다함이 선봉장으로 가야를 침략한 사실은 매우 이례적이다. 사다함 역시 어린 나이에도 불구하고 귀당비장에 임명되어 대가야 정벌에 공을 세울 수 있었던 연유는 병부령이였던 이사부가 진흥왕 초기부터 인재 양성을 적극 추진하였기에 가능하였던 것으로 보인다.

이상에서와 같이 진흥왕대 이사부는 최고 관직인 병부령을 지내면서 신라가 정복전쟁을 전개함에 있어서 효과적인 성과를 얻을 수 있도록 치밀한 계획을 세우고 실천했던 인물이다. 특히 정복전쟁을 원만히 수행함에 있어서 무엇보다도 중요한 요소 중에 하나라고 할 수 있는 인재 양성을 잘 추진하였던 점이다.

조선후기 역사가인 이종휘는 자신의 문집인 『修山集』에 "이사부는 유신의 장수로써 그 이력이 고쳐져서 볼 수 없다"라고 史論으로 적어 놓았다. 이종휘의 주장에는 약간의 시간적 착오가 있다. 다시 말해서 김유신은 기록상 595년에 출생한 것으로 되어 있다. 즉 이사부와 관련된 활동 기록이 진흥왕 23년(562)까지 전해지는 점으로 보아 이사부 사후 김유신이 등장하였기에 이사부와 김유신의 직접적 연관성을 찾기는 어렵다. 그러나

진흥왕대 정치일선에 다시 등장한 이사부는 화랑의 전초라고 할 수 있는
풍월주라는 제도를 활용하였다. 또 한가지 확인할 수 있는 것은 이사부 이
후 병부령의 지위를 이었던 居柒夫는 성은 김씨이고 내물왕의 5세손이다.
즉 이사부와는 숙질관계이고 내물왕의 방계혈족으로서 국왕의 최측근세
력이었다. 즉 거칠부 역시 이사부가 추진했던 여러 정책들을 계승하고 발
전시켰던 인물이다.

이에 이종휘의 사론은 이사부 — 거칠부 등으로 이어지는 맥에서 진
흥왕 37년(575) 설치된 화랑조직은 이사부가 추진한 풍월주가 발전한 것
으로 이해된다.

4) 맺음말

지증왕 — 법흥왕 — 진흥왕으로 이어지는 3대 동안의 이사부의 주요
활동을 『삼국사기』기사에 기초하여 조선시대 작성된 자료들과 비교하여
살펴보았다.

이사부가 울릉도를 정벌할 때 사용한 나무사자의 역사적 상징성을
관련 자료를 통해 살펴본 결과, 첫째, 영토 확장과 같은 자주적인 역사적
사실은 우리 역사에 대한 자긍심을 고취하는데 있어서 매우 중요한 요소
로 활용된다. 따라서 이사부가 울릉도를 정복할 때 활용한 나무사자는 우
리 국민들에게 잊을 수 없는 중요한 역사적 소재이다. 그런 이유에서 지금
도 그렇지만 조선시대 기록 속에서도 이사부의 행적을 고양하기 위한 차
원에서 나무사자가 등장하는 다양한 형태의 연희극이 진행되었던 것으로
보인다. 특히 흥미로운 사실은 조선후기에도 狻猊와 같은 연희극이 진행
되었는데 그 연원을 이사부가 활용한 나무사자에 두고 있는 점이다. 즉 한
민족의 용맹과 기개를 나무사자로 표현한 것이라 할 수 있으며, 그 점과
아울러 이사부는 신라가 정복 활동을 성공적으로 달성하는 과정에서 중추

적 역할을 수행하였기에 신라 이후에도 위대한 정치가이자 군사령관으로서 높이 추앙받을 수 있었던 것이다.

둘째, 이사부는 신라 중고기를 살았던 왕족으로서 출중한 무예와 지략을 바탕으로 정치일선에서 50여년 넘게 활동하면서 신라의 동해안 진출, 한강유역 점령, 대가야 정벌, 국사 편찬 주도, 군제 정비 등 큰 업적을 남긴 역사적 인물이다. 이처럼 그를 역사적 인물로 높이 평가할 수 있는 이유는 단편적으로 들어난 앞서의 여러 설명들 때문이기도 하지만, 그가 이와 같은 위대한 업적을 달성할 수 있었던 더 중요한 요소는 인재등용이라 할 수 있다. 신라가 삼국을 통일할 때 중추적 역할을 담당한 인물인 김유신, 김춘추 등은 화랑출신이다. 신라 화랑은 진흥왕 37년(575)에 시작되었다고 한다. 그러나 이보다 앞서 이사부는 풍월주라고 하는 인재등용책을 활용하였다. 풍월주가 나중에 화랑이라는 조직으로 확대 개편되었는데, 화랑은 신라가 영토 확장을 하는데 있어서 중추적 역할을 수행한 낭도 조직이다. 이와 같은 낭도조직을 결성하고 활용하고자 했던 인물이 바로 진흥왕대 병부령을 지낸 이사부이다. 따라서 이사부는 화랑도의 기초를 마련한 인물이다. 다시 말해서 이사부는 출중한 무예 이외에도 지혜를 겸비한 정치가로서 신라가 삼국을 통합할 수 있도록 기틀을 차곡차곡 다진 인물이기도 하다.

2. 梵日 관련 설화에 대한 史的 검토

1) 머리말

　범일이 굴산사에 주지함으로써 신라 9산선문의 한 파를 형성했으며, 이를 이른바 闍堀山派 혹은 堀山派라 칭한다. 사굴산파는 범일을 開祖로, 굴산사를 중심도량인 禪門으로 하여 禪敎活動이 활발하게 이루어져, 강릉을 중심으로 한 영동 남북 군현으로 확장되었다. 더욱이 범일의 禪學理念은 그가 입적 이후 고려시대에도 계속 이어져 전국적으로 발전 확대되어 갔으며, 오늘날 불교의 正脈이라 할 曹溪宗으로 이어지고 있다.[1]

　한국 불교의 근간이라 할 수 있는 조계종 맥을 잇게 한 梵日에 관한 인적 사항은 『祖堂集』에 수록되어 있는 바, 『祖堂集』에 의하면, 범일의 俗姓은 金씨, 鳩林冠族. 祖父는 溟州都督 겸 平察을 지낸 述元, 父의 이름은 이곳에 기록되어 있지 않다. 한편, 母는 文씨인데 강릉에 世居한 豪門 출신이다. 범일은 헌덕왕 2년(810) 정월 10일 강릉에서 태어나 진성여왕 3년(889) 5월 1일 강릉 굴산사에서 입적하였다. 그런데 『祖堂集』에 그의 출생 과정에 대한 내용이 신화로 묘사되어 있어 매우 흥미롭다. 특히 이와 같은 신화는 『祖堂集』이외에도 강릉지역에서 간행되었던 읍지에도 전승되고 있다. 또 강릉지역 불교와 관련된 史籍에는 신화 이외의 다른 형태로 범일과 관련된 내용이 구전되고 있어 범일의 출생신화가 갖고 있는 지역사적 의미를 가늠할 수 있다.

　본 글에서는 범일의 출생신화와 이 밖에 강릉지역에서 전승되고 있는 설화와 기타 사료들에 대한 비교 검토와 아울러 신화에 대한 분석을 통

---

1) 金映遂,「曹溪禪宗에 就하여」,『震檀學報』第9卷, 진단학회.

해 범일 출생지에 대한 정설의 확립, 지역 토착세력과의 관계 그리고 굴산
사 주지로 오게 된 이후 강원 영동지방에서의 사회적 지위 및 입적 이후
지역사회에서의 그에 대한 지역민들의 인물관을 이해해 보고자 한다.

2) 범일의 출생지는 강릉

『조당집』에 의하면 범일의 출생지는 자세히 소개되어 있지 않다. 그
리하여 범일의 가족관계에서 볼 수 있듯이 계림의 관족이었다는 기록과
그의 출생과 관련된 설화에서는 강릉 학산리에서 출생하였다고 하는데,
이 두 문헌의 기록은 보는 이에 따라 서로 다른 의견을 제시할 수 있다. 즉
설화가 갖고 있는 허구성으로 말미암아 계림의 관족이었다는 기록에 비중
을 두어 경주지역이 그의 출생지로 인식될 수 있는 반면에, 설화에 내포되
어 있는 역사성을 검토하면 강릉지역이 그의 출생지라는 견해를 피력할
수 있다. 따라서 전승되어 온 설화와 함께 전해지는 다른 사료들을 분석하
여 범일의 출생지를 명확히 설명해 보고자 한다. 출생지와 관련된 검증은
한낱 지역적 문제 즉 지역의 자긍심 만을 부각시킨다는 측면에서 소모적
이라 할 수 있지만, 이 문제에 대한 명확한 검증이야 말로 범일과 지역 토
착세력과의 관계, 그리고 범일이 굴산사 주지로 오게 된 실질적 배경을 증
명할 수 있는 근거가 되기에 매우 중요한 사안이라 할 수 있다.

우선 『祖堂集』에는 "及懷娠之際 夢徵捧日之祥"(아이를 밸 때에 해를
들어올리는 상서로운 징조의 꿈을 꾸었다)이라 하였고, "在胎十三月而誕
生 螺髻殊姿 頂珠異相"(아이 밴 지 열 석달만에 탄생했는데, 소라모양 머
리털을 끌어올려 정수리에 잡아맨 것처럼 특수한 모양이었고, 정수리에
둥근 알이 있는 것처럼 이상했다)[2]이라고 하여 출생과 신체적 특이성을
기록하고 있다.

또 『增修臨瀛誌』釋證條에 의하면, "신라 때 양가집 딸이 崛山에 살고

있었다. 나이가 들도록 시집을 가지 못하고 우물 위에서 빨래를 하고 있었는데 햇빛이 뱃속을 비치자 돌연히 産氣가 있었다. 지아비가 없이 아들을 낳자 집안 사람들이 이상하게 여길 것 같아 아기를 얼음 위에다 버리니 새들이 날아와 아기를 덮어 감쌌으며 밤이 되자 상서로운 빛이 하늘에 비쳤다. 아기를 도로 거두어 길러 이름을 梵日[3]이라 하였다. 나이가 들어 성장하자 머리를 깎고 중이 되니 신통하고 성불의 세계에 든 것 같아 오묘한 조화를 헤아릴 수 없었다. 神福[4]과 굴산 두 산에다 두 개의 큰 절을 창건하고 塔山을 축조하여 지맥을 보충하였다. 후에 오대산에 은거하다가 示寂하였다"라고 전한다.

『增修臨瀛誌』에 전하는 기록은 『祖堂集』과 큰 차이를 보이고 있지는 않다. 그러나 『祖堂集』은 태기의 신비성과 유아의 신체적 특징이 부각된 반면에, 『增修臨瀛誌』에는 출생의 상서러운 징조를 전하면서도 지아비가 없었다는 점, 그래서 아이를 버렸더니 그 아이를 새들이 감싸주어서 다시 데려와 키웠다는 점, 그리고 성장하여 승려가 되었던 사실을 전하고 있다. 한편 『祖堂集』에 출생시기가 분명히 기록되어 있는 반면에 출생지역은 구체적으로 전하지 않는다. 그러나 『增修臨瀛誌』에는 굴산에 살고 있는 양가집 딸이 출가를 하지 않은 상태에서 아이를 잉태하여 낳았다는 사실을 전하고 있어 강릉 학산의 굴산에서 출생한 사실을 강조하고 있다.

이에 출생지가 어디였느냐에 대한 사실을 밝히는데 있어서 그의 가족관계가 어떠하였는지를 살피는 것이 우선이라 할 수 있다. 『祖堂集』에

---

2) 『祖堂集』卷第十七 通曉大師梵日.

3) 신라(810~889) 九山禪門 중 闍崛山派의 開創祖로서 溟州都督을 지낸 金述元의 손자이다. 15세에 출가하여 20세에 具足戒를 받았으며 중국 당나라에 유학한 뒤 돌아와 문성왕 9년(847)에 굴산으로 옮겨 왔다.

4) 원문에는 神伏이라 표기되어 있는데, 현재 神福寺址가 위치한 곳을 지칭하므로 神福을 잘못 기록하였다.

전하고는 그의 가족관계를 보면, "俗姓은 金씨, 鳩林冠族, 祖父는 溟州都督 겸 平察을 지낸 述元, 父의 이름은 이곳에 기록되어 있지 않다. 母는 文씨인데 강릉에 世居한 豪門 출신이다"라고 기록되어 있다. 그러므로 범일의 선조는 계림관족으로서의 지위를 가지고 있었던 것으로 보이며, 외가는 강릉지역에서 누대에 걸쳐 豪門의 지위를 유지했었던 토착 지배세력이었음 알 수 있다.

그런데 문제는 아버지가 누구인지 구체적으로 제시되어 있지 않다는 점이다. 그러나 『祖堂集』에 의하면, 범일이 나이 15살에 출가를 결심했을 때 양친으로부터 자문과 승낙을 받는 과정이 제시되어 있는 점[5]으로 보아 아버지의 이름은 알 수 없으나 신화로 구전되는 것처럼 아버지가 전혀 없는 상황은 아닌 듯하다. 따라서 『祖堂集』의 내용에 의하면, 아버지 역시 김씨이고, 어머니는 문씨이다. 범일은 당에 유학을 갔다 돌아온 후 명주도독 김공의 청으로 굴산사에 오게 되었고 이후 40여년간 굴산사의 주지로서 역할 하였다.[6] 여기서 金公은 정확히 누구인지 알 수 없으나 명주의 지방장관 또는 토착세력가였음을 유추할 수 있다.[7]

한편 출생지와 관련해서 『祖堂集』에서는 구체적 지명이 등장하지는 않고 있고, 반면에 지역에서 전해지고 있는 읍지인 『臨瀛誌』를 비롯한 여타 기록에서는 강릉을 출생지로 표기하고 있거나 또는 추측할 수 있는 내용으로 기술되어 있다.

『增修臨瀛誌』釋證條에 소개되어 있는 내용 이외에 지역에서 전해지는 출생과 관련된 기록들을 정리해 보면 다음과 같다. 『增修臨瀛誌』釋證

---

5) 『祖堂集』卷第十七 通曉大師梵日 "年至一五誓願出家 諮于父母 二親共相謂曰 宿緣善果 不可奪志 汝須先度吾未度也".

6) 『祖堂集』卷第十七 "溟州都督金公仍請住崛山寺 一坐林中四十餘載".

7) 김갑동,「나말여초 강릉호족의 성립배경과 존재양태」,『강릉학보』제2호, 강릉학회, 2008. p.110.

(불문에 관한 논증)조에 의하면, "五臺의 산은 佛書에 나타나 있는 천하에 이름 있는 산이다. 나이 많은 禪師와 글 잘하는 승려들이 와서 노닌 자가 매우 많았으나 문헌에 실려 전하는 것이 없으며, 불가에 대한 기록 또한 없다. 梵日이 이곳에서 출생하고 慈藏, 寶川이 이곳에서 수도하였으며, 義相, 元曉가 산천 사이를 오갔다 하나 모두 전하는 기록이 없다"라고 전하고 있으며, 또 일제강점기인 1920년대 말에 작성된 『生活狀態調査[江陵]』에 소개되어 있는 大關嶺 賽神(신에게 올리는 제사)과 관련된 내용에 의하면, "대관령에는 한 개의 성황이 있는데, 즉 범일국사로서 강릉에서 출생하였다고 한다"라고 기록되어 있다.

이처럼 많은 세월이 흘렀음에도 불구하고 범일의 출생지를 강릉이라고 기록하고 있음은 이곳이 그의 출생지였음을 입증하는 일차적 근거라 할 수 있다. 혹자들은 설화의 내용만으로는 강릉을 출생지로 보기 어렵다는 견해, 출생 이후 유아기의 상황은 알 수 없으나 15세에 誓願出家한 이후 20세에 京師가 되어 具足戒를 받았다는 점 등으로 보아 그의 정주기반은 강릉이 아닌 경주지역이었고, 따라서 설화는 허구적이라는 섣부른 판단에 따라 그의 출생지는 강릉이 아닌 경주라는 견해가 제기될 수 있다. 그러나 지역에서 전승되고 있는 설화를 비롯한 기록들을 볼 때 분명 강릉이 그의 출생지임은 확연하다.

한편 범일 아버지의 행적이 묘연한 실정이기에, 조부 김술원이 명주 도독에 부임하였던 시기와 부임 이후의 행적이 어떠하였는 지를 규명하는 것은 곧 범일의 출생지가 정확히 어느 곳이고, 유아기는 어느 곳에서 지냈는지를 규명할 수 있는 중요한 단서이다. 이 단서는 김술원 그리고 그의 손자 범일과 토착세력이었던 김주원 사이에 어떤 관계가 작용하고, 또 형성되었는가를 밝힘으로써 더욱 확연히 해결될 수 있을 것이다.

3) 범일과 강릉지방 토착세력과의 관계

우선 기존 연구 성과에서는 김술원과 김주원의 관계에 대해 '같은 계열이다', '아니다' 라는 문제에 있어서 확연한 견해 차이가 있다. '같은 계열' 이란 견해에서는 김술원의 생존시기는 원성왕에게 왕위를 빼앗긴 명주군왕 김주원과 비슷한 때이고, 그와 같은 계열의 인물로 파악하고 있다.[8] 시기적으로 김주원이 왕위를 찬탈당한 뒤 낙향한 시점은 대체로 785년 이후이다.

'같은 계열이 아니다' 라는 견해에서는 그 논증이 다양하다. 우선 김술원이 김주원계라면 반란의 소지가 있는 지역에 그 지역 출신을 파견하는 것은 여러 면에서 곤란하기 때문에 명주도독으로 파견되었을 가능성이 희박하다는 견해가 있다.[9] 그리고 당시 고위 관직에는 주로 상피제가 실시되어 김주원계가 외직으로 명주도독에 임명되지 않았던 점, 김주원의 아들들은 항렬자를 사용하지 않았으므로 주원과 술원은 같은 항렬로 이해하기 곤란하다는 점, 주원과 술원 가계는 한 세대 이상 차이가 나므로 같은 시대의 인물로 보기 어렵다는 점 등을 들어 김주원과 같은 계열로 파악하지 않고 있다.[10]

김술원과 김주원을 같은 계열로 인식하고 있지 않은 견해에서는 범일과 김주원의 관계 역시 밀접한 관계로 보지 않고 있다. 범일은 당시 명

---

8) 金杜珍, 「新羅下代 崛山門의 形成과 그 思想」, 『省谷論叢』, 1986, p.319.
　　崔柄憲, 「羅末麗初 禪宗의 社會的 性格」, 『史學研究』25집, 1975.
　　______, 『韓國佛敎禪門의 形成史研究』, 民族社, 1986, p.195.
　　申千湜, 「韓國佛敎史 上에서 본 梵日의 위치와 崛山寺의 歷史性 검토」, 『嶺東文化』창간호, 1980.
9) 金甲童, 「溟州勢力」, 『羅末麗初 豪族과 社會變動 研究』, 고려대학교 민족문화연구소, 1990, p.78.
10) 金興三, 「羅末麗初 闍崛山門과 政治勢力의 動向」, 『古文化』50, 1997, pp.399~402.

주지역에서 세력을 떨치고 있었던 김주원과의 관계 속에서 또 다른 세력을 창출하여 성장한 가문으로 이해되며, 김주원과 밀착된 관계가 아닌 약간의 교류가 있었을 정도[11]라고 하였다. 즉 범일의 가계와 김주원계와는 무관하며, 범일 가계는 단순히 중앙에서 파견된 진골귀족이라는 것이다.[12]

앞서의 상반된 두 의견은 김술원을 김주원과 같은 계열로 파악할 것인지 아닌지의 문제에 집중되어 있다. 특히 같은 계열이 아닌 것으로 인식할 경우, 전제해 두어야 할 점은 김술원과 김주원이 정치적으로 적대적 관계였는지에 대한 여부가 우선적으로 판단되어야 한다. 현존하는 사료에 근거한다면, 양자 간의 관계를 적대적으로 보기에는 어렵다. 그러나 같은 계열이라 할지라도 정치적 행보에 따라서는 적대적 관계가 형성될 수 있다. 이러한 관계는 원성왕계, 김술원계, 그리고 김주원계 등 삼각 구도 속에서 다양한 정치적 역학관계가 발생될 수 있다.

정치적 역학관계의 경우를 예측컨대, 김술원과 김주원 모두에게 적대적인 원성왕계, 김술원계와는 우호적이나 김주원에게는 적대적인 원성왕계, 김주원계에게는 우호적이나 김술원계에게는 적대적인 원성왕계, 원성왕계를 따르는 김술원계와 그렇지 않은 김술원계, 원성왕계와 적대적인 김주원계, 그렇지 않은 김주원계, 김주원계와 김술원계 내부에 있어서도 서로 적대적이거나 그렇지 않은 관계 등 매우 여러 형태의 관계가 형성될 수 있다. 따라서 김술원이 김주원과 같은 계열이 아니다 라는 견해에 따른다면, 김술원계는 원성왕계열이거나 두 계열과는 무관한 제3의 계열로 파악하여도 무관할 할 듯하다. 그러나 여러 경우의 예측 중 무게를 둘 수 있

---

11) 金興三, 「羅末麗初 闍堀山門과 政治勢力의 動向」, 『古文化』50, 1997, pp.399~402.

12) 金甲童, 「溟州勢力」, 『羅末麗初 豪族과 社會變動 研究』, 고려대학교 민족문화연구소, 1990, p.78.

는 관계는 김주원과 혈연적 관계인 경우, 또는 정치적으로 같은 성향을 갖고 있는 경우로 함축해 볼 수 있다.

이에 필자는 당시의 친족조직의 형태와 정치적 견해 차이로 인해 적대적인 관계는 형성되었지만 가계 구성 상 같은 계열로 파악되었던 실제 사례를 들어 김술원과 김주원은 같은 시기, 같은 계열임을 설명하고자 한다.

8세기 후반 신라의 중앙에서는 무열계인 김주원이 내물계에서 분파된 金敬信에게 왕위를 찬탈당하는 사건이 발생되었다. 이후 김주원은 강릉지방으로 은퇴하였다. 이때 김주원 자손 일부는 그를 따라 강릉에서 자리를 잡게 되는 반면에, 金憲昌, 金宗基 두 아들을 비롯한 일부 자손들은 그대로 중앙에서 활동하였다. 또 중앙에 눌러앉아 있던 김헌창은 822년(헌덕왕 14) 반란을 일으켜 죽고, 그의 아들 김범문 역시 825년(헌덕왕 17) 반란을 일으켰다는 이유로 살해되었다. 그러나 金宗基와 그의 아들 金貞茹, 金章如 그리고 손자 金陽(金貞茹의 子), 金忻(金章如의 子)은 원성왕 김경신 자손이 주도하는 중앙의 요직을 맡았다. 金宗基, 金貞茹, 金章如, 金忻은 모두 시중을 역임한 바 있다. 그러나 김양은 원성왕계인 金祐徵 휘하에 있었고, 金忻 역시 원성왕계인 金明의 휘하에 있었다. 이들은 사촌임에도 불구하고 왕위쟁탈전에 가담하면서 적대적 관계를 유지하고 있다.[13] 이는 8세기 후반부터 야기되었던 심각한 왕위쟁탈전의 와중에서는 친족집단의 특징이라 할 수 있는 친족 공동체의식이 우선시되지 않았음을 반증하는 사례이다.

이에 김술원이 명주도독에 부임했던 시기는 김주원이 왕위계승에서 밀려난 전후 일 가능성이 있다. 이에 김술원과 김주원은 거의 같은 시기에 활동했던 인물로 볼 수 있다.[14] 한편 이와 같은 논점에서 김주원 퇴거 당

---

13) 盧明鎬, 「羅末麗初 親族組織의 변동」, 『又仁金龍德博士停年紀念史學論叢』, 又仁金龍德博士停年紀念史學論叢刊行委員會, 1988, pp.47~48.

시 김술원이 명주 도독으로 부임하고 있었던 것은 그가 명주행을 택했던 한 원인이 되었을 것이며, 김주원 퇴거 시 이미 김술원은 명주도독에 재임하고 있었을 것이라는 주장도 있다.[15]

그러므로 김술원과 김주원의 관계는 혈연적 관계였거나 정치적 연대가 형성된 우호적 관계였던 것으로 보인다. 이에 김술원은 명주도독으로 부임한 후 김주원이 퇴거하자 이곳 강릉에 정착하였던 것으로 보인다. 따라서 범일은 설화에서의 내용처럼 강릉에서 출생하였음이 확실하다.

4) 범일에 대한 지역민들의 인식

범일에 대한 지역민들의 인식이라는 사안을 설명하기에 앞서 참고로 범일의 탄생설화와 매우 흡사한 설화가 문헌에 전하고 있다. 비슷한 형식을 갖고 있는 설화는 東方地理家의 시조라 칭해지는 名僧 道詵[16]의 출생과 관련된 이야기이다.

"도선은 朝鮮의 崔氏 집 채마밭에서 자란 오이[瓜]의 길이가 한 자 남짓하였는데, 여자가 이를 먹고 임신을 하였다. 아들을 낳아 7일 동안 버려두었는데, 비둘기와 제비가 날아와 날개로 아이를 덮어서 길렀다. 자라나서 승이 되어 당나라로 들어

---

14) 정동락, 「通曉 梵日(810~889)의 생애에 대한 검토」, 『民族文化論叢』24집, 영남대학교 민족문화연구소, 2001, pp.61~62.

15) 金貞淑, 「金周元 世系의 成立과 그 變遷」, 『白山學報』28, 1984, P.158.

16) 도선(道詵, 827~898년, 전라남도 영암 출생), 신라의 승려, 俗姓 김씨, 15세에 승려가 되어 月遊山 華嚴寺에서 大經을 공부하여 깨달음을 얻었다. 그 후 修道行脚에 나서서 棟裏山에 惠撤 대사를 찾아 소위 無說說·無法法을 배워 크게 깨닫고, 23세에 穿道寺에서 具戒를 받았다. 도선은 운봉산에다 굴을 파고 불도를 닦고, 태백산 앞에 움막을 치고 여름을 보내면서 수도생활을 하였다. 그의 陰陽地理說과 風水相地法은 고려·조선을 통하여 크게 영향을 주었다. 풍수지리설과 음양도참설을 골자로 하여 지은 『도선비기』는 고려의 정치 사회면에 큰 영향을 끼쳤으며, 그밖에 저서로 『송악명당기』 등이 있다.

와 一行의 地理法을 전수받았다.[17]

　도선은 범일보다 17년 후 출생하였고, 입적은 범일 보다 9년 늦은 898년이다. 범일과 도선의 출생설화에서의 공통점을 검토해 보면, 회임의 원인으로 범일의 경우는 우물가에 비치는 햇살이고, 도선은 채마밭에 자란 한 자 남짓 되는 오이이다. 또 출생 후 범일의 가족들은 상서롭지 않다는 여러 이유를 들어 갓난아이를 학바위에 버렸더니 새들이 잘 돌 봐 주었던 내용이며, 도선 역시 7일 동안 버려두었는데 비둘기와 제비가 날아와 잘 보살폈고 후에 승려가 되었는데, 범일과 마찬가지로 도당 유학승이다. 이처럼 내용 구성에 있어서 활용된 소재는 약간 차이가 있으나 이야기 전개상 흡사한 점이 매우 많음을 확인 할 수 있다.

　두 인물에 대한 역사상 의미는, 도선은 『도선비기』라는 저술에서 풍수지리설과 음양도참설을 펼쳤는데, 이러한 설들은 고려의 정치 사회면에 큰 영향을 미쳤던 것으로 이해되고 있다, 한편 범일이 개창한 사굴산파는 고려때 시작되었던 조계종의 정맥으로 파악될 만큼 고려 불교, 내지는 한국불교사에 있어서 매우 의미 있는 영향을 미쳤던 것으로 평가받고 있다. 혹 이러한 평가와 동시대 인물이라는 이유 등이 설화의 유사성과 어떤 연관관계가 있다고 생각하는 것은 매우 위험스러운 발상이다. 그러나 동시대를 살았던 인물의 설화가 유사하다는 점은 매우 흥미로운 사실이 아닐 수 없다.

　흔히 설화는 집단 공동체 생활 속에서 민족적 창의에 의해 자연발생적으로 형성되며, 그 속에는 공동체의 역사, 사상, 관습, 세계관 등이 담겨져 있다. 또 설화라는 것은 한 사람이 지어내는 것이 아니다. 처음에는 누

---

17) 『海東繹史』 제32권 釋志 名僧條.

가 지어낸 것인지도 모르게 그저 공동체 속에서 재미스럽게 구구전승되는 것인데, 그러는 동안 공동체 구성원들의 마음 가운데에 속속들이 스며들어가 어느 공동체의 믿음의 대상으로 변화된다.[18]

따라서 범일의 출생 설화 역시 언제 누구에 의해서 시작되었는지는 설화의 특성상 확인할 수 없다. 다만 이렇게 구전되어 오던 설화가 어느 시기에 이르러 문헌에 수록되기 시작하였던 것이다. 이에 신화나 전설은 어떤 역사적 인물 또는 사실을 주제로 한 이야기가 전승되어 오다가 필요에 따라 그것을 승화시키는 과정을 거치게 된다. 이에 필요에 따른 다는 것은 공동체 의식을 함양시키거나 또는 공동체적 결집력을 강화시킬 필요가 있을 때라고 보여진다. 이에 지역사회에서 범일에 대한 역사적 평가는 9세기 중반 이후 9세기말까지 굴산선문의 개조로서 영동지방 지방세력과의 관계에서 정신적 지주 또는 수호신으로서 역할했다는 점이다.[19] 이에 범일에 대한 활동상을 요약해 보면 다음과 같다.

우선 범일이 주지하였다는 굴산사의 말사들과 그의 제자들과 관련된 연구성과를 요약하면,[20] 강릉시 내곡동에 있는 神福寺의 경우도 범일에 의해 건립된 것으로 전해지고 있고, 동해시에 있는 三和寺는 선덕여왕 12년(642) 中臺로 불려졌는데, "闍堀山 梵日[品一]祖師가 이곳에 와서 절을 세우고 또한 三公이란 懸板을 내걸었다"고 전하며,[21] 또 양양군 강현면 소재 洛山寺는 일찍이 문무왕 16년(676) 義湘祖師가 창건한 것으로 전해지는 바, 원성왕 2년(786) 대부분이 소실되었던 것을 헌안왕 2년(858) 범

---

18) 조윤제, 『한국문학사』, 연구당, 1997, P.30.

19) 方東仁, 「掘山寺와 梵日에 대한 再照明」, 『제1회강릉전통문화학술세미나 발표요지』, 강릉문화원 · 관동대학교 영동문화연구소, 2000.

20) 方東仁, 「掘山寺와 梵日에 대한 再照明」, 『제1회강릉전통문화학술세미나 발표요지』, 강릉문화원 · 관동대학교 영동문화연구소, 2000.

21) 『東國輿地勝覽』, 三陟都護府.

일이 重建하였다[22)고 한다. 그리고 평창군 진부면 오대산에 있는 月精寺의 경우, 貞觀 17년(643) 慈藏法師에 의하여 오대산 신앙의 중심지로서의 오대산을 성역화하려 하였으나 뜻을 이루지 못하였다. 그리하여 범일의 문인인 頭陀 信義가 이 산에 와 자장법사가 살던 곳을 찾아 庵子를 짓고 살았다는 것이고, 신의가 죽은 후 황폐해진 것을 水多寺 長老 有緣이 중창하여 살았다. 지금의 월정사가 그것이다.[23)

「천은사기적비」에 의하면, "절의 과거를 살펴보니 지금으로부터 1093년 전 신라 興德王 4년(829) 즉 당나라 文宗 太和 3년 기유년에 중국의 고승 頭陀三禪이 본 절을 창건하였기에 그 산의 이름이 존재한다고 하며, 혹 梵日國師가 입당하고 돌아 와 崛山寺, 金華寺, 三和寺 세 절을 창건할 때 본 절을 창건하였다"고 하며, 삼척 소재 영은사에 보관되어 있는 「靈隱寺說禪堂重建上樑文」에는 "옛날에 신선이 내려와 절을 창건하였는데 범일국사이다[嶽降神於古昔刱寺焉梵日國師也]"라고 전한다.

한편 문인들과 관련된 성과를 보면,[24) 堀山禪門 개창 이래 범일의 문하에서는 많은 門徒들이 배출되었다. 문도들 중 開淸·行寂 등이 그 대표적 인물이다. 개청은 俗姓이 김씨이고, 鷄林冠族이다. 문성왕 16년(854) 태어나 冠年에 출가, 華嚴山寺 淨(正)行에게 聞道하고, 康州(晋州) 嚴川寺에서 受戒하고 錦山에서 3년간 食松勤修하다가 "屈山으로 가면 出世神人이 있다"는 한 노인의 神告를 듣고 굴산사 범일법사를 참례하였다. 이때 법사는 "오기가 어찌 이리 늦은가. 오랜 시간을 기다렸노라"하고, 入室을 허락했다. 이후 그에게 法이 嗣承되었다.

---

22) 『三國遺事』권3 塔像 第4 洛山二大聖 觀音 正趣調信條 및 乾鳳寺本末事蹟 洛山寺史蹟.

23) 『三國遺事』권3 五臺山五萬眞身條.

24) 방동인, 「굴산문 범일국사와 명주호족」, 『강릉단오제 정체성 확립을 위한 범일국사 학술세미나자료집』, 2007, pp.14~16.

그는 범일 입적 후 普賢寺에 入住하여 굴산의 宗風을 크게 떨쳐, 景哀王의 국사가 되고, 경순왕 4년(930) 입적하였다. 世壽 96이었다. 고려 태조는 시호를 郎圓, 塔은 悟眞이라 贈號했다. 그의 문하에 神鏡·聰靜·越晶·奐言·惠如 등 수백인이 있어 그의 법통을 계승 발전시켰다.

行寂은 河南[河東]人으로, 속성은 최씨이다. 홍덕왕 7년(832) 태어나 일찍이 출가하여 海印寺에서 華嚴을 배웠다. 그후 문성왕 17년(855) 福泉寺에서 受戒하고, 이후 오대산의 崛山 梵日大師에 참례하고 그에게 入室하였다. 경문왕 10년(870)에 入唐하여 중국 오대산 화엄사에서 文殊를 뵙고 石霜慶諸의 心印을 얻고, 헌강왕 10년(884) 귀국하여 朔州(춘천) 建子庵에 머무르며 師法을 開振하니 그 법이 크게 떨치게 되었다. 孝恭王이 師로 예우하였다. 眞聖王 3년(889) 범일이 寢疾(앓아 눕다)하니, 급히 굴산으로 돌아가 精勤侍疾하였다. 범일이 입적하기에 이르자, 그에게 傳心을 咐囑(부탁하여 위촉함)하였다. 이후 師法을 전승하여 宗風을 크게 떨치다가 神德王 4년(915) 世壽 85세로 입적하였다. 시호를 郎空, 塔을 白月捷雲이라 하였다. 그의 문하에 信宗·周解·林儼·讓景 등 500여인이 있어 門風을 전승하였다.

말사의 중·창건 사실과 개청과 행적으로 이어지는 법통 계승이 가능하였던 까닭은 범일이 굴산사 주지에 안좌하면서 적극적인 禪敎 활동을 펼쳤기 때문이며, 또 사굴산문의 개창조로서의 명성과 선학에 대해 깊히 성찰했던 범일의 품격이 있었기 때문으로 여겨진다.

한편 범일에 대한 불교적 명성과 아울러 중요하게 인식되고 있는 또 다른 점은 지역사회의 수호신으로 승화되어 있다는 것이다. 이에 『增修臨瀛誌』에 수록되어 있는 범일과 관련해서 지역사회에 전해지고 설화적 성격의 이야기들을 취합·정리해보면 다음과 같다.

①[강릉부 관아] 東門에 鐘이 하나 있었는데 세상 사람들이 말하기를 굴산사에

있던 종이라고 하였으며 신라 범일국사가 주조한 것이라고들 하였다. 오랜 세월로 온전치 못하여, 종을 치면 소리가 마치 징같이 울려 사람들이 그것을 싫어하였다. 영조 을유년(1765)에 趙德成이 다시 만들었으나 그 주조 기술이 조잡하여 옛 종과 새로 만든 종이 서로 판이하게 다르자 사람들이 그것을 애석하게 여겼다.

② 塔山記에는 "범일국사가 처음 [절을] 지었는데 현종 때 거란병의 난으로 [탑산]이 소실되었다. 그 후 府使가 옛날 노인들에게 자문을 받아 탑산이 있던 곳을 상세히 알아내어 이를 府司에 보관하였으나 임진란으로 절반 이상이 훼손되고 오직 탑을 설립한 내력 일부분만 상고할 수 있을 뿐이었다. …〈중략〉… 釋奠에 관한 기록 하나만 전하나 지금의 五禮儀와 서로 크게 달라 그릇된 부분도 있는 것 같아 어느 대의 儀制를 모방해서 제작한 것인지 알 수 없다"

③ "옛 노인들 말에 의하면 명주가 처음 세워지던 날 범일이 관사 터에다 큰 절을 세우고자 하여 중들이 그것을 주관하였다. 그 후 병화에 타버렸으며, 부의 관사도 옮겨 세웠으나 오직 沙門만 남아 있는데 지금의 㢰大門이다. 대문을 청소할 때 지금도 장인 승려를 쓰니 그럴듯한 일이다."

④ 부에 옛부터 내려오는 쇠지팡이 두개를 보관하고 있었는데 큰 것은 한아름이 넘었으며 머리 부분은 둥글게 생겼고 작은 것은 지팡이 머리에 아홉 개의 고리가 새겨져 있었다. 전하는 말에 큰 것은 범일이 지니고 사용한 것이라 하였으며 작은 것은 그의 제자가 사용한 것이라 하였다. 楊蓬萊가 먼저 강릉부사로 있다가 후에 安邊府使로 갔는데 대청 앞에 돌로 만든 火臺가 있었는데 그 높이가 강릉에 전해오는 쇠지팡이와 서로 같았다. 부의 옛 기록을 더듬어 보니 고려 중엽에 안변이 강릉부에 소속되어 있을 때 鐵柱火臺가 있었는데, 강릉사람이 石火臺를 배에 싣고 와서 바꾸어 갔다 하니 이로 볼 때 큰 지팡이는 화대의 기둥이요, 작은 지팡이는 고리가 있는 것으로 보아 범일이 지니던 것으로 보인다. 그러나 확실한 것은 알 수 없다. 범일이 종을 주조하던 언덕에는 지금도 풀과 나무가 나지 않는다고 한다. 전하는 말에 의하면 범일의 제자가 만든 종이 한쪽으로 찌그러졌기에 노하면서 지팡이를 휘둘러 뿌리니 종의 둥근 부분이 십여보를 선회하다 땅에 떨어졌는데 이 때 떨어진 곳에 풀과 나무가 나지 않았다고 하였다. 그 종은 지금 동문에 걸려 있었으나 을유년 6월에

큰 홍수로 제방이 무너지면서 쓸려 나가자 냇가에 무수한 조각이 흩어졌다.
부사 韓孝友가 수습하여 향교 祭器로 만들고 나머지는 주민이 많이 주워갔다.

또 1920년대 말 간행된 『生活狀態調査[江陵]』에 수록된 내용에 따르면,

大關嶺 賽神(신에게 올리는 제사) ― 대관령에는 한 개의 성황이 있는데, 즉 범일
국사로서 강릉에서 출생하였다고 한다. 그 신은 造化萬能하며 고대부터 두려움
과 공경함이 지극하였고 만약 노여움이 있으면 맹호(호랑이를 神의 모양으로 만
든 말을 말함)가 되고, 한발, 홍수, 폭풍, 전염병 등 예측치 못한 환난을 빚어내며
한 郡 안위를 좌우한다고 말한다. 그래서 군민은 그 신을 맞이하여 위로하기 위
하여 매년 큰 행사로서 수백원을 투입하여 음력 4월 15일 국사성황을 내려 모시
고[降], 음력 5월 5일 단오굿(주문을 외우고 음악을 연주하며 신에게 제사하는 행
위)을 행하고 있다. 특히 단오굿은 오랜 세월 불려지던 것으로 강릉군내에서 수
십만의 관중이 모아며 關東列邑에 널리 알려졌었지만 최근에 이르러 미신의 풍
습이 변화됨으로 인해 그 賽神은 행하지 않고 오직 단오라는 이름만 남아 있다.
이를 계기로 운동회를 개최하였으며 인근 마을에서 많은 사람들이 모여들어 시
가지의 풍경이 일년 중 가장 번잡하였다.

위의 내용은 大關嶺 賽神에 관한 것인데, 내용 속에는 범일의 신적 능
력, 강직한 성품, 그리고 영동지역 수호신으로서의 역할이 설명되어 있다.
이상에서의 내용은 강릉 및 영동지역 민들의 범일에 대한 인식의 여
러 면모로 이해할 수 있다. 그에 대한 신적 의미는 농어업의 풍흉, 자연재
해나 전염병으로부터 향민을 보호하는 인물 등으로 묘사하였다. 그리고
지역민들은 지극한 두려움과 공경의 대상으로서 범일을 인식하였던 것
이다.
한편 더 의미 있는 것은 그의 법통을 계승한 대표적인 두 제자의 비문
에 전하는 범일에 대한 칭송이다. 낭원 개청의 비문에는 그를 "시대를 타
고난 大士이자 속세를 뛰어 넘는 神人으로, 楞伽寶月의 마음을 깨닫고 印
度諸天의 宗性을 모두 통달한 선승" 25)이라 하였고, 나말여초 학자인 崔致

遠은 「智證大師碑文」에서 범일을 포함한 13명의 고승들에 대해 "덕이 두 터워 중생들의 아버지가 되었으며, 도가가 높아 왕의 스승이 될 만한 자들"[26]이라고 하였다.

이처럼 범일 입적 후 그에 대해서 능가종의 진리와 인도제천의 종성을 겸비한 '大士' 또는 '神人' 으로 존경하였고, 중생의 아버지이며, 왕의 스승이 될 만한 충분한 학식과 인격을 가진 선사로 평가하고 있다.

5) 맺음말

본 글에서는 범일의 할아버지 김술원과 785년 강릉으로 퇴거한 김주원과의 관계, 그리고 범일과 관련된 설화를 바탕으로 범일의 출생지는 어디인가라는 문제, 범일과 지역 토착세력과의 관계, 김술원과 김주원의 정치적 역학관계, 그리고 범일과 명주지역과의 연관성 문제, 마지막으로 범일에 대한 입적이후의 평가와 강릉 지역민들의 그에 대한 인식의 차원 등을 중점적으로 살펴보았다. 이에 여섯 가지 문제제기에 대해 간략하게 정리하는 것으로 결론을 대신하고자 한다.

첫째, 출생지와 관련해서 종전까지는 대체로 강릉이라는 설에 이의가 제기된 경우가 그리 많지 않다. 그러나 여기서 이 점에 대해 문제를 제기한 까닭은 설화의 허구성이라는 측면에서 제기될 수 있는 출생지 논란, 그리고 그의 출신성분과 경주지역에서의 소략한 활동상 등의 이유로 경주를 그의 출생지로 오해할 수 있는 소지가 있다. 이에 출생설화의 역사성, 김

---

25) 李智冠, 「江陵 智藏禪院 朗圓大師 悟眞塔碑文」, 『羅末麗初 歷代高僧碑文(高麗篇1)』.
26) 추만호, 『나말려초 선종사상연구』, 1992, p.61.
　　정동락, 「通曉 梵日(810~889)의 생애에 대한 검토」, 『民族文化論叢』24집, 영남대학교 민족문화연구소, 2001, p.84.

주원 세력과의 관계에 있어서 혈연적 관계 내지는 명주지역 내에서 적대적이지 않은 상호 우호적인 관계라는 측면을 강조하면서 그의 출생지는 강릉이라는 설을 정설로 설정한다.

둘째, 앞서 간단히 설명한 바와 같이 김주원 퇴거 이후 김술원과의 관계이다. 김술원의 명주도독 재임시기에 관해서는 대체로 김주원이 낙향한 전후 시기로 볼 수 있다. 김주원이 퇴거하기 전후 김술원은 이미 명주도독에 부임하였고, 김주원이 낙향한 이후 경주로 복귀하지 않고 명주지역에 정착하였던 것으로 보인다. 따라서 김술원과 김주원은 혈연적 관계였거나 또는 정치적으로는 같은 성향의 인물이라 할 수 있다. 이에 범일이 명주 김공의 청으로 굴산사 주지로 오게 된 배경도 위의 관계와 무관하지는 않다.

마지막으로 범일에 대한 평가로, 나말여초 즉 범일 입적 직후, 그의 제자 개청의 비문에는 범일을 '大士' 또는 '神人'으로 표현하면서 능가종의 진리와 인도제천의 마루를 이룬 선사라 할 정도로 높이 평가하였다. 또 최치원은 '중생의 아버지이고 왕사가 될만한 인물'이라 하였다. 그리고 강릉 지역민들은 그에 대해 선학의 진리를 깨달음은 물론이고 학덕과 강직한 인격을 겸비한 인물로 인식함과 동시에 향민들의 안위와 지역의 평안을 주관하는 수호신으로 마음 속 깊숙이 간직하고 있다.

Ⅲ. 결사체 결성과 운영으로 본 지역사

1. 금란반월회와 임영족회

1) 머리말

15세기 이후 강릉지방 토성들은 과거 합격을 통해 재지사족으로 성장하였다. 그런데 15세기 후반 경 강릉지방에서는 조선조 통치 이념이라고 할 수 있는 성리학적 사회체계를 향촌사회에 정착시킴과 동시에 과거를 통한 입신양명을 도모하기 위해 몇몇 젊은층들이 중심이 되어 금란반월회를 조직하였다.

한편 임란 이후 강릉지역에서는 임영족회라는 단체가 결성되어 상당 기간 동안 유지되었다. 강릉지방은 난후 향촌사회를 재조하기 위한 차원에서 향약과 향현사 건립을 적극 추진하는 한편 광해군 7년(1615) 각 성씨들의 연합 모임의 성격을 갖고 있는 '臨瀛族會'를 구성하였다.

'임영족회'는 강원관찰사 呂佑吉(號, 春湖)이 관동지방을 순행하면서 강릉에 들렀을 때, 관찰사가 강릉지방의 재지사족과 同源이라 하여 마련된 族會이다. 즉 강릉지방의 재지사족들이 오랫동안 세거하면서 각 성씨 간에 內外族을 이루고 있었고, 몸 관찰사와 集賢殿提學吏曹參判을 지 낸 釣隱 崔致雲의 장자인 崔進賢이 모두 高靈朴氏 朴眞言의 外外孫이 된 다는 인연이었다.[1]

특히 최씨 외에 일부 토성과 신증성씨들이 참여할 수 있었던 것은 최 치운 가계와 계속해서 통혼권이 형성되었기 때문이다. 그러므로 강릉지 방의 토성 및 일부 신증성씨들이 관찰사 또는 수령과 자리를 함께 하는 집 회가 마련되었으니, 이를 두고 세인들은 '임영족회' 라 하였다.

'임영족회' 는 광해군 7년(1615) 이래로 현종 11년(1670), 숙종 4년 (1678), 숙종 5년(1679), 경종 2년(1722)으로 이어지면서 100여년간에 걸 쳐 실시되었던 것으로 보이며, 현종 11년(1670)의 경우는 강릉부사 여민 제가 기유년(1669) 9월 13일 부임한 이후인 경술년(1670) 6월 7일 부사 주 재로 연회가 베풀어졌고, 동년 8월 21일에는 이에 대한 답례가 거행되었 다. 그리고 동년 10월 5일에는 罰禮會가 개최되었다.[2] 따라서 족회의 모 임은 사안에 따라 부정기적인 형태로 개최되었다.

금란반월회와 임영족회와 같은 결사는 특정한 목적을 가진 사람들에 의해 성립되어 운영되어진 결사체이다. 따라서 이러한 결사 조직을 연구 함에 있어서 매우 중요한 요소는 어느 시기에 어떤 사람들에 의해 결성되 었는지를 살피는 것이다. 특히 법제적으로 철저한 신분제가 유지되었던 전근대 사회의 경우 어떤 신분에 속했던 사람들에 의해 결성되었는지는 그들의 정치적, 사회적, 경제적, 문화적 상황을 파악하는데 있어서 중요한 근거라 할 수 있다.

---

1) 方東仁, 『嶺東地方鄕土史硏究資料叢書(Ⅰ)』, 關東大學校 嶺東文化硏究所, 1989, p.399. 「題臨瀛族會帖後」에 "咸陽呂氏與江陵崔氏同爲高靈朴氏諱眞言之外外孫也"
2) "己酉九月十三日到任 庚戌六月七日 設族會宴 庚戌八月卄一日 行答禮會 十月五日 行罰禮 會"(『嶺東地方鄕土史硏究資料叢書(Ⅰ)』, 呂閔齊, 「臨瀛族會帖」庚戌帖序, 關東大學校 嶺東 文化硏究所, 1989, p.389)

이에 조선 중기 강릉지방에서 결성된 금란반월회와 임영족회를 대상으로 결사를 조직한 사람들의 사회적 지위, 결사체를 조직한 실질적인 동기, 결사체의 지속성을 확보하기 위해 공식적으로 앞세운 명분과 그 이면에 담겨져 있는 실질적인 명분, 그리고 당시 사회상황과의 관련성 검토를 통해 향촌 내 사족 결사 조직의 성격을 고찰하고자 한다.

2) 금란반월회

⑴ 결성 목적

금란반월회는 강릉지역 文人傑士 17인에 의해 세조 12년(1466) 창계되었다.[3] 刱契의 목적은 「盟約五章」[4]에 자세히 설명되어 있다.

첫째	吉凶慶弔로 동맹자 중에 仕宦揚名者는 축하하고 死生患難時에는 쌀 5승으로 부조한다.
둘째	良辰講好로 紅杏, 綠楊, 黃菊, 白雪 사계절 중 좋은 날을 택하여 글을 읽고 오락을 즐긴다.
셋째	過惡面責으로 酒色과 꾸짖음으로 德行을 훼손하는 자는 각자 술잔을 가지고 그 문에 나아가 문책한다.
넷째	忤令贖金으로 회문을 지체하는 자, 모임 불참자, 징벌 약속을 어기는 자,

---

3) 臨瀛古有契焉 名曰金蘭半月會 越在 皇朝成化年間 此邦之文人傑士 擬之於君子之交 刱成此契焉(「金蘭半月會世系圖序」『金蘭世帖』) 그리고 고종 22년(1885) 新修되었는데, 목적 역시 선조들이 지향했던 것을 답습하고자 함이었다. 이때 「講會法」을 제정되었는데, 그 내용은 계의 운영, 규칙, 처벌 등에 관한 것으로 舊約인 「盟約五章」과 같다.(『三五僑記』)
4) 「盟約五章」,『三五僑記』
吉凶慶弔 凡我同盟 有仕宦揚名者 慶以肴酒 有死生患難者 各賻粒五升
良辰講好 紅杏綠楊黃菊白雪四箇良辰 酌彼金罍 同吟伐木 以講歡娛
過惡面責 酒色罵詈 虧損德行者 各持酒盞造其門責之
忤令贖金 回牒留滯者 期會不參者 懲罰失期者 出物過限者 無故先出者 罰
敗行削籍 酒錢直一器再誤者 加一等三度忤令者 面責不悛者 即削籍盟籍 唯回牒留滯者 不在此限

연유 없이 기간을 지나 물건을 내는 자, 이유 없이 먼저 나가는 자는 벌한다.

다섯째 敗行削籍으로, 酒錢으로 인한 재차 잘못이 있는 자, 세 번 명령을 어긴 자, 면책받았으나 개선의 여지가 없는 자는 삭적한다. 다만 회문을 지체하는 자는 이 제한을 두지 않는다.

앞에 예시한 5개 조항의 「맹약오장」에 의하면, 금란반월회 회원들은 과거를 통해 관직으로 진출하여 입신양명하는 것을 가장 우선적인 목적으로 제시하였다. 이들은 이런 목적을 달성하기 위해 사계절 좋은 날을 택일하여 계회를 개최하면서 오락과 글 읽기를 병행함으로써 강학활동을 매우 중요하게 여겼으며, 또한 동맹자 중 관직에 나아가 명성을 떨친 자를 축하하는 모습을 볼 수 있다.

이와 같은 목적은 향약의 德業相勸과 흡사하다. 첫째 조항 중 死生患難時 부조하는 규약은 향약의 患難相恤과 유사하다. 셋째 조항은 향약의 禮俗相交 덕목과 마찬가지로 성리학적인 향촌질서를 확립하고자하는 의도가 있었던 것으로 보인다. 마지막으로 4·5조항은 구성원의 패행의 방지 내지는 이에 대한 처벌을 규정한 조항으로써 過失相規와 유사한데 이와 같은 조항은 계의 조직화와 체계화를 도모함에 있어서 매우 중요한 사항으로 여겨진다.

⑵ 구성원의 출사와 경력

創契 구성원은 刑曹參判을 지냈으며 금란반월회에서 師席의 역할을 한 崔應賢을 포함하여 모두 17명이다. 이들의 본관과 성씨별로 보면 강릉김씨 5명, 최씨의 경우[5] 전주최씨 3명, 강릉최씨 2명,[6] 강화최씨 1명, 강

---

5) 崔濂, 崔汝霖, 崔洙는 崔立之를 시조로 하는 전주최씨, 崔自霑은 崔文漢을 시조로 하는 강화최씨이다.

릉박씨 3명, 정선전씨 2명, 삼척심씨 1명이다.

〈표 1〉 금란반월회 창계원 경력[7]

姓名	本貫	經歷	生沒年代	司馬試合格時期	文科合格時期
金 臺	江陵	獻納		世祖 11年(1465)	成宗 8年(1477)
金 墀	江陵	從仕郎, 訓導	1425~?		
金潤身	江陵	舍人	1444~1521	世祖 14年(1468)	成宗 7年(1476)
金爾兼	江陵	生員	1433~?	世祖 2年(1456)	
金晋錫	江陵	府使	1436~1526	世祖 11年(1465)	成宗 3年(1472)
朴文華	江陵	生員		成宗 8年(1477)	
朴始文	江陵	郡守		世祖 14年(1468)	成宗 17年(1486)
朴永楨	江陵	訓導			
沈家甫	三陟	縣監		端宗 1年(1453)	世祖 14年(1468)
全 彛	旌善	生員		世祖 14年(1468)	
全長孫	旌善	通德郎			
崔 濂	全州	生員		世祖 11年(1465)	
崔 洙	全州	縣監	1443~1472		世祖 14年(1468)
崔汝霖	全州	訓導			
崔玉淵	江陵	生員·進士		世祖 11年(1465)	
崔應賢	江陵	刑曹參判		世宗 30年(1448)	端宗 2年(1454)
崔自霑	江華	承文院校理	1434~1508	世祖 11年(1465)	成宗 3年(1472)

그리고 구성원들의 과거 합격 실태를 살펴보면, 17명의 구성원 중 최옥연, 심가보, 김이겸, 김대, 최자점, 최렴, 전이, 김진석, 박문화, 김윤신, 박시문, 최응현 등 12명이 사마시에 입격하였고, 이중 심가보, 김대, 최자점, 김진석, 최수, 김윤신, 박시문, 최응현 등 8명은 문과에 합격하였다.

일부 구성원들의 행적을 간략히 살펴보면 다음과 같다. 최옥연은 강릉최씨로 세조 11년(1465) 사마시에 입격하였다. 김이겸은 강릉김씨로 세

---

6) 崔玉淵은 본관이 기록되어 있지 않으나 司馬榜目을 확인한 결과 아들 崔必崇이 成宗 11年(1480) 생원에 입격하였고 거주지가 강릉으로 기록되어 있는 점으로 보아 강릉을 본관으로 하였을 것으로 추정된다.
7) 『三五僑記』참조.

조 2년(1456) 생원에 입격하였다. 김대는 강릉김씨로 세조 11년(1465) 사마시에 입격하였으며, 성종 8년(1477) 문과에 합격하였다. 전이는 정선전씨로 세조 14년(1468) 사마시에 입격하였다. 김진석은 세조 11년(1465) 사마시에 입격하였고, 성종 3년(1472) 문과에 합격하였다. 관직으로는 지방장관인 부사직을 역임하였다. 박문화는 성종 8년(1477) 사마시에 입격하였다. 박시문은 세조 14년(1468) 사마시에 입격하였고, 성종 17년(1486) 문과에 합격하였다. 이들에 대한 향중 활동에 관한 기록은 구체적으로 전해지지 않고 있다.

심가보는 삼척심씨로 단종 1년(1453) 사마시에 입격하였으며, 세종조에 直講의 벼슬을 지냈으며, 연산군 때에는 병을 이유로 벼슬을 버리고 고향으로 돌아왔다. 시를 짓기를 "84년이 되도록 무얼했는고 머리만 하얗게 세니 부끄러울 뿐이네"라 하였다. 향중에서는 그를 매우 강직한 사람으로 평가하였다.[8]

최렴은 전주최씨로 세조 11년(1465) 사마시에 입격하였으며, 성품과 절조가 곧았으며, 구차스럽게 사물에 얽매여 마음을 쓰지 않았다. 늘 위엄 있게 거처하였으며, 자손들이 관복을 갖추어 입지 않으면 감히 와서 뵙지 못하도록 하니 집안에서의 엄숙함이 마치 조정과 같았다. 기묘년(1519년 추정)에 都約正이 되니 온 마을이 그의 덕행에 감복하였다. 죽은 뒤에 그의 庶子 崇孝가 꿈에 雲錦樓로 그를 모시고 갔는데 詩歌를 읊으며 못 위를 배회하자 나에게 말하기를 "네가 연을 읊을 줄 아느냐?"고 묻자 읊지 못한다고 대답하니 즉시 읊기를 "줄기는 군자의 지조와 같고 꽃은 덕인의 용모와 같다"하니 그 청백한 지조와 높고 깊은 사상은 살아 있을 때나 죽어서나 한결같다고 하였다.[9]

---

8) 『國譯增修臨瀛誌』

김윤신은 세조 14년(1468) 사마시에 입격하였으며, 성종 7년(1476) 문과에 합격하였다. 그의 호는 槐堂이며. 벼슬은 舍人과 執義를 지냈다. 그는 성품이 바르고 강직하였으며, 여러 번 큰 고을의 벼슬을 지냈으나 집에는 아무 것도 없이 가난하였다. 만년에 고향에 돌아와 鄕約을 저술하였다.[10]

최수는 세조 14년(1468) 문과에 합격하였다. 그는 세조가 월정사를 순행할 때 열린 과거시험에 합격하였는데, 세조가 응시자들이 벽불문으로 들어 올 경우 철퇴를 치라는 명이 있었음에 불구하고 그 문으로 들어갔던 강직한 성품의 소유자이면서 성리학에 확신을 갖고 있었던 인물이었다.[11]

최자점은 후학양성에 기여한 바가 있으며[12] 그의 후손인 최운우[13]의 경우는 오봉서원 건립과 連谷鄕約 시행에 중추적 역할을 하였다. 그리고 12명의 사마시 입격자 중 9명이 세조대에 배출되고 있다. 따라서 세조 12

---

9) 『國譯增修臨瀛誌』
10) 『國譯增修臨瀛誌』
11) "成化丙戌春 世祖幸上院寺 設崇佛闢佛二門 令武士操鐵椎立於闢佛門外試 命群臣從心以入 則皆入崇佛門 獨先生略無懼色 入闢佛門 武士將擊之際上亟命止之 戊子四月 擢文科乙科第四人 成均博士"(方東仁, 『嶺東地方金石文資料集(I)』, 「崔洙墓碣」, 關東大學校 嶺東文化硏究所, 1984)
12) 方東仁, 『嶺東地方金石文資料集(II)』, 「崔自霑墓碑」, 관동대학교 영동문화연구소, 1989.
13) 『金蘭世帖』에 근거하여 최자점의 가계를 정리하면 다음과 같다.

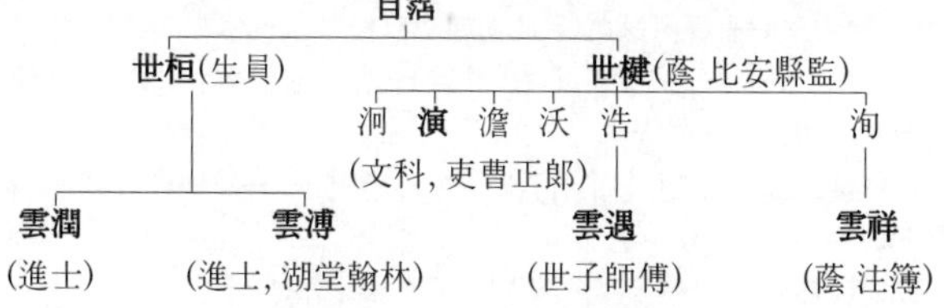

『五峯書院實記』에 따르면 최운우는 부사 咸軒과 함께 당시 강원관찰사 洪春年과 협의하여 오봉서원을 건립하였으며 連谷鄕約文을 작성하여 시행하였다고 한다.
※ 진한 글씨체는 사마시나 문과에 급제한 경우임.

년(1466) 금란반월회의 구성을 계기로 향촌사회 내에서 이들은 성리학적 이념을 토대로 한 신진세력으로 성장하였던 것으로 보인다.[14]

또한 이들 후손들의 과거 진출 상황을 보면, 7명의 자손들이 사마시나 문과에 합격한 것으로 조사되었다. 특히 김대의 경우는 아들 金世勳과 손자 金光轍과 金光珍이 사마시와 문과에 합격하여 3대에 걸쳐 합격하였다.[15] 최옥연은 아들 최필숭이 사마시와 문과에 합격하였고,[16] 심가보의 아들 심희전은 문과에 합격하였고, 형 심산보는 생원시에 입격하였다.[17] 김지의 아들 김반석[18]과 최자점의 아들 최세환은 사마시에 입격하였고,[19] 최응현은 2명의 아들이 사마시에 입격하였다.[20]

이처럼 창계에 참여했던 인물들은 일차적으로 과거 응시를 통해 기반을 다졌던 것으로 보인다. 그리고 몇몇 인물의 성품과 행적에서 알 수 있듯이, 대체로 성리학적 유품, 즉 효우가 돈독하고, 강직하며, 예의범절을 중요하게 여길 줄 알았던 인물들이다. 특히 향약을 저술하였거나 또는 도약정으로서 향약 시행에 앞장서고 있는 점은 한 인물의 성리학적 인품을 강조하는 측면 이외에 소위 금란반월회라는 결사체는 강릉지방 향촌사

---

14) 後學 金漢星이 쓴 『三伍儕記』, 「書金蘭禊簇後」에 보면, "契凡十六人登庠擢第十二人 其無科名則隱德 不輝文章行誼 稱於一時 皆世家碩儒"라 기록되어 있다.

15) 金世勳은 成宗 17年(1486) 式年生員, 1496년 別試文科에 합격하고, 司憲府監察을 지냈으며, 손자 金光轍은 中宗 2年(1507) 式年生員, 1513年 別試文科에 급제하였으며, 손자 金光珍은 중종 21년(1526) 문과에 급제하였다.(『國朝文科榜目』참조)

16) 崔必崇은 성종 11년(1480) 식년생원에 입격하고 동왕 17년(1486) 문과에 급제하였다.(『國朝文科榜目』참조)

17) 沈希佺은 성종 17년(1486) 식년진사에 입격한 후 1516년 중종 11년(1516) 별시 문과에 급제하였다.(『國朝文科榜目』참조)

18) 金盤石은 성종 11년(1480) 생원에 입격하였다.(『CD사마방목』)

19) 崔世桓은 중종 29년(1534) 생원에 입격하였다.(『CD사마방목』)

20) 崔世德은 연산군 7년(1501) 진사, 崔世道는 중종 8년(1513) 생원에 입격하였다.(『CD사마방목』)

회에 성리학 보급을 확대시켰을 뿐만 아니라 지역사회에 그와 같은 관습들이 시행될 수 있도록 적극 노력했으며, 아울러 성리학적 학풍과 유습이 정착될 수 있도록 주도하였던 공동체 조직이었음을 확증하는 것이다.

3) 임영족회

(1) 족회 결성의 사회적 배경

조선사회는 임진왜란과 병자호란을 겪으면서 커다란 사회경제적인 변화에 직면하였다. 무엇보다도 민심의 이완 현상은 지방통치를 더 어렵게 하였다. 전쟁으로 인한 인적·물적 자원의 손실은 사회기강과 신분질서를 혼란하게 하였다. 첫째, 전란의 과정과 이로 인한 피해 상황을 보면 다음과 같다.

> 왜병의 일부가 강원도를 쳐들어와 6월에 楸風嶺을 넘어서 강릉에 이르러 5일을 머물고 삼척으로 향하였다. 大將 吉盛은 백복령으로 해서 곧 원주를 치고 다른 한패는 양양으로 해서 오색령을 넘어 춘천으로 향하였다. 이때 부사 李光俊은 鎭을 버리고 入山하였고, 生員 於克誠 등 10여인이 害를 입었고 府吏 崔麒鶴이 적이 물러간 뒤에 府中에 돌아와서 官庫를 지키며 府官을 기다렸다. 이해 9월 원주에 있던 적병이 와서 珍富館을 불살랐기에 이광준이 將兵을 보내 물리쳤다.[21]

이처럼 강릉지방의 경우 전국적인 피해보다는 덜하지만 왜적의 약탈은 지역사정을 매우 어렵게 하였다. 경상좌도의 사족들이 군사를 모으면 적을 불러들일 뿐이라는 명분으로 피난에만 급급하던 차에 경상좌도 의병장 柳宗介가 홀로 향병을 모아 태백산에 웅거하며 적과 대치하였다. 이때 淸正이 安邊에 있으면서 慶州의 적과 응하고 있었는데 一枝의 군사가 영

동의 高城, 江陵을 따라 지나는 곳마다 노략질하며 평해의 지경에 이르러 횡행하며 노략질 하였다고 하였다.[22]

강릉이 外鄕인 허균은 '관동에서 난리를 피할 수 없다는 설'을 펴고 있다. 가령, 오늘날 避兵을 꾀하는 사람들이 서로 만나 말하기를 "영동의 아홉 고을은 멀리 산과 바다 사이에 있는 곳으로 그 지방이 곡식이 많고 또 어물과 소금이 풍부하여 그곳에 간 사람은 굶주릴 걱정이 없고 위치 또한 궁벽하여 필연적으로 전쟁을 겪는 지역이 아니기 때문에 이곳이 제일이다"라고 하자 허균은 "영동은 땅이 좁고 백성이 적어서 풍년이 들면 쌀이 천한 것 같다가 약간만 풍재나 한재가 닥치면 금방 기근이 들 정도이다. 선조 26년(1593) 충주 · 원주 두 고을 사람들이 서로 모여 강릉으로 피난 와서 먹고 살았으나 몇 달 못되어서 主客이 모두 곤궁해지는 상황이 발생되었다고 하였고, 고려 말의 상황처럼 북쪽 오랑캐들의 접근이 용이한 지역이기에 역시 피병의 적지는 아니다"[23]라고 하였다.

이처럼 전란으로 인한 약탈과 피난민의 집결로 인해 지역 사정은 악화되었고, 더불어 자연재해로 강릉지역 향촌사회는 더욱 어려운 상황에 처하게 되었다.

둘째, 임란직후 강릉지방은 풍수재로 인해 황폐화되었던 것으로 보인다.

> 嶺東은 江陵府 5리 밖에 南大川이라는 내가 있어 전에 물이 넘치는 것을 막기 위해 냇가에 나무를 심고 제방을 튼튼히 쌓았는데 本府가 설립된 이후 남문밖에서

---

22) 『宣祖修正實錄』卷26, 宣祖 25年(1592) 8月 1日 戊子條.

23) 『惺所覆瓿藁』卷 12. 「關東不可避亂說」 "今爲避兵之許者 相率而謀所之則又曰嶺東九邑 邈在山海之間 地多穀 且富魚鹽 敗者无翳桑患 而地且僻非又爭之地 此爲第一 … 余聞曰 … 嶺東地偏而少民 豊登則米似賤 及少遭風旱 則輒告餓焉 向者癸巳 忠原二州之人相聚 就食於江陵 未數月 主客俱困 … 王氏時 則賊舶之出沒於九郡 當如麗代也 可不懼哉"

관노비 1백여호와 기타 백성들의 사노비가 많이 살고 있었다. 갑자기 큰물이 덮쳐 내를 막은 水□를 파괴하고 굉음을 내며 천지를 삼킬 듯이 밀어 닥치니 1백여호의 관노비들은 어찌할 바를 모르고 지붕이나 나무위로 올라갔는데 나무가 뽑히고 집이 부서지니 일시에 떠내려가 처자와 형제 등 일가족이 줄줄이 비끄러 맨채 죽기도 하였다. …「中略」… 전답은 천여석 지기가 모래에 뒤덮였고, 가옥은 크고 작은 것을 가릴 것 없이 모두 침수되어 사람들이 의지할 곳이 없었다. 大關嶺에서 해변에 이르기까지 기름진 넓은 벌판에는 까마득히 白沙만 보일 뿐이고 익사한 우마가 부지기수였다.[24]

이와 같이 전쟁과 수재로 인한 피폐상황을 난전의 사회상 형태로 회복한다고 하는 것은 복구의 단계를 넘어서서 향촌사회의 구조적인 개편을 불러오는 계기가 되었다.

셋째, 임란을 겪은 후 곧바로 시행된 京在所의 혁파는 전쟁으로 인한 향촌사회의 실상을 반영하는 제도적 개편이었다. 경재소의 혁파는 관주도의 중앙집권적인 지방통치의 강화를 위한 방편으로 보인다. 이는 선조 39년(1606) 8월 8일 諫院의 상소문을 통해 조금이나마 확인할 수 있다. 간원의 상소문을 요약하면 다음과 같다.

각도 都事는 방백의 幕佐가 되어 도내의 일체 조처하는 일을 맡아 다스리지 않은 것이 없어 소임이 매우 중합니다. 만약 본도 사람으로 차송하면 명령도 잘 통하지 않을 뿐만아니라 폐단을 끼치는 일도 있으니 강원도 都事 李璈를 체직시킬 것을 아뢰었다.[25]

간원의 상소문 내용은 상피제에 근거하여 강원도 都事 李璈의 체직을 주장하는 것이었다. 이에 대해 왕은 윤허의 비답을 내렸는데 주목되는

---

24) 『宣祖實錄』卷 189, 宣祖 38年(1605) 7月 23日 乙未條.
25) 『宣祖實錄』卷 202, 宣祖 39年(1606) 8月 8日 甲辰條

점은 李璥가 석천묘 건립에 있어서 주도격인 都廳의 자격으로 참여하고 있다는 것이다.

전란과 풍수재로 인한 지방사회의 황폐화와 지방통치 강화를 위한 수단으로 단행된 중앙정부의 경재소 혁파조치는 재지사족들에게 있어서도 매우 중요한 사안이었다. 이러한 문제들을 해결하기 위해 강릉지방 재지사족들은 향촌사회의 재조를 위해 송담서원의 건립과 사액요청 활동을 전개한 바 있으며, 이외에도 족계와 향약의 시행을 통해 향촌사회의 성리학적 체계의 재구축을 주도하려는 움직임을 보이고 있다.

강릉지방에서 향약이 시행된 시기는 문헌상으로 보아 금란반월회 창계원으로 참여하는 金潤身이 座首로서 鄕令 1편을 만들어 一鄕에서 이를 준행하였다[26]는 기록이 전하고 있는 점으로 보아 대체로 임란이전에 이미 향약이 시행되었던 것으로 보인다. 이후 김윤신이 지었다는 향약절목은 栗谷과 崔雲遇에 의해 윤색되어 다시 시행되었다.

도경 최운우에 의해 향약이 시행되었다고 전하고 있는데, 이 향약은 최운우가 도약정으로 참여하였던 「連谷鄕約」[27]에서 확인할 수 있다. 향약문은 현재 한국학중앙연구원 장서각에 소장되어 있는데, 철종 13년 (1862) 다시 작성되었다고 한다. 향약문의 표지에 "萬曆二十八年十月 日 鄕約抄文一件連谷上"이라고 적혀 있고, 또 마지막 부분에는 이 향약문이 처음 작성될 시기의 임원들의 좌목이 제시되어 있는데 다음과 같다. 都約

---

26) "爲座首 著鄕令一篇 一鄕遵行之"『江陵鄕賢十二先生行錄』; "金潤身 正德年間 謝官歸鄕 著鄕令一篇 一鄕至今遵行"(『江陵金氏玉街派譜』)

27) 연곡향약은 선조 33년(1600)에 강릉부에서 시행되었으며, 조직은 都約正 1인, 副約正 2인, 都有司 2인으로 구성되는 職任組織 아래 縣約長 1인과 縣有司 1인을 두고 있듯이 각 里에는 里約長과 里有司를 두고 있다. 약조는 德業相勸, 過失相規, 禮俗相交, 患難相恤 등 4개 조목으로 「海州一鄕約束」을 준용하고 있으나 鄕吏에 대한 규제와 上戶長, 吏房의 차정 및 歲首儀禮, 京在所에 관한 내용이 삭제되어 있다.(方東仁, 『嶺東地方鄕土史研究 資料叢書(I)』, 關東大學校 嶺東文化研究所, 1989, 解題참조)

正에는 前縣監 崔雲遇, 副約正에는 同知 權協, 副約正 座首 金景鎭, 都有司 進士 金自漢, 都有司 別監, 縣約長 奉事 崔雲榮, 縣有司 幼學 朴廷爀 등이다.[28]

인조 23년(1645) 건립된 향현사는 강릉 출신으로 지방민들의 추앙을 받고 있는 사람의 행적을 후세에 전하여 귀감을 삼기 위하여 위패를 봉안하고 제례를 올렸던 곳이다. 향현사가 처음 건립되었을 때에는 釣隱 崔致雲, 睡軒 崔應賢, 三可 朴遂良, 四休 朴公達, 猿亭 崔壽峸 蹈景 崔雲遇를 享祀하였고,[29] 1802년에는 春軒 崔洙를, 1808년에는 訥齋 李成茂, 槐堂 金潤身, 聾軒 朴億秋, 臨鏡堂 金說, 葆眞齋 金譚을 추향하였다.[30]

배향인물들의 특징은 첫째, 효행으로써 향촌에서 귀감이 되었던 인물들이며, 둘째, 향교 중수나 향약 시행과 같은 성리학적 지배질서에 충실했거나 향약 보급에 기여했던 인물, 세째, 중종조 기묘사화에 연루된 인물로서 영남사림들과의 학문적 교류를 맺었던 도학정치를 부르짖던 개혁인사들이다.[31]

향현사의 건립은 임란 후 피폐했던 지방의 실정을 임란전의 성리학적 지배질서로 회복코자 했던 조정의 의지에 부합되었던 것이며, 지역내에서는 향촌의 덕망 있는 인사를 선정해서 그의 행적을 추모함으로써 문풍을 진작시키고자 했다. 이것은 성리학적 규범과 질서를 강화시켜 민의 안정을 도모하는 한편 전란과 자연재해 등으로 인한 향촌사회의 황폐화를 극복하기 위한 재지사족들의 향촌활동의 일면으로 이해된다. 이러한 향촌 내 활동들은 임영족회 결성의 시대적 배경으로 작용하였던 것이다.

---

28) 『鄕約文』韓國學中央硏究院 藏書閣 所藏.(등록번호 002884)
29) 『增補文獻備考』卷 213, 學校考.
30) 『江陵明倫書院誌』, 참고로 이 책은 석판인쇄본으로 분량은 64장이며, 1976년 江陵鄕賢十二先生記念事業會에서 펴냈다. 明倫書院은 江陵鄕賢祠를 말한다.
31) 金東燦,「江陵鄕賢祠硏究」,『嶺東文化』5輯, 關東大學校 嶺東文化硏究所, 1994.

⑵ 결성 목적과 시행과정

鄭經世가 지은 序文에 의하면, 광해군 7년(1615) 呂佑吉이 강원 관찰사로 부임하여 각 지역을 순행하면서 강릉에 왔을 때 강릉지역 사인 100여명은 여우길과 同源이라 하여 관찰사를 뵙기를 갈망하였으나 公館에서 사사로이 만나는 것은 혼잡을 초래하는 일이기에 불가하다고 여겨 공관 밖에서 따로 관찰사와 54명이 만나 '先世敦睦之風'에 관해 이야기를 주고받았다. 그리고 모임을 만드는 것이 선현의 뜻을 이어받는 아름다운 일이라고 하여 이에 관찰사가 승낙하여 족회가 결성되었다고 기록되어 있다.[32]

족회첩은 현종 11년(1670) 모임 때 작성되었는데, 이때 모임을 갖게 되는 사유를 보면, 강릉현감으로 부임한 呂閔齊가 從祖父 呂佑吉이 강원도 관찰사로 부임하였을 때 당시 강릉부사 鄭經世가 작성한 族會 기록이 전하는 것을 확인하고 광해군 7년(1615) 참여한 崔부를 비롯한 그들의 자손과 외손들을 모아 倚雲樓에서 鄕飮酒禮와 詩를 즐기며 모임을 가졌으며 이후 사족들에 의해 答禮 성격의 족회가 개최되었다.[33]

한편 2차 족회는 강릉현감의 주도로 개최되었으며 여기에 사족이 적극 동참하는 형태를 보이고 있다. 이때 강릉대도호부에서는 강상죄가 발생되어 읍격이 강등되는 조치가 단행되었다. 즉 顯宗 7년(1666) 玉只의 綱常罪로 강릉부사 姜瑜는 파직되고 大都護府를 縣으로 강등시켰으며 道名은 原州와 襄陽의 지명을 합쳐 原襄道로 개명되었다.[34] 따라서 2차 족회는 앞서 설명한 족척관계를 명분으로 개최되었지만 실제로 사족의 입장에

---

32) 『愚伏集』卷 15, 「臨瀛館族會帖跋」
33) 呂閔齊 撰, 「庚戌帖序」(方東仁, 『嶺東地方鄕土史硏究資料叢書(Ⅰ)』, 關東大 嶺東文化硏究所, 1989, p.389)
34) 『臨瀛誌』官案 참조.

서는 강상죄로 인해 야기된 읍호 강등 조치에 대한 위기 국면의 해소를 위한 목적에서 개최되었다고 할 수 있다.

3차 족회는 숙종 4년(1678) 개최되었는데, 강릉출신은 省軒 崔文湜이 강원 관찰사로 부임하여 선조 大司憲 이상 4世에 대한 致祭를 마친 후 족친들을 모아 집회를 가졌던 것이 계기가 되었던 것으로 보인다. 3차 족회첩의 서문은 司諫院大司諫知製敎 權瑎가 지었는데, 그 내용을 요약하면, 피폐해진 향속의 교화를 위해 先儒의 每月 合族하는 예에 비유하며 종족간에 敦睦과 孝悌之心을 도모하는 풍습을 만들고, '敦宗族 厚風俗'을 가장 중요한 책무로 삼으면서 종법질서에 입각한 성리학적인 향촌질서를 구축하고자 함을 목적으로 개최한다고 밝히고 있다.[35] 또 발문에 의하면, 宗法의 확립과 풍속의 교화에 있어서 宗會之親은 先儒之說보다 월등하다고 강조하면서 宗人들이 관찰사에게 족회 개최를 요청하여 승낙을 받았다.[36]

이 시기의 족회의 경우 아래 〈표 1〉에서 확인 할 수 있듯이 강릉최씨의 참여율이 여느 때보다 높은 것으로 나타났다. 이처럼 3차 족회는 강릉출신 崔文湜[37]이 강원관찰사로 부임하는 것을 계기로 개최되었으며, 다수의 강릉최씨가 참여함으로써 종족간의 종법을 강조하였다. 특히 최문식은 필달계 후손으로 그의 가문은 조선초기부터 사족으로 성장하였다. 그리고 17세기 후반에 이르러서는 그의 3형제 모두 문과에 급제하여 그

---

35) 權瑎序,「臨瀛族會帖序」第三(方東仁,『嶺東地方鄕土史硏究資料叢書(Ⅰ)』, 關東大學校 嶺東文化硏究所, 1989, p.391)

36)「族會帖後跋」(方東仁,『嶺東地方鄕土史硏究資料叢書(Ⅰ)』, 關東大學校 嶺東文化硏究所, 1989, p.393)

37) 崔文湜의 家系를 살펴보면 다음과 같다.

崔應賢 ― 崔世節 ┬ 崔壽巘 ― 崔景祥 ┬ 崔基鎋 ┬ **崔文湜**
　　　　　　　　└ 崔壽巘　　　　　└ **崔基巘** ├ 崔文渙
　　　　　　　　　　　　　　　　　　　　　　　　└ 崔文活

※ 진한글씨체는 문과 합격자임.

위상이 강화 및 유지되었다고 할 수 있다. 이러한 가문의 배경과 성장은 강릉최씨가 많이 참여하는 계기가 되었다.

4차 족회는 이듬해인 숙종 5년(1679) 개최되었다. 이때 강릉부사로 부임한 呂聖齊는 祖考 관찰사 呂佑吉과 현감 呂閔濟가 과거 족회를 개최하였던 것이 계기가 되어 열리게 되었다. 역시 목적은 종친간의 돈목지풍을 진작하고자 함이었다.[38]

5차 족회는 경종 2년(1722) 개최되었다. 이때 족회에는 226명에 이르는 많은 인원이 참여하였으며, 襄陽府使 蔡彭胤에 의해 序文이 지어졌다. 이때도 역시 강원 관찰사로 呂必容이 부임하는 것을 계기로 개최되었는데, 여필용이 강원 양양지방을 순행할 때 이미 강릉지역 사족들은 관찰사에게 發書하여 족회 개최 여부를 아뢰었다.[39] 이로 보아 5차 족회는 강릉지역 士人들이 과거 족인의 부임을 계기로 족회가 개최되었다는 사실을 명분삼아 족회 개최를 주도하였다.

이와 같이 임영족회의 시행 목적은 內外婚에 의한 同源意識이었으며, 또 '先世敦睦之風'이었다. 그러나 족회를 주도하였던 인물들은 개인이 사사로이 公廳에 알현하는 것에 대한 부담감을 갖고 있었던 것으로 보인다. 그리하여 앞의 목적을 표명함과 동시에 "花樹韋家宗會之法 族人遠來則爲之會"라고 하여 일상적인 친족 모임 형태를 명분[40]으로 삼았다.

그러나 임영족회는 강릉 지역 내에서 同源의 맥을 갖고 있는 성씨들의 일상적인 친족조직이라는 명분을 갖고 있긴 하지만 족회의 설립은 재지사족의 입장에서는 관과의 유기적인 관계를 통해 향촌사회 운영에 실

---

38) 呂聖齊, 「臨瀛族會帖序」第四(方東仁, 『嶺東地方鄕土史硏究資料叢書(Ⅰ)』, 關東大 嶺東文化硏究所, 1989, p.393.

39) 蔡彭胤, 「臨瀛族會帖序」第五(方東仁, 『嶺東地方鄕土史硏究資料叢書(Ⅰ)』, 關東大 嶺東文化硏究所, 1989, p.395.

40) "又慮公廳私謁 不可以雜 然而追"(『愚伏集』, 「臨瀛館族會帖跋」卷 15)

질적으로 참여하려 하였으며, 관찰사나 수령의 입장에서는 재지사족들과의 친밀한 관계를 통해 지방통치를 원활하게 수행하려 하였던 것으로 보인다.

⑶ 임영족회의 성격

매번 작성되는 좌목을 통해 참여자들의 성씨별 추이와 회차별 서문의 내용을 종합해 보면 몇 가지 특징을 확인 할 수 있다.

5회에 걸쳐 작성되었던 좌목[41)]에는 많은 재지인사들이 참여하고 있다. 특히 시기가 지날수록 참여인원이 증가하고 있는 점이 특징이다. 물론 성씨의 분포 상황에서도 몇가지 특징을 발견할 수 있다.

특히 여말선초 이족이었던 토성 중에서 사족으로 성장한 가문의 후예들이 족회에 핵심을 이루고 있다는 점과 소위 조선후기 읍지에 신증성씨로 등재된 성씨들이 다수 포함되고 있다는 점도 흥미롭다. 이에 임영족회에 등재된 인물들을 성씨 및 본관별로 살펴보면 다음과 같다.

아래 〈표 1〉에서 볼 수 있듯이, 강릉지방 토성이라고 할 수 있는 최, 김, 박 세 성씨가 다수를 차지하고 있다.

〈표 1〉 임영족회 참여인의 본관 및 성씨별 현황

본관 및 성씨	현종 11년(1670)		숙종 4년(1678)		숙종 5년(1679)		경종 2년(1722)	
	인원	%	인원	%	인원	%	인원	%
강릉최씨	45	28.66	44	41.12	22	29.33	73	32.30
강릉김씨	31	19.75	10	9.35	15	20.00	33	14.60
강릉박씨	10	6.37	4	3.74	6	8.00	6	2.65
동원박씨			1	0.93				
강릉함씨	3	1.91	3	2.80	2	2.67	3	1.33
경주이씨	1	0.64						

41) 광해군 7년에는 55명, 현종 11년 157명, 숙종 4년 106명, 숙종 5년 75명, 경종 2년 226명이 참석하였던 것으로 조사되었다.(方東仁, 『嶺東地方鄕土史硏究資料叢書(Ⅰ)』, 「臨瀛族會帖序」, 關東大學校 嶺東文化硏究所, 1989. 참조)

강릉이씨			1	0.93	1	1.33		
강릉곽씨			1	0.93				
경주김씨	1	0.64	1	0.93			1	0.44
동래정씨	1	0.64						
동원최씨	9	5.73	10	9.35	6	8.00	16	7.08
수원최씨							2	0.88
삼척최씨							1	0.44
동원김씨	1	0.64	1	0.93				
삼척김씨							4	1.77
명주김씨	5	3.18	2	1.87	3	4.00	9	3.98
서원한씨	1	0.64						
실직심씨	6	3.82			3	4.00	4	1.77
삼척심씨			5	4.67	1	1.33	10	4.42
진주심씨							1	0.44
안동김씨	1	0.64	4	3.74	1	1.33	2	0.88
안성이씨	1	0.64	2	1.87	1	1.33	3	1.33
여흥민씨	1	0.64	1	0.93	1	1.33	4	1.77
연안어씨	1	0.64	2	1.87				
연일정씨	2	1.27					3	1.33
영월신씨	5	3.18	2	1.87				
영해이씨	3	1.91					8	3.54
오천정씨	1	0.64						
진주김씨	2	1.27						
진주하씨	1	0.64						
창령조씨	1	0.64	4	3.74	2	2.64	3	1.33
창령성씨							1	0.44
평해황씨	2	1.27					5	2.21
하산조씨	2	1.27						
함양여씨	5	3.18			4	5.33	1	0.44
화산권씨	12	7.64	1	0.93	3	4.00	5	2.21
강릉권씨			1	0.93	1	1.33		
안동권씨			3	2.80			6	2.65
화산김씨	2	1.27			2	2.67	1	0.44
화산최씨					1	1.33		
화전고씨	1	0.64						
간성이씨			2	1.87			11	4.87
원주이씨			1	0.93				
횡성고씨			1	0.93			4	1.77
홍양유씨							3	1.33
청송윤씨							2	0.88

| 평강채씨 | | | | | | | 1 | 0.44 |
| 계 | 157 | 100 | 107 | 100 | 75 | 100 | 225 | 100 |

※ 광해군 7년 좌목의 경우 본관이 기록되어 있지 않음

이를 토성과 신증성씨로 나누어 그 증감실태를 비교해 보면, 다음과 같다. 토성의 경우 광해군 7년(1615) 최씨 34.55%, 김씨 29.1%, 박씨 3.64%로 전체의 67.29%를 차지하고 있고, 현종 11년(1670)에는 최씨 34.4%, 김씨 27.4%, 박씨 6.4%로 전체의 68.2%, 숙종 4년(1678)에는 최씨 49.53%, 김씨 17.76%, 박씨 4.67%로 전체의 71.96%, 숙종 5년에는 최씨 38.67%, 김씨 28%, 박씨 8%로 전체의 74.67%, 경종 2년(1722)에는 최씨 40.71%, 김씨 21.68%, 박씨 2.65%로 전체의 65.04%를 차지하고 있다.

토성이 60~70%대를 유지하고 있으며, 숙종 5년에 가장 높은 비율을 나타내고 있다. 이러한 현상은 17세기부터 18세기 초반까지는 '合族之禮'의 의미로 토성중심의 임영족회를 구성하여 사족내의 결속을 강화하였던 것으로 여겨진다. 그리고 이처럼 토성가문이 60%이상을 차지하고 있다고 하는 것은 향촌사회의 주도권이 토성가문 중심으로 운영되고 있음을 의미한다.

한편 읍지류에서 신증으로 분류된 성씨들 중 권씨, 심씨, 이씨의 경우 처음부터 적지 않은 인원이 참여하고 있는 것으로 나타났다. 이와 같은 신증성씨들의 참여는 이들 가문들이 토성가문과 통혼 관계를 형성하고 있었기 때문에 가능하였을 것으로 보이며,[42] 또 다른 하나는 향촌 내에서 과거를 통해 재지적 기반을 다졌기 때문으로 보인다.

그리고 본관별 현황을 보면, 토성의 경우 강릉최씨가 가장 높은 수치를 보이고 있으며, 그 다음으로는 강릉김씨, 동원최씨, 강릉박씨, 강릉함씨 순으로 나타났으며, 신증성씨의 경우는 시기에 따라 차이를 보이고 있다. 현종 11년(1670)에는 화산[안동]권씨 7.64%, 실직[삼척]심씨 3.82%, 영월신씨, 함양여씨 등이 3.18%로 3%이상의 수치를 보이고 있다.[43] 숙

종 4년(1678)에는 삼척심씨 4.67%, 안동김씨, 창령조씨 3.74%로 3%이상의 수치이다. 숙종 5년(1679)에는 함양여씨 5.33%, 화산[안동]권씨, 실직[삼척]심씨 4%로 나타났으며, 경종 2년(1722)에는 삼척심씨 4.42%, 영해이씨 3.54%, 간성이씨 4.87% 등으로 분석되었다.

본관별 현황에서도 성씨별 현황에서 처럼 강릉을 본관으로 하는 토성의 비율이 높은 반면에 신증성씨의 경우 5% 이하 수준을 유지하고 있는데, 그것도 몇몇 성씨를 제외하고는 거의가 2%대 이하이고, 또 매 시기마다 참여하지 않은 성씨도 다수가 보인다. 그리고 매 시기마다 참여자가 나타나는 신증성씨들은 삼척심씨, 안동김씨, 안성이씨, 여흥민씨, 창령조씨, 안동권씨 등 6개 성씨에 불과하다.

따라서 임영족회 참여자들의 성씨와 본관을 분석한 결과, 대체로 토성중심의 同源 조직으로서 여기에 신증성씨들이 일부 참여하는 양상을 보이고 있다. 토성의 경우 오래전부터 서로 통혼관계를 형성하고 있었으며, 이를 통해 지역 내에서 기반을 유지하였으므로 이 족회에서도 그 족적 토대가 유지되고 있음을 확인할 수 있다.

---

42) 林鎬敏, 『江陵地方祠宇資料集』, 강릉문화원, 1998.

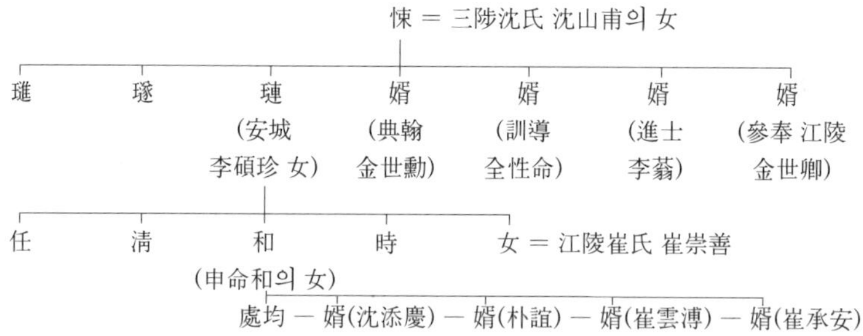

43) 『임영족회』좌목에 기록된 명주김씨, 화산권씨, 실직심씨는 각각 강릉, 안동, 삼척을 본관으로 하는 성씨이다. 좌목에 의하면 권홍점은 현종 11년(1670)에는 화산인으로, 숙종 4년(1678)에는 안동인, 숙종 5년(1679)에는 또 화산인으로 기록되어 있다.

그리고 신증성씨 중 계속해서 등장하는 성씨들의 경우는 역시 토성 가문과의 통혼관계를 통해 유대관계를 유지하였던 것으로 보이며, 반면에 일시적으로 등장하는 성씨들의 경우는 토성과의 유대관계가 지속적으로 유지되지 못했던 것으로 판단된다.

이처럼 5번 이상 임영족회가 결성되면서 同源의 범주에 포함되는 강원도관찰사나 강릉부사가 참여한다는 점[44]은 이 모임이 단순한 성씨연합 모임으로만 설명하기는 어렵다고 여겨진다. 즉 관을 대표하는 관찰사나 수령과 재지사족들 간의 모임 형태를 보여준다는 점에 더 더욱 친족집회 이상의 성격을 가졌다고 할 수 있다.

4) 맺 음 말

금란반월회는 참여 인물들이 출사를 통해 재지사족으로서의 기반을 구축하였다. 더욱이 대를 이어 과거에 합격함으로써 향촌 내에서 중요한 사족결사체 역할을 하였던 것으로 보인다.

앞서 「맹약오장」을 통해 확인 바와 같이, 창계의 궁극적인 목적은 구성원 개개인의 출세를 위한 자기 관리 또는 구성원간의 친목과 결속을 다지기 위한 것으로 여겨진다. 그리고 사회적인 측면에서 보면, 이 조직은 향촌사회에 많은 영향력을 주었던 것으로 보인다. 조선이 성리학을 통치의 기본이념을 삼고 있는 상황에서 이들 구성원들은 이와 같은 이념을 향촌사회에 정착시키고자 하였다.

---

44) 광해군 7년에는 강원도관찰사 呂佑吉, 현종 11년에는 강릉부사 呂閔齊, 숙종 4년 강원관찰사 崔文湜, 숙종 5년에는 강릉부사 呂聖齊, 경종 2년 강원관찰사 呂必容이 참석하였다.(「臨瀛族會帖序」, 『嶺東地方鄉土史研究資料叢書(Ⅰ)』, 關東大學校 嶺東文化研究所, 1989. 참조)

참여했던 인물들은 일차적으로 과거 응시를 통해 기반을 다졌던 것으로 보인다. 그리고 몇몇 인물의 성품과 행적을 보면, 대체로 성리학적 성품을 간직한 인물들이다. 예컨대 강직하면서도, 지역사회에 성리학을 보급하고 확신시키는데 있어서 중추적 역할을 담당하였다. 즉, 향약을 저술하였거나 또는 도약정으로서 향약 시행에 앞장서고 있는 점이 그 사실을 입증하는 것이다. 그리고 금란반월회는 향촌사회에 성리학의 보급을 확대시켰을 뿐만 아니라 지역사회에 그와 같은 관습들을 시행하고 정착될 수 있도록 적극 주도하였던 공동체 결사 조직이었다.

임영족회는 '敦睦之風'을 강조하는 족회를 통해 향촌사회에 기여하는 한편, 수령 또는 관찰사 그리고 지역출신 출사자들과의 긴밀한 유대관계 속에서 족회가 유지되고 있음으로 해서 향촌사회 운영에 기여 하였던 것으로 보인다. 그리고 궁극적인 목적은 임란직후인 광해군 7년(1615)부터 개최되고 있다는 점에서 난후 강릉지역 향촌사회의 재조 방안을 사족과 지방관의 상호 협조관계와 친족의식의 강조를 통해 추구하려 하였던 것으로 보인다.

IV. 고문서 자료를 통해 본 지역사

1. 18世紀 後半 江陵金氏 副正公派 家門의 戶口單子 檢討

1) 머리말

　　조선후기 재지사족에 관한 고찰은 향권의 향방에 따른 연구, 향촌지배질서의 구축 그리고 지방관과의 역학관계 등에 중점을 둔 연구가 진행되었다. 이러한 성과는 한국사 연구의 공간적인 폭을 넓히는 결과를 거두었으며, 중앙 중심의 역사 연구의 일변도에 치우쳤던 그간의 연구태도에 큰 변화를 주었다. 또한 지방의 사례 연구가 각 지역 학자들을 중심으로 활발히 진행되면서 전체를 아울러 살필 수 있는 기회를 제공하였다.

　　이와 같은 연구방법을 진행함에 있어서 지역단위의 연구 성과는 많이 발표되었다. 그러나 국학 자료의 소개 차원에서 명망 있는 한 가문이 대대로 소장하였던 여러 종류의 고문서류가 많이 소개되었음에도 불구하고 그 지역 내에서 한 가문이나 한 가계의 변화상을 살폈던 연구는 그리 많지 않다. 그 까닭은 소개된 자료가 단편적이거나 연속성이 결여되었기 때문에 부분만이 파악될 뿐 가문 전체나 지역 전체 또는 더 넓은 범위를 대상으로 한 어떠한 연구 결과를 낳기에는 미흡하였기 때문이다.

한편 고문서 조사에서 가장 흔히 볼 수 있는 자료로는 교지, 각종 통문, 서간문 그리고 준호구나 호구단자 등이다. 이에 호적자료의 중요성은 여러 고문서 자료 소개 책자를 통해 익히 잘 알려져 있는데,[1] 연구자들은 이런 문서를 통해서 그 가문의 내력과 향촌사회 신분변화의 추이, 호구의 구성 및 통혼관계, 호주 본인을 비롯한 선대들의 관력, 노비소유 실태와 같은 경제적 실체를 파악하려 하였다.

우선 이와 같은 분야에 대해서는 1930년대 일인학자들에 의해 조선의 인구와 가족제도, 동족부락, 계급구성 그리고 호적제도의 변천에 초점을 맞춘 연구가 진행되었고,[2] 국내에서는 1970년대에 접어 들면서 호구 및 호적제도에 대한 연구가 이루어졌다.[3] 그후 지역별 또는 규장각 및 장서각 소장 호적을 대상으로 한 연구가 진행되었는데, 여기에 소장된 호적대장은 대체로 조선시대 호적대장[4]으로 丹城,[5] 彦陽,[6] 大邱,[7] 尙州,[8] 山

---

1) 崔承熙, 『增補版 韓國古文書研究』, 1989, pp.36~38.
　　高昌錫, 「해제」, 『濟州大靜縣德修里戶籍中草(Ⅰ)』, 濟州大學校 耽羅文化研究所, 1993.
2) 四方博, 「李朝人口に關する一研究」, 『京城帝國大學法學會論集』9, 1937.
　　______, 「朝鮮に於ける大家族制と同族部落」, 『朝鮮』270, 1937.
　　______, 「李朝人口に關する身分階級別的觀察」, 『京城諸國大學法學會論集』10, 1938.
　　渡邊業志, 「朝鮮に於ける戶籍制の變遷(1)~(6)」, 『戶籍』, 4~6・7・8・9・10・11・12, 1944~1945,
3) 金載珍, 『韓國의 戶口와 經濟發展』, 博英社, 1967.
　　李樹健, 「朝鮮初期戶口研究」, 『嶺南大論文集』5, 1972.
　　崔弘基, 「韓國戶籍制度史研究」, 『서울大論文集』18, 1973.
　　韓榮國, 「朝鮮王朝 戶籍의 基礎的 硏究」, 『韓國史學』6, 韓國精神文化研究院, 1985.
　　李鍾日, 「朝鮮前期의 戶口家族相續制研究」, 『國史館論叢』15輯, 國史編纂委員會, 1990.
4) 국내에 전해지는 호적대장은 규장각에 252책, 고려대에 1책, 韓國精神文化研究院에 1책, 경남 단성향교에 13책, 울산시에 9책, 언양향교에 8책이 있고, 국외에는 미국 Harvard Yenching 도서관 1책, 일본 天理大學 2책, 學習院大學 121책이 소장되어 있어 총 408책이 전한다.(高昌錫, 위의 책, 1993, p.16.)

陰,[9) 蔚山[10) 등과 같이 경상도 지역에 편중된 자료들이다.

이와 같은 지역적 한계를 보완하기 위한 연구는 여러 지역에서 발견된 호구단자를 통한 사례연구가 진행되었는데, 그 방법 역시 호적대장을 분석했던 형태와 유사하다.[11)

그렇지만 본고에서 다루고자 하는 강릉김씨 부정공파[察訪公 斗樓派]의 18세기 호구단자는[12) 강원도 동쪽의 행정 및 군사의 중심지인 강릉을 공간으로 하고 있으며, 자료의 연속성 즉 시간적인 측면에서는 몇 개의

5) 韓榮國, 「丹城縣戶籍臺帳 解題」, 『慶尙道丹城縣戶籍臺帳(下)』, 韓國精神文化硏究院, 1980.
李俊九, 「朝鮮後期 兩班身分移動에 관한 硏究 -丹城帳籍을 중심으로-」, 『歷史學報』96・97, 1982~1883.
韓基範, 「17세기초 丹城縣民의 身分構造」, 『湖西史學』10, 1982.
金錫禧, 「朝鮮王朝後期의 慶尙道丹城縣戶口帳籍에 대하여」, 『釜山大文理大論文集』14, 1975.
______, 「慶尙道 丹城戶籍臺帳에 관한 硏究 -19세기 逃亡・移去戶를 중심으로-」, 『釜山大人文論集』24, 1983.
6) 金錫禧, 「朝鮮後期 慶尙道彦陽縣戶籍臺帳에 關하여」, 『釜大史學』第7輯, 1983.
朴容淑, 「18・19세기의 雇工 -慶尙道 彦陽縣戶籍을 중심으로-」, 『釜大史學』7, 1983.
7) 四方博, 「李朝時代の都市と農村とに關する一試論 -大邱戶籍の觀察を基礎として-」, 『京城帝國大學 法學會論集』12-3・4, 1941.
韓榮國, 「18・19世紀大邱地域の社會變化に關する一試考 -大邱府戶籍の'新戶'を中心に-」, 『朝鮮學報』80, 1976.
8) 金容燮, 「朝鮮後期에 있어서의 身分制의 動搖와 農地占有」, 『史學硏究』15, 1963.
9) 盧鎭英, 「17世紀初 山陰縣의 社會身分構造와 그 變動」, 『歷史敎育』25, 1979.
盧明鎬, 「山陰戶籍을 통해 본 17世紀初 村落의 血緣樣相」, 『韓國史論』5, 서울대 국사학과, 1979.
10) 鄭奭鍾, 「朝鮮後期 社會身分의 崩壞 -蔚山府戶籍臺帳을 中心으로-」, 『19世紀의 韓國社會』, 成均館大學校 大東文化硏究院, 1972.
韓榮國, 「朝鮮中葉의 奴婢結婚樣態 -1609年의 蔚山戶籍에 나타난 事例를 中心으로(上・下)-」, 『歷史學報』75・77輯, 1977~1978.
11) 李海濬, 「朝鮮後期 湖西地方 한 兩班家의 奴婢所有實態―公州中湖: 慶州李家所傳戶口單子分析」, 『湖西史學』8・9合輯, 1980.
林學成, 「朝鮮後期 平民家門의 准戶口를 통해서 본 身分變動 樣態」, 『韓國學硏究』8, 仁荷大學校 韓國學硏究所, 1997.

식년을 제외하고는 거의 매 식년의 호구 상황을 두루 살필 수 있어 당시의 향촌사회상을 볼 수 있는 소중한 자료이다.

강릉김씨 부정공파 자료는 한세기 이상을 통찰할 수 있는 호구자료로써 이 자료를 통해서 강릉의 토성인 강릉김씨 부정공파 가문에 대한 변화상을 추적해보고자 한다. 그 추이를 고찰함에 있어서 준호구의 작성과 형식, 面·里·統의 변화, 가족 구성과 통혼관계로 본 재지세력의 존재형태, 도망노비의 가족구성 등에 대한 접근을 시도해 볼 필요가 있다.

2) 資料檢討

호구조사는 매 식년마다 양반관료에서부터 평민, 노비에 이르기까지 가호를 구성하고 있는 단위별로 戶內의 모든 사람의 인적 사항을 낱낱이 기재·작성토록 하였고, 이때 호주에 의해 작성된 2부의 호구단자는 해당 지역 관아에 제출토록 하였으며, 이 호구단자는 전식년에 만들어진 호구조사 대장인 호적대장과 대조한 후 1부는 호주에게 환부하고 1부는 새로운 대장을 성적하는 근거로 삼았다.[13] 호구작성을 철저히 한 이유는 호구가 과세표준 단위이므로 국가재정의 기반이 되고 또한 군역 부과의 기초자료였기 때문이다.

호구 작성 방법에는 寬法과 覈法 두가지 종류가 있는데, 관법은 戶 또

---

12) 본 자료는 부정공파의 후손인 김경남이 소장한 자료이다. 이 자료를 통해서 강릉대학교 사학과에 재직 중인 정경숙 교수가 18세기와 19세기로 구분하여 두편의 논문을 발표한 바가 있는데 다음과 같다.

丁暻淑, 1993, 「江陵金氏 戶口單子 分析研究 -18世紀 戶口單子를 중심으로-」, 『人文學報』 제16輯, 강릉대학교 인문과학연구소, 1993.

______, 「江陵金氏 戶口單子 分析研究(2) -19세기 戶口單子를 중심으로-」, 『人文學報』제17輯, 강릉大學校 人文科學研究所, 1994.

13) 崔承熙, 「戶口單子·准戶口에 대하여」, 『奎章閣』7, 서울대, 1983, p.84.

는 口를 모두 기록하지 않고 요역과 부세를 할당하기 위해 그 대강을 기록하여 府内의 과세대상 총수를 파악하는데 사용하였다. 핵법은 一戶, 一口도 빠짐없이 모두 기록한 후 실제 호수를 파악하는 데 사용되었다. 이에 지방관들은 두가지 방법 중에서 관법을 주로 이용하였다.[14]

그 이유는 작성할 때 漏戶와 隱戶의 유리함이 있기 때문이었던 것으로 파악하였다.[15] 다시 말해서 핵법은 실질적인 조사를 거친 후 작성되므로 매우 정확한 반면에 관법은 실제 조사라기보다는 대체적으로 사용되었던 것처럼 호주가 보고한 내용과 前式年에 작성된 호적대장과 대조한 후 총괄적인 사항만을 기록하였기 때문에 업무상 편리할 뿐만 아니라 호적 조사를 진행함에 있어서 인적·물적 자원의 절감 효과가 있기 때문이다.

강릉김씨 부정공파 소장 호구단자는 숙종 37년(1711)부터 고종 22년(1855)까지 174년간의 자료로 58통이 전해져야 하는데, 간혹 소실되었기 때문에 17통이 누락되어 현재 41통만이 전한다.[16] 그렇지만 자료의 정확한 연계성이라는 측면에서 누락된 부분에 호주가 변경되었다던지 다른 변동 사항이 없는 것으로 파악되기 때문에 자료 이용에 큰 문제가 되지는 않는다. 특히 숙종조 부터 영·정조 년간에 작성된 호구는 다른 시기에 작성된 것보다 정확성이 뛰어나다는 평가를 받고 있다.[17] 왜냐하면 중앙정부가 각 군현의 정확한 호구 파악을 통해 국가수취의 정확성과 지방통치의 수월함을 얻기 위한 의도를 가지고 있었기 때문이다.

---

14) 戶籍有二法一是覈法 一是寬法 覈法者 一口無漏於口簿 一戶無落於戶籍使無籍者 被殺而無檢 被却而無訟 務得實數 束以嚴法者也 寬法者 口不必盡錄 戶不盡括 里中自有私歷 以攤傜賦 府中執其大綱 以知都總 務從均平馭柔道者也 …… 故今之爲牧者 戶籍唯從寬法 (丁若鏞, 『牧民心書』卷6 戶 典 戶籍條)
15) 高昌錫, 앞의 책, 1993, p.16.
16) 정경숙, 앞의 논문, 1993, p.227.
17) 崔弘基, 앞의 책, 1975, p.109.

본 글에서 다루려는 호구단자 역시 英祖 11년(1735)부터 정조 18년(1794)까지의 것이며, 기재 방식이나 기재 내용을 보면, 큰 차이점을 발견할 수 없다. 따라서 강릉김씨 부정공파의 호구단자의 사료적 정확성은 그리 문제되지는 않는다. 그러나 도망노비들에 대한 인적사항의 기재가 상당히 형식적인 감이 있다.

<표 1> 對象資料 現況

순서	작성시기	호주성명	호주년령	크기(cm)
1	雍正 13年 (1735)	金泰柱	69	58×50
2	乾隆 9年 (1744)	金泰柱	78	54.5×49
3	乾隆 12年 (1747)	金泰柱	81	45×54
4	乾隆 18年 (1753)	金昌載	40	46.5×60.4
5	乾隆 21年 (1756)	金昌載	43	46.3×56
6	乾隆 27年 (1762)	金昌載	49	54.4×64.8
7	乾隆 30年 (1765)	金昌載	52	54.2×88
8	乾隆 33年 (1768)	金昌載	55	60×49
9	乾隆 36年 (1771)	金昌載	58	54.8×46.8
10	乾隆 39年 (1774)	金昌載	61	55×68
11	乾隆 42年 (1777)	金昌載	64	55×73.3
12	乾隆 45年 (1780)	金昌載	67	54.5×61.4
13	乾隆 48年 (1783)	金昌載	70	78×59
14	乾隆 51年 (1786)	金昌載	73	71×60.5
15	乾隆 57年 (1792)	金昌載	79	54.4×63.6
16	乾隆 59年 (1794)	金昌載	82	56×64

이 59년간 16통의 호구단자의 지질은 한지이며, 크기는 일정하지 않다. 16통의 호구단자 중에서 가장 큰 것은 건륭 51년(1786) 작성된 것으로 78×59cm이며, 가장 작은 것은 건륭 12년(1747) 작성된 45×54cm 짜리이다. 또 전지인 것도 있으며, 하단이나 측면의 일부가 훼손된 것도 있다. 그리고 金泰柱가 호주인 경우는 3통이고 나머지 13통은 김창재가 호주로 기록되어 있다. 또한 1735~1795년 사이 5통의 호구단자는 전해지지 않는다.[18) 乾隆 59년에 작성된 호구단자는 성적시기가 건륭 59년으로 되어 있

으나 간지로는 正祖 19年(1795) 을묘년 즉 건륭 60년이므로 乾隆 년호를 기록할 때 발생된 착오로 보인다.

그러므로 위의 〈표 1〉에서 보면, 16번째 호구단자의 실제 작성시기는 乾隆 60年, 즉 正祖 19年(1795)에 해당된다. 그리고 泰柱 → 昌載로 이어지는 강릉김씨 부정공파의 호구단자로 보아, 鋼 → 檜樑 → 守聲 → 昌載 → 漢鏞으로 연결되는 家系圖를 그릴 수 있다.(「그림 1」·「그림 2」참조)

이 호구단자는 모두 准戶口式[19] 을 따르고 있으며, 말미에 강릉대도호부사나 현감의 수결과 橫書經印이 날인되어 있다. 또한 난외 기입이나 삽입, 改書한 경우가 간혹 보인다. 기재방식에 있어서 연호와 간지를 먼저 기입한 다음 行에 面, 里, 統과 統首를 기록하고 그 다음 줄에서는 戶順과 호주성명, 나이, 본관을 기록하였다. 다음에는 줄을 내려가면서 祖, 曾祖, 外祖, 妻, 妻父, 子를 기록하였으며, 그 다음에는 노비를 기록하였다. 더욱이 본 자료에 기록된 노비는 거의가 榮川(또는 永川이라 기록됨), 義城, 丹陽, 平壤, 成川(星川으로 기록되기도 함) 등지로 도망가 거주하는 것으로 나타나 있다.

특히 男女, 身分, 세대간에 있어서 기록상에 구별을 명백히 하였다. 남자는 本, 여자는 籍으로 하고, 나이는 남자는 年, 여자는 齡으로 하였다. 그리고 처와 率居家族의 경우 戶主보다 낮게 등재하였다. 노비의 경우는 남녀의 연령은 모두 齡으로 표기하였다. 이러한 표기법은 신분질서를 엄격히 고수하고 또 기재의 차별화를 통해 신분간의 구분을 명확히 해 두고자 함이었다.

16통의 자료 중에서 그 기록상 차이를 보이고 있는 것을 상세히 설명

---

18) 1738, 1741, 1750, 1759, 1789년의 호구단자는 전하지 않는다.
19) 准戶口란 戶主가 戶籍臺帳의 사실을 확인하기 위해 해당 관아 발급을 의뢰하여 작성된 일종의 戶口 證明書이다.(『經國大典』禮典)

하면, 우선 첫번째 호구단자의 경우 본인과 처의 사조를 등재한 후 당시 연령이 90세인 시어니 최씨와 衡柱와 恒柱 등 2명의 동생을 함께 기록하였는데, 이점은 두 형제가 한 가구에 거주하였음을 의미한다. 왜냐하면 영조 29년(1753) 작성된 4번째 호구단자를 보면 태주가 사망함에 따라 아들 昌載가 호주로 등재되었는데, 長子인 昌載는 建隆 9年 즉 영조 20년(1744) 작성된 호구단자에서부터 등재되어 있다. 당시 나이는 31세이며, 처에 관한 내용은 없다. 4번째 호구단자에서 처의 사조를 기록한 후 줄을 바꾸어 삼촌인 형주(84세), 恒柱(70)를 기록하고 있는 점으로 보아 동거 가족임을 알 수 있다.[20] 한편 5번 자료에 보면, 仲父 衡柱의 부인 叔母 곽씨를 함께 기록하고 있고, 더욱이 곽씨의 년령이 처음에는 67세로 기재되었으나 다시 78세로 改書하였다. 그러나 6·7·8번자료에서 본래 나이대로 표기하였다.[21]

둘째로 영조 20년(1744) 작성된 2번째 호구단자에는 아들 昌載가 31세의 나이로 올라 있으나 본 호구단자 작성시 나이 22세임에도 불구하고 누락되었다. 2번과 3번 자료는 다른 부분에서는 동일하나 처와 처의 四祖에 대한 기록이 보이지 않는다. 이점은 2번 자료에서 '妻崔氏故'라고 기록한 점으로 미루어 보아 妻가 사망하였기 때문으로 보인다. 그리고 11번째 자료인 建隆 45年 즉 정조 4년(1780) 창재의 아들인 漢鏞이 20세의 나이로 등재되었고, 며느리 황씨 역시 21세의 나이로 기록되어 있다.

마지막으로 노비에 관한 기록 내용은 대체로 도망노비들만 기록되어 있다. 실제로 이들 도망노비는 앞서 설명한 바와 같이 강릉지역에서 멀리 떨어진 지역으로 집단 이주한 것으로 보인다. 이들의 이주 경로를 확인하

---

20) 乾隆十八年 英祖 29年(1754) 戶主 金昌載의 戶口單子에 "率同姓三寸幼學衡柱年八十四庚戌恒柱年七十甲子"라 하였다.

21) 5번 자료에서는 개서하여 67세를 78세로 기록하였고, 6년 후에는 다시 73세로 기재하였다.

고 또 노비 소유주가 이들에게 영향력을 미쳤는지는 현재의 자료로는 규명할 수 없다. 다만 소유주가 도망 노비를 계속해서 호구단자에 기록한 까닭은 이들의 소재를 파악해 둠으로써 추쇄를 쉽게 하고자 한 이유도 있을 것이며, 또 실제로 소유하지는 않았지만 많은 노비를 거느리고 있었다는 점을 과시하려는 면도 있을 것이다. 특히 6번째 자료에서 노비를 買得한 사실이 처음 보이는 것을 확인할 수 있다.[22]

따라서 당시의 실제 노비는 2구이며, 乾隆 39年 즉 영조 50년(1774) 五乙分을 매득하여 3구가 되었고, 乾隆 48年, 正祖 7年(1783) 壬切을 매득하여 4구가 되었다. 마지막 자료인 乾隆 60年, 正祖 19年(1795)의 호구단자에 기록된 소유 노비수는 海奉, 五乙分, 壬切, 奉心으로 모두 4구이므로 이 가문은 소유 노비수가 점차 증가하고 있는 것으로 확인된다.

3) 面·里·統의 變化

강릉김씨 부정공파 金泰柱 家의 세거지인 北二里(北二里面) 山皇里 와 洪濟里는 관문에서 그리 멀지 않은 곳에 해당된다. 산황리의 경우 官門 에서 3里 거리에 있고, 홍제리는 5里 밖에 있다.[23] 또 이 家戶는 대대로 세거하였기 때문에 면내에서의 거주지 이동 현상이 보인다. 즉 建隆 42년 (1777)까지 산황리에 거주하였으나 바로 다음 식년 호구단자에서는 관문에서 2里 더 벗어난 洪濟里로 이주하였다. 또 면 명칭의 표기에 있어서 北二里 또는 北面二里라 하였는데, 北二里面을 뜻한다. 일설에는 이러한 혼

---

22) 買得奴海奉年二十二癸亥 買得婢於叱德年十二 二口節現 壬午戶口相準者(乾隆三十年乙酉正月 戶口單子)

23) 北二里面 洪濟里 自官門 北距五里 … 山皇里 自官門 北距三里(『輿地圖書』鎭管江陵府 坊里條)

용된 지명표기를 면리제가 확정되지 않은 상태로 이해하였으나[24] 그 점은 오류인 듯하다. 왜냐하면 조선후기 면리제 편제에 대한 연구에서 그 발전과정을 다음과 같이 설명하고 있기 때문이다.

『경국대전』이 반포될 당시인 15세기 중반 경부터 사적지배 및 수탈을 배제하고 통치 질서 확립 및 수취체계의 유지를 위한 기반확보 등 중앙집권적인 촌락 지배를 강화하는 시발로 5戶를 1統으로 하여 統主를 두며 5統(25戶)을 1里로 하여 里正을 그리고 각 면에 勸農官을 두어 五家統 조직과 그것의 확대 편제로서 面里를 설정하였다.[25] 그러나 이러한 편제는 자연촌락의 인구가 열악함에 따라 읍치 중심의 방위면 체계 형성, 면별 규모의 불균형으로 인한 운영상의 불균등성, 직촌화되지 않은 임내의 존재 그리고 향리와 유향소의 독자적 세력 등으로 대민지배가 일관되게 이루어지지 못했다.[26]

임란 후에는 전후 복구를 위한 향촌통제책의 강화와 국가 수취체계의 정비라는 차원에서 새로운 형태로 면리제가 발전하게 되었다. 尹鑴는 국가적 목적 하에서 일관적으로 수행되는 피역자의 색출, 良丁搜括策의 방법을 지양하여 부세수취대상인 민과 향촌에 대한 지속적이고 법제적인 지배를 목표를 鄕政論을 주장하였다. 그리고 그는 五家統制를 하부구조로 하는 면리제에 주목하였다. 그의 논지는 남인이 정권을 잡고 있던 숙종 원년에 이르러서 「五家統節目」으로 반포되기에 이르렀다.[27]

이러한 발전은 호구파악이나 부세수취만을 목적으로 한 기존의 단순

---

24) 丁暻淑, 앞의 논문, 1994, p.193.

25) 吳永敎, 「17世紀 鄕村對策과 面里制의 運營」, 『東方學志』85輯, 延世大學校 國學研究院, 1994, p.128.

26) 李樹健, 「直村考」, 『大邱史學』15, 16輯, 1978, p.322.

27) 吳永敎, 「17世紀 地方制度 改革論의 展開」, 『동방학지』77 · 78 · 79合輯, 延世大學校 國學研究院, 1993, pp.405~408.

조사의 방편으로서 오가통제를 이해한 것이 아니라 항상적이며, 법제적으로 오가통제를 확립시킴으로써 국가의 대향촌지배의 지속성을 유지하려는 의도였던 것이다.

또한 촌락내의 인구증가와 농경지의 개간 그리고 재지세력의 거주지 이동 즉 읍치지역에서 벗어난 한적한 곳으로 사족들의 주거지가 이동됨에 따라 일부지역에 집중된 호구가 자연촌으로 분산되었고, 따라서 종전에 광역의 방위면에 속했던 자연촌의 里가 面으로 격상되어갔다. 자연촌락이 행정말단의 里로써 독립하고 이들 里를 관장하는 면의 기능이 강화되면서 외견상으로나마 면을 통해 국가권력이 군현 내부로의 침투가 용이해졌다.[28]

이와 같은 향촌의 자연촌락인 里의 외형적인 변화와 국가의 대민지배 방식의 법제화 등은 면리제의 편제를 체계화시키는 계기가 되었음은 물론 면리제의 하부조직인 오가통제의 시행으로 향촌지배를 조직화시켰다.

강릉부의 경우, 『世宗實錄』地理志에는 "동쪽으로는 바다와 접해 있어 8里이고 남쪽으로는 삼척에 이르는 70리이고, 서쪽으로는 횡성에 이르는 155리, 북쪽으로는 양양에 이르는 46리이다"[29]라고 하였고, 『新增東國輿地勝覽』에서도 里數에서 약간의 편차만을 보일뿐 역시 사방경계만을 기록하고 있다. 그러나 임란이후에 작성된 지리지에서는 읍치지역 인근은 방위면의 명칭을 붙이고, 邊地는 자연촌락명을 면명으로 승격시키고 그 아래에 여러개의 里를 편제시켰다.

『輿地圖書』鎭管江陵府 坊里條를 살펴보면, 고유 지명을 붙인 경우와 방위면을 행정명으로 한 두가지 경우가 있다. 특히 방위면에는 남북을 기준으로 남쪽에는 南一里面과 南二里面이 있고, 북쪽에는 北一里面과 北二

---

28) 오영교, 위의 논문, 1994, pp.129~131.
29) 『世宗實錄』地理志 江陵大都護府條.

里面이 있다.[30) 따라서 북면에는 1리면과 2리면인 두 개의 면으로 구성되었으며, 본 자료에서 사용한 北面二里 또는 北二里는 行政名인 北二里面을 뜻하는 것으로 이해되며, 1리와 2리의 구분이 명확함으로 北面二里, 北二里面, 또는 北二里 山皇里라고 지칭한 것은 당시 면리제 편성의 미흡에서 초래된 것으로 보기에는 곤란하다.

18세기 말경에 편찬된 것으로 전해지는 『臨瀛誌』의 坊里條를 보아도 面里編制는 『여지도서』와 별 차이를 보이지 않는다.[31] 특히 후대의 자료이긴 하지만 강릉읍의 범위에 대한 설명을 하고 있는 『增修臨瀛誌』의 舊坊里及戶口와 現坊里及戶口條를 보면 그 사실을 명확히 확인할 수 있다. 즉 강릉읍은 예전의 방리인 北一里, 北二里, 南一里가 1916년에 강릉면으로 통합되었다고 하였다.[32] 여기서 구방리를 표시함에 面자는 모두 생략하여 표기하였으나 舊坊里及戶口條에서는 각각 面을 리명 뒤에 붙여쓰고 있다.[33]

이러한 여러 가지 정황으로 보아 앞서 호구단자에서 표기된 방위명인 지명에 행정단위를 표기함에 있어서 面里를 정확히 구분하지 않은 점은 면리편제가 잘 갖추어지지 않았다기 보다는 표기상 면명 다음에 리명을 모두 정확히 기록하고 있었던 점으로 미루어 보아 표기상의 오류내지는 읍치지역이라는 관념하에서 방위명 다음에 리명만을 기재하였을 것으로 고찰된다.

---

30) 『輿地圖書』江陵鎭管府 坊里條.

31) 北一里面 自官門 北距大昌驛, 堂北里五里 草堂里十里
　　北二里面 自官門 北距林塘里一里 校洞里三里 洪濟里山皇里五里(『臨瀛誌』坊里條)

32) 江陵邑 舊北一里北二里南一里 大正丙辰並合 改稱江陵面(『增修臨瀛誌』現坊里及戶口條)

33) 北一里面 自官北距大昌驛堂北里五里 草堂里十里 …… 北二里面 自官北距林塘里一里 校洞里三里 洪濟里山皇里五里(위의 책, 舊坊里距里及戶口條)

〈표 2〉面・里・統・戶

순서	작성시기	面	里		統	統首	第戶
1	雍正 13年(1735)		北二里 第四	山皇里	3統	官奴 京仁	5新戶
2	乾隆 9年(1744)		北二里 第四	山皇里	3統	金貴三	3戶
3	乾隆 12年(1747)	北面	二里	山皇里	9統	金土立	5戶
4	乾隆 18年(1753)	北面	二里	山皇里	6統	張已嚴	5戶
5	乾隆 21年(1756)	北面	二里	山皇里	3統	李斗輝	5戶
6	乾隆 27年(1762)		北二里	山皇里	2統	正玉	1戶
7	乾隆 30年(1765)		北二里	山皇里	2統	喜南	5戶
8	乾隆 33年(1768)	北面	二里	山皇里	2統	李奴於叱老未	5戶
9	乾隆 36年(1771)	北面	二里	山皇里	1統	李奴癸業	5戶
10	乾隆 39年(1774)	北面	二里	山皇里	7統	李奴癸業	5戶
11	乾隆 42年(1777)	北面	二里	山皇里	4統	安乙民	4戶
12	乾隆 45年(1780)		北二里	洪濟里	1統	孫有同	4戶
13	乾隆 48年(1783)		北二里	洪濟里	5統	孫有同	3戶
14	乾隆 51年(1786)		北二里	洪濟里	4統	金奴就	2戶
15	乾隆 57年(1792)		北二里	洪濟里	3統	金奴業孫	4戶
16	乾隆 59年(1794)		北二里	洪濟里			

『여지도서』에 기록된 산황리의 편호는 총 67호이다.[34] 5호를 1통을 하였을 때 산황리는 약 13개의 統으로 구분할 수 있다. 그러나 위의 〈표 2〉에서 볼 수 있듯이 통수의 변화가 빈번하다.

1・2와 6・7번 자료의 경우 각각 3통, 2통으로 변화는 없다. 그러나 統首의 경우 1번 자료는 官奴 京仁인 반면에 2번 자료는 金貴三으로 되어 있다. 또 6・7번 자료도 마찬가지로 統首가 正玉에서 喜南으로 변화되고 있다. 또 9・10과 12・13번의 자료에서 보이듯이 전자의 統首는 李奴癸業이고 후자는 孫有同으로 변경 사항이 없다. 그러나 9번 자료는 1統인 반면에 10번 자료는 7통이고, 12번 자료는 1統인 반면에 13번 자료는 5統으로 되어 있다. 한편 統首의 경우 家坐順으로 정해진다는 것을 감안한다면, 統

---

34) 山皇里 自官門 北距三里 編戶六十七 男一百四十五口 女一百六十九口(위의 책)

의 변화는 호구단자 작성할 때의 순번으로 이해할 수 있을 것이다.[35] 정약용 역시 가좌의 장부를 소홀히 할 수 없음을 강조하면서 가좌순에 따른 민호의 허실을 살핀 후에 고루 증감을 파악해야 함을 주장하였다.[36]

그러므로 統과 統首의 변화를 단순히 거주지의 이동으로만 분석하기보다는 가좌순에 따른 작통 원칙을 준수함에 있어서 매 식년마다 해당 면리의 호구증감이 있으므로 인해 통수가 변화되었던 것이다. 즉 제도상으로 호주가 호구단자를 지방관아에 제출한 후 수령이 面里 단위로 5戶씩 作統하게 되었고, 작통 후 준호구를 발급하고 호적대장에 성책하였다. 따라서 통수의 변화는 매 식년마다 작통할 때 인위적인 변화를 주었던 것으로 이해된다.

즉 정약용은 호적조사는 모든 부세의 원천이며 온갖 요역의 근본이라고 하면서 수령이 처음 부임하였을 때 호적조사 방법을 다음과 같이 설명하고 있다. 부임 후 열흘쯤 되어서 늙은 아전들 중에서 유능한 자를 불러 본 고을의 지도를 만들도록 하였다.[37] 이렇게 작성된 지도위에 여러 가지 기호나 색상을 넣어 각각을 분류할 수 있게 하였다. 그렇게 한 이유는 호적을 개편할 때 이 작성된 지도를 통해 증감의 추이를 살피고, 이에 따라 여러 마을 호적 등기 호수를 균형있게 조정하도록 하였다.[38]

이와 같은 방법으로 호구조사를 하였을 경우 위의 경우처럼 統이나 統首가 고착되지 않으며, 里 역시 고정되지 않을 수 있다. 이점에 있어서 수령의 호적작성 절차가 가변적임을 감안할 때, 인접지역 내에서의 리명

---

35) 凡民戶 隨其隣聚 不論家口多寡 財力貧富 每五家爲一統 … 從其家戶次第書之(『肅宗實錄』肅宗 元年 9月 辛亥條)

36) 將籍戶籍 先察家坐 周知虛實 乃行增減 家坐之簿 不可忽也(丁若鏞, 『牧民心書』卷 6, 戶籍條)

37) 丁若鏞, 『牧民心書』卷 6 戶籍條.

38) 戶籍期至 內據此簿 增減推移 使諸里戶額 大均至實 無有虛位 (丁若鏞, 『牧民心書』卷 6 戶籍條)

이 변경될 수 있다. 호적작성시의 가변성이라는 것은 지방장관이 호적 작성을 위해 관할 구역도를 작성하고 또 호적을 개편할 시기에 이 文簿에 의거하여 증감을 추산한 후 여러 마을의 호적등기 호수를 균형되게 작성토록 하였다. 이렇게 한 까닭은 호적사무의 실무를 담당하였던 아전들이 호적 작성 시 뇌물을 받고 호수를 줄이거나 늘리는 폐단이 지적되었기 때문이었다.[39)]

〈표 2〉에서와 같은 統의 빈번한 변경은 앞서의 지적에서처럼 가좌순에 따른 배열이 매 식년마다 호구의 증감에 따라 조정되었기 때문이다. 『居官雜錄』에서 보이는 바와 같이, 오가작통을 하고 餘戶가 있으면 반드시 다른 리로 합치지 말고 添統했다는 사례가 있다.[40)] 즉 오가작통을 한후 餘戶가 있을 때 다른 리에 편입시켰던 폐가 있기에 인근 통에 첨통하였던 것이다.

통수의 변화는 매 식년마다 가좌순에 따라 호적을 작성하였기에 충분히 변화가 있을 수 있다. 그러나 12번 자료에서 山皇里가 洪濟里로 변경된 점은 여러 가지로 해석할 수 있다. 앞에서 처럼 각리의 호구를 균등하게 작성함에 따라 인접리에 편입되었을 수도 있고, 홍제리와 산황리가 모두 관문에서 북쪽으로 5리쯤에 위치하고 있고 인접지역이므로 昌載家가 거주하던 산황리의 일부가 홍제리로 편입되는 것과 같은 구역조정에 기인하였거나 면단위로 호구파악이 이루어졌기 때문일 것이다. 마지막으로 이사에 의한 변경으로 볼 수도 있다.

그러나 이 가문이 대대로 읍치지역에 세거했고, 창재의 아들 漢鏞 내외가 호구단자에 등재되었으며, 그리고 호주권 계승이 장자중심으로 이어지고 있다는 것 등은 가족의 특성상 빈번한 이사가 이루어지지 않았음을

---

39) 丁若鏞, 『牧民心書』卷 6 戶籍條.
40) 五家作統而若餘戶則不必越合他里 只以餘戶添統(『居官雜錄』雜錄條)

반증한다.

4) 家族構成과 通婚圈

　가족 구성의 변화는 단순히 호구 내 가족의 숫적 증감에 의한 변화로만 이해하기에는 곤란하다. 왜냐하면 사회제도의 변화, 즉 혼인 및 거주 관례, 상속제의 추이 등은 그 가족의 생활방식은 물론 경제적 배경에 큰 영향을 준다. 다시 말해서 사회제도나 관습의 변화는 곧 가족구성의 범위나 거주지와 밀접한 관계가 있다. 혼인이나 상속제도의 변화는 가족구성의 변화를 촉발시켰다. 우선 혼인풍속에 있어서 參留婦家 기간이 후대로 내려갈수록 점차 단축되었고, 또 母處에서 父處로 거주지가 옮겨지고 있다. 상속제에 있어서는 자녀균분상속제에서 장남우대와 남녀차별 형태로 전환되었다.[41]

　또한 이들이 대대로 향촌사회에서 어떠한 지위를 유지하였는지에 관한 여부는 자료의 지속적인 보존이 가능할 수 있도록 하였을 뿐만 아니라 이들의 재지적 기반의 뒷받침 없이는 불가능한 일이었다. 본 자료에 등재된 호주들의 선대 가계를 통해서도 입증된다. 이 가문은 누대에 걸쳐 강릉에 세거하였던 강릉의 거족이다. 15세기 중엽 강릉에서는 재지 신진사림 세력이라고 할 수 있는 문인걸사 17인이 금란반월회를 조직하였는데, 이 조직에 참여하였던 강릉김씨의 金臺와 金堰는 이들의 선조들이다.

---

41) 崔在錫, 『韓國家族制度史硏究』, 一志社, 1983.

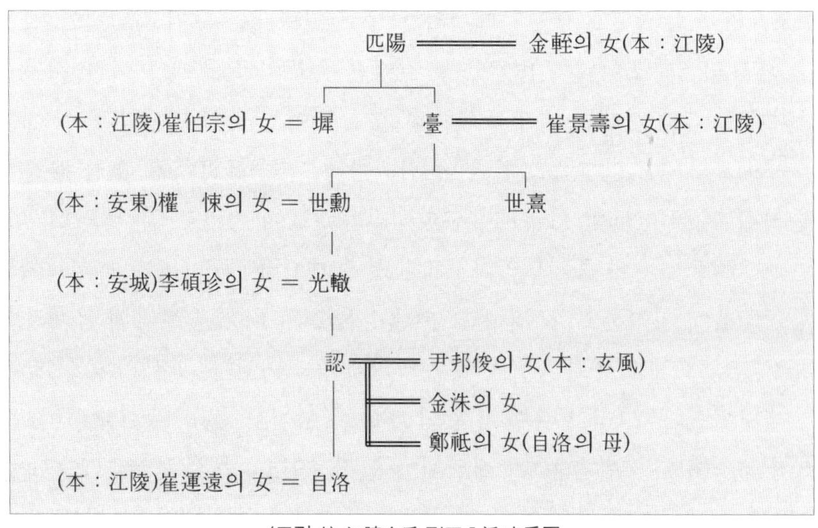

〈그림 1〉 江陵金氏 副正公派 家系圖

이 결사체는 成化年間에 강릉지방의 문인 16명이 崔應賢을 스승으로 모시고 서로 간의 우의는 물론 상부상조를 목적으로 표방하였던 사족결합체이다. 그리고 대체로 이들은 과거에 응시하였으며, 중앙 관직으로 진출하였던 재지사족들로서 향촌사회에서 주도적 역할을 하였던 인물들이라 하여도 과언은 아니다.

이와 같은 재지적 기반을 굳건히 갖추고 있었던 이 가문은 대대로 장자에게 그 호주권을 넘겨주고 있다. 장자 중심의 호주 변동 추이는 여러 가지 면에서 그 당시의 사회상을 읽을 수 있다. 특히 이 가문은 거주지 이동이 거의 나타나지 않으며, 지속적인 父權의 유지를 통해 가부장적인 권위를 유지할 수 있었고, 부권 중심의 독자적인 세력을 형성할 수 있었다. 더 확대해서 보면 위에서 제시한 몇 가지 부계중심의 특징들은 곧 당시 사회상을 반영하는 일면이라고 할 수 있다.

이 가문의 선대는 앞서에서 처럼 재지사족으로서 조선중기부터 향촌의 지배세력으로 군림하였던 가문이다. 특히 주목해야할 점은 선대 역시

金泰柱와 昌載家의 호구단자에서와 같은 혼인형태를 보이고 있다는 것이다. 泰柱의 5대조이며 黃山察訪을 지냈던 金認의 墓誌에 보이는 기록을 살펴보면, 그의 선대는 대개 贈職으로 堂上官 이상의 직을 받았다.[42] 예를 들자면 그의 증조인 金臺는 獻納을 지냈는데, 字는 登可이고, 號는 盤谷이며, 成化 乙酉年(世祖 11年) 1465년 司馬春塘試에 丙科로 입격하였고, 通政大夫 禮曹參議에 증직되었다. 祖 世勳은 成化 丙午年(成宗 17年) 1486년 司馬試에 입격하고, 弘治 丙辰年(燕山君 2年) 1496년 문과에 급제하였다. 宗簿寺 僉正으로 嘉善大夫 吏曹參判에 증직되었다. 世勳의 弟인 世熹는 생원이었다. 그리고 考인 光轍의 字는 子由이고, 號는 愛日堂이며, 正德 丁卯年(中宗 2년) 1507년 생원시에 입격하였고, 中宗 癸酉年(1513) 文科別試 丙科에 합격하였으며, 가선대부 예조참판을 지냈다. 그의 동생인 光軫 역시 中宗 己卯年(1519) 생원이 되었고, 동왕 21年 丙戌年(1526) 別試 乙科에 합격하여 兵曹參判을 역임하였다.[43]

태주의 고조인 自洛 역시 선대의 蔭德으로 掌禮院判決事를 역임하였다.[44] 당시 자락은 향촌에 거주하면서 鄕村의 일에 관여하기도 하였다. 실례로 보면, 수령이 관아 건물이 훼손됨에 따라 이를 보수하기 위해 향교에 回文하여 재원을 거두었고, 또 각 면에 전령을 내려 민으로부터 보수자금을 거두어 들였다. 이에 자락은 수령을 만나 말하기를 "客舍와 新民堂을 고치는데 소요되는 비용을 향교 學宮田에서 사용한다는 것은 이치에 맞지 않으며, 또 굶주린 백성으로부터 기금을 모집함은 더욱이 백성을 곤

---

42) 이 墓誌는 江陵市 城山面 渭村里 松北山 大壯洞에서 출토되었으며, 宣祖 4年(1571)에 제작된 것이다. 材質은 方形의 白磁로 2개가 발굴되었는데 크기는 7.5×20.7×2.2cm이며, 현재 關東大學校 博物館에서 所藏하고 있다.
43) 方東仁・李揆大, 『嶺東地方鄕土史硏究資料叢書(Ⅰ) 鄕約・契』, 關東大學校 嶺東文化硏究所, 契篇 金蘭世帖・金蘭半月會世系圖條, 1989, pp.185~214.
44) 「金蘭半月會世系圖」 및 『臨瀛誌』 人物篇 蔭仕條, 1975.

란케 하는 것"이라고 하면서 수령의 政事를 비난하는 소장을 올렸으며,
이에 鄕所의 향원들과 창의하여 수령, 향청 등지에서 기금을 출원하였고,
향원들은 보수에 필요한 자재를 충당시켰다. 또 강릉 남대천이 폭우로 범
람하여 여러 호의 수재민이 발생하자 사재를 털어 부조를 하기도 하였으
며, 또한 강원감사와 자락과의 친분관계가 두터워 감사의 순력시 항상 동
행하기도 하였다.[45]

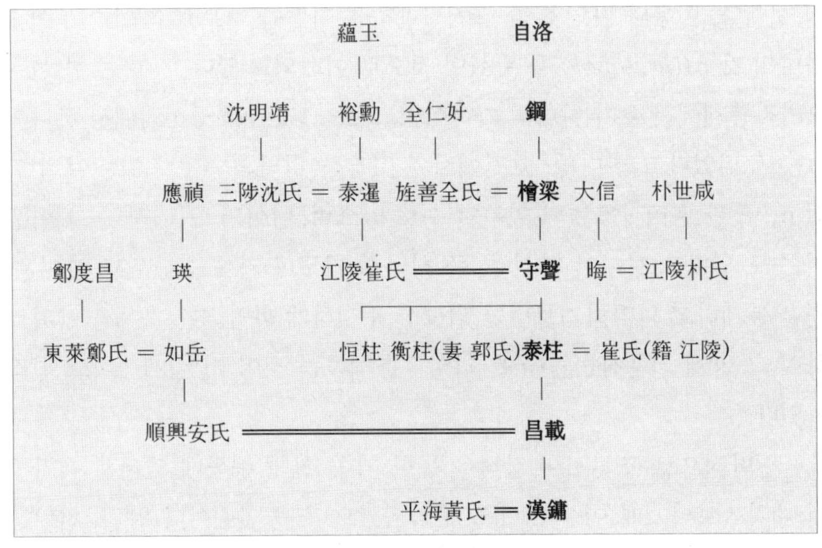

<그림 2> 江陵金氏 副正公派 家系圖

이처럼 이 가문은 중기이후부터 지속적으로 사미시와 문과 출신자를
배출하면서 재지적 기반을 굳건히 다져 왔으며, 재경종사하면서 신분을
유지하였다. 본 호구단자에 보이는 호주의 신분이 幼學으로 이어지고 있

45) 『江陵金氏世譜』己丑譜(1889)

고, 수직자로는 泰柱의 父인 守聲은 通政大夫折衝將軍龍讓衛副護軍에 수직되었고, 祖인 檜樑은 호구단자에는 學生으로 신분이 기록되어 있다. 그러나 「金蘭半月會世系圖」에는 通德郎에 증직되었던 것으로 되어 있다. 曾祖인 鋼은 通政大夫에 贈職되었고, 태주의 아들인 창채는 通政大夫였다.

한편 戶에 대한 범위 문제에 대해서는 대체로 두가지 설이 있다. 첫째는 호적상의 호가 적어도 성종조 이후부터는 제도상으로 하나의 가호는 가구를 의미할 뿐 아니라 실제에 있어서도 하나의 가구는 가족을 나타냈던 것이다. 이른바 자연호 즉 공거공재하는 가족을 핵으로 하여 이루어진 하나의 가구(Household)를 뜻했던 것으로 이해되고 있다.[46] 다른 한 설은 오가작통제에서 호가 하나의 가옥이었고, 또 그것이 호구성적에서 하나의 '戶'로 되었다고 한다면, 호적에서의 '戶'는 하나의 家口·家族일 수도 있고, 또 한 家口·家族의 일부일 수도 있으며, 나아가 두 가구나 그 이상일 수도 있다고 보아야 하겠다. 즉 하나의 가구나 가족을 단위로 하여 주민을 통제하고 파악하기보다는 외형상 뚜렷하게 파악되는 가옥을 단위로 하여 그 안에 거주하는 인구를 파악·통제하는 것이 더 실제적이고 편리하였다.[47]

일반적으로 조선시대 장적을 통한 가족 형태 분석에 있어서 핵가족이 대가족보다 2배 이상 많다고 분석되었으며, 중인층이나 양인, 천민층 역시도 핵가족이 대가족 보다 2~3배 많다.[48] 그러나 이 분석은 장적상의 한시기를 설정하고 그 가족의 통계를 분석한 것으로서 가족의 성장과 발

---

46) 四方博, 『李朝人口に關する一研究』, 京城帝國大學 法學會論集 9, 1937.
李樹健, 「朝鮮初期戶口研究」, 嶺南大論文集 人文社會篇 5, 1972.
崔弘基, 「韓國戶籍制度史研究」, 서울大論文集 人文社會科學篇18, 1973.
韓榮國, 「朝鮮王朝 戶籍의 基礎的 研究」, 『韓國史學』6, 韓國精神文化研究院, 1985, p.193 재인용.
47) 韓榮國, 「朝鮮王朝 戶籍의 基礎的 研究」, 『韓國史學』6, 韓國精神文化研究院, 1985, p.201.

전 그리고 변화라는 측면에서 가족 역사의 동태적인 파악은 물론, 한 호주의 출생에서부터 사망에 이르는 기간 동안의 가족 구성원의 변화를 파악해야만 적어도 한 세기의 가족형태를 살필 수 있다고 하였다.[49]

본 글에서 활용한 16개 호구단자를 종합적으로 정리하여 가족 형태를 보면, 장자 중심으로 호주권이 상속되었으며 한 가호 내에 숙부의 호적 사항이 함께 기록되어 있는 점이 특징이다.[50] 즉 이 가문의 경우 대가족 형태를 갖고 있다. 乾隆 18年(1753) 泰柱에서 아들인 昌載로 호주가 바뀌었다. 그 이유는 태주의 사망으로 인한 호주권 승계로 보인다.

泰柱가 호주였을 당시의 자료는 1~3번인데, 이 호구단자의 가족구성을 보면, 호주, 호주처, 호주의 母 최씨, 호주의 동생 衡柱, 恒柱, 아들 昌載 등 모두 6명으로 나타난다. 그러나 1번 자료에는 아들 창재가 당시 나이 22세[51] 임에도 불구하고 漏籍되어 있다. 또 호주의 동생인 형주와 항주의 나이가 1번 자료에서 각각 66세와 64세로 되어 있으며, 또한 그 妻와 아들들이 누적되어 있다. 그러므로 실제로 누적된 가족을 합치면 가족 수는 10명이상일 것으로 추산된다. 어찌되었든 간에 3번 자료까지의 가족형태는 3대가 거주하는 대가족이며, 두 삼촌의 처와 사촌 형제 그리고 여자 형제들까지 추계해보면 가족 수는 13~15명 선까지 될 수 있다.

4번 자료부터는 16번 자료까지는 昌載가 호주로 되어 있는데, 13개의

---

48) 金泳謨, 「朝鮮後期의 身分構造와 그 變動」, 『東方學志』26, 延世大學校 國學研究院, 1981, p.139.

49) 崔承熙, 「朝鮮後期 鄕吏身分移動與否考―鄕吏家門 古文書에 의한 事例研究―」, 『金哲俊 博士華甲紀念史學論叢』, 知識産業社, 1983, pp.511~516.

50) 雍正 13年(1735) 호구단자에 "率弟幼學衡柱年六十六庚戌"이라 하였고 행을 변경해 '弟'에 줄을 마추고 "弟幼學恒柱年六十四壬子"로 기록되어 있으므로, 태주를 비롯한 3형제 한 호구단자에 포함되어 있다.

51) 昌載가 호구단자에 처음 등장하는 것은 乾隆 44年(1744)인데 당시 나이는 31세로 1번 자료의 시기와 검산해 보면 1735년에는 22세 였다.

호구단자에서 보이는 가족 수 변동 상황은 4번 호구단자에서는 호주와 호주의 처 順興安氏 如岳의 딸, 삼촌인 태주와 항주 등 4명이고, 5·6·7번에서는 4번 자료와 동일하나 삼촌 형주의 처 곽씨가 기록된 반면에 형주의 동생인 항주는 누락되었다. 8번 자료에서는 전 식년 단자에 수직으로 嘉善大夫同知中樞府事를 받았던 삼촌 형주가 102세로 장수하였으나 사망하여 종전보다 등재가족수가 1명 감소한 3명이고, 9·10번에서도 형주의 처 叔母 郭氏가 사망하여 역시 1명이 감소해서 호주부부만이 생존가족으로 등재되어 있다. 11·12·13·14번자료에서는 호주부부와 호주의 아들 漢鏞 그리고 며느리 黃氏가 등재되어, 다시 4명의 가족이었고, 15번자료에서는 호주의 처 안씨가 사망하여 3명이었다.

그러나 창재가 호주였을 당시의 자료에서도 두 삼촌의 자식 즉 사촌들이 분가하였다 할지라도 역시 누적된 부분을 확인할 수 있다. 창재의 아들 漢鏞이 처음 등재되는 시기는 건륭 36년(1771)이다. 이때 한용의 처도 함께 기록되는데, 이들이 무자년과 신묘년 사이에 결혼하였기에 신묘 식년 호구단자에 등재되었으며, 한용의 경우 등재당시 연령이 21세인데도 불구하고 이전 호구단자에는 전혀 기록되어 있지 않다.

결국 이 호구단자 자료에서 보이는 가족의 변동은 태주의 형제가 생존하였을 경우에 그들과 함께 호구를 이루었기 때문에 대가족 형태를 보였으나 그들이 사망하자 직계 가족 즉 호주와 호주의 아들만이 거주하는 형태로 전환되었다.

그러므로 시대별 평균 가족 수는 그 가호의 사정에 따라 천차만별일 수가 있으나 부부가족만이 등재되었던 경우에 자료상 가족 수는 대체로 4명 선이었다. 이 수치는 학계에서 제시한 조선후기 평균 가족 수와 거의 일치한다.[52] 그러나 누적된 경우, 예를 들자면 여자, 아이들, 그리고 본 분석에서와 같이 삼촌이나 숙모들과 함께 거주한다면 그 가족 수는 평균 가족 수보다 훨씬 많을 것이다. 따라서 이 호구단자에서 보이는 가족 수는 최소 3명에서 최대 13~15명까지로 볼 수 있으며, 호주의 연령이 증가할 수록 거느리는 가족이 많아지고 그 반대인 경우는 자연 증감 현상으로 생각된다.

한편 통혼관계를 살핌에 있어서 金自洛 이전 선대의 가계를 추적해 볼 필요가 있다. 즉 선후대의 혼인관계를 비교·검토해 보면, 이 가문의 지속적인 혼인풍속을 살필 수 있으며, 그리고 당시 향촌사회의 재지세력들의 세력유지의 기반을 통혼권을 통해 추적할 수 있다.

〈그림 1〉에서 보이는 바와 같이, 강릉 최씨와 통혼하는 경우는 金㙑, 金臺, 金自洛 3명이고, 나머지는 安東權氏와 安城李氏이다. 강릉최씨는 강릉김씨와 마찬가지로 이 지방 토성가문으로서 선초부터 많은 출사자를 배출하였던 성씨로서 재지적 기반이 강했으며, 안성이씨의 경우 李碩珍이 平海에서 세거하다가 강릉으로 입향하였는데, 성종 20년(1489) 司馬試 兩試에 입격하였다. 부인은 강릉김씨 主簿 坤의 딸이고, 또 그의 장녀는 金光轍에게 시집갔다. 그리고 차녀는 權璉과 혼인하였다.[53] 안동권씨는 光轍의 聘父인 權悚代부터 강릉에 입향하였는데, 그 이유는 참봉이었을때 연산군의 학정을 못마땅히 여기고 강릉에 낙향하였다. 여기서 悚과 연은 父子간으로 사마 양시에 합격하였던 사족이었으며, 璉도 世子師傅로 재경 종사하였다.[54]

그리고 檜楔의 경우는 鄕吏 가문인 旌善全氏와 혼인을 맺고 있으며, 守聲은 강릉최씨와 혼인하였고, 태주 역시 강릉최씨와 혼인관계를 맺고

---

52) 조선후기 평균 가족수에 대해서는 四方博,「李朝人口に關する硏究」,『朝鮮社會經濟史硏究(中)』, 1976, p.43에서는 肅宗 19년(1693)~英祖 23년(1747) 년간의 실록자료를 바탕으로 해서 4.2~4.7명으로 보았고, 金泳謨, 앞의 논문, 1981, p.143에서는 4.05인이며, 중인은 5.1명이라 하였다.(崔承熙, 앞의 논문, p.519)

53)『臨瀛誌』, 1975, 名勝과 古蹟篇, 瀛齋李碩珍神道碑 參照.

54)『嶺東地方金石文資料集(Ⅱ)』, 關東大學校 嶺東文化硏究所, 1989, p.28, 權璉墓碣 參照.

있다. 그밖에 東萊鄭氏와 平海黃氏 그리고 郭氏와 통혼을 하고 있다. 대체로 이들의 통혼권은 강릉의 토성인 강릉최씨가 다수를 차지하였고, 또 대부분이 과거에 합격하였던 사족가문들 이었다.

따라서 향촌내의 유력 가문과의 지속적인 혼인관계를 맺음으로 해서 사족내의 기반을 유지하려 했던 것으로 보인다. 그래서 이 가문은 적어도 향촌의 재지사족으로서 그 사회적 지위를 유지하였던 것이다. 그 유지 방안은 향촌 토성 가문인 강릉최씨가와의 혼인관계를 통해서 가능하였을 것이며, 또한 읍치지역에 거주했던 이 가문은 계속해서 향촌의 명문가로서 양반신분에서 몰락하지 않고 그 신분을 유지해 왔다.

5) 奴婢家族 形態

본 자료에 나타나는 총 노비 수는 34명인데 이중에 매득노 4명과 기타 2명을 제외한 28명은 모두 도망노비이거나 그 직계 가족들이다. 또 각 시기마다 도망노비의 현황이 사망이나 출산으로 인한 자연 증감이 있어야 함에도 불구하고 2번 자료에서 愛金이 사망하였다가 그 다음 자료에서는 원래대로 기록되어 도망노비에 대한 변화상은 거의 찾아볼 수 없다. 이는 도망노비에 대한 추쇄뿐만 아니라 그들이 도망할 당시의 상황이외에는 어떠한 변동사항도 노비주가 파악할 수 없기 때문이었다. 또 나이에서 변동사항을 볼 수 있는데, 이 역시 도망 당시의 나이를 기준으로 실제 나이를 파악하였던 것이다. 한 예를 들자면, 1번 자료(1735년)에서 愛金의 나이가 86세인데도 60년후인 16번(1795년)자료에도 그대로 등재되어 있으며, 귀철도 역시 1번 자료에서는 62세인데 15번 자료에서도 그대로 등재되어 있다. 실제 이들 노비의 사망 시기를 알 수 없으므로 각 식년마다 도망노비의 현황을 살필 수 없다. 이 역시 도망노비들에 대한 파악이 전혀 이루어지지 않았음을 시사한다.

또 노비들의 이름이 매 호구단자마다 약간씩 표기를 달리하고 있는데 예를 들자면, 愛수을 愛金으로, 連德을 延德이나 軟德으로, 論善을 論先으로, 莫造가 莫造伊로, 貴哲이 貴鐵 또는 貴喆로, 巨伊先이 巨善 또는 去先으로, 正玉이 丁玉으로, 士郞非가 士郞 또는 士切로, 京彔이 庚彔으로, 㐫德을 金德으로, 그리고 戒上이 戒尙 또는 癸尙으로 한 경우 등 다수가 보인다. 이는 音대로 한자를 사용했기 때문이거나 앞에서 처럼 도망노비의 나이 및 인적사항을 정확히 파악할 수 없었던 호주의 처지가 그 원인일 것이다.

그리고 1753년 이전 자료에는 모두 도망노비만을 수록하였는데 그 이후 즉 김창재가 호주일 때부터 어린 매득노비들이 등재된다. 이때부터 買得에 의해 실제 노비를 소유한 경우가 나타나기 시작하며, 買得婢의 출산으로 인한 노비 소유도 보인다. 또 기재 방식에 있어서 1783년 이전 자료에는 매득노가 노비현황의 가장 말미에 기록되었으나 이후부터는 도망노비를 이름자만 기록하고 매득노는 가장 앞에 기록하고 있다. 이는 종전의 도망노비보다는 현재 소유하고 있는 노비의 관리가 우선되었기 때문으로 보인다. 즉 추쇄가 제대로 이루어지지 않는 상황에서 도망노비보다는 현재 소유하고 있는 노비가 재산으로서 더 가치 있을 뿐만 아니라 호구 파악에 있어서도 실질적인 호구 조사를 진행하였던 것으로 보인다. 다만 도망노비를 계속해서 기록하고 있는 것은 혹시라도 추쇄가 이루어 질 경우 그 기득권을 확보하려는 차원이다.

16개의 자료를 통해서 도망노비의 가계를 추적하면 8개의 가계도를 작성할 수 있다. 이들의 처음 등재시의 연령과 가족사항은 아래의 설명과 같다.

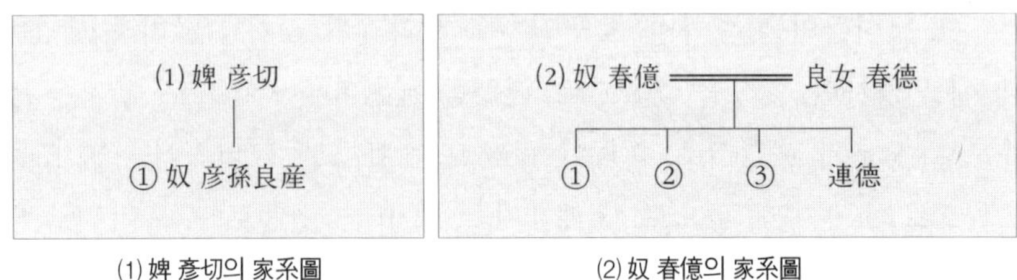

<table>
<tr><td>(1) 婢 彦切 家系圖</td><td>(2) 奴 春億의 家系圖</td></tr>
</table>

(1)·(2)번 가계도에서 보면 婢 彦切의 소생인 彦孫良産과 春億의 딸 인 連德 그리고 연덕의 모 良女 춘덕은 榮川으로 도망갔다. 특히 (2)번 가 계도에서 보면 奴 春億이 良女 春德과 혼인관계를 맺고 있다. 이는 英祖 7 年에 이미 奴에 의한 노비 재생산을 불가능하게 했던 從母法이 시행되었 음에도 불구하고 솔거노비는 아니지만 도망간 노비로 파악하고 있는 점은 종모법 시행을 역행하는 것으로 이해된다. 특히 이러한 형태가 1795년까 지의 자료에서도 그대로 남아 있어 향촌 내에서의 법 집행이 철저하지 않 았음을 시사한다. 한편 가족 수를 보면 (1)번 자료에서는 婢 彦切과 아들인 奴 彦孫良産 둘만 기록되어 있다. 그리고 (2)자료에서는 4명의 자식이 있 는 것으로 보이나 실제 가족 수는 3명으로 나타난다.

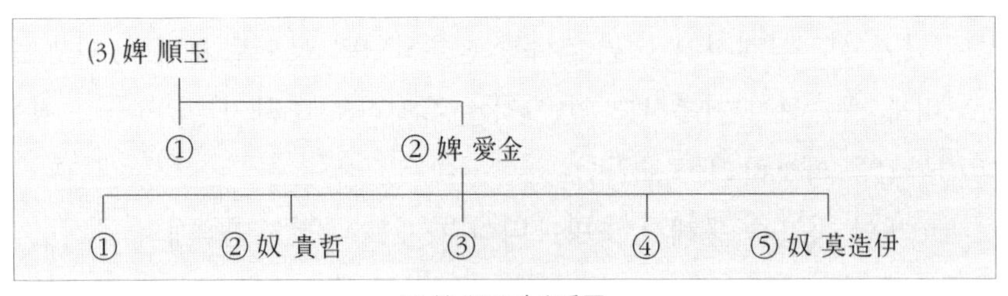

(3) 婢 順玉의 家系圖

(3)번 자료인 婢 順玉系는 婢 愛金, 奴 貴哲과 莫造伊가 義城에 거주하 였다. 愛金이 건륭 9년 호구단자에서 "上年故"로 사망하였으나 건륭 12년 자료에서는 의성에 거주하는 것으로 다시 등장한다.

그러나 1번 자료에서 애금은 나이가 86세로 기록되었고, 1795년까지 계속해서 등재하므로 그의 실제 나이는 146세가 된다. 이 정도의 연령까지 생존했을 가능성은 거의 희박하다.

처음 등재되었을 때의 나이가 귀철은 62세 막조이는 52세였다. 마지막 호구단자에도 이들이 기록되어 있는데, 그렇다면 이들의 나이는 각각 122세, 112세인데 이는 애금과 마찬가지로 마지막까지 생존하였다고 보기는 힘들다. 가족 수를 보면, 婢 順玉은 2명의 가족을 두었으나 婢 愛金만이 기록에 보이고, 애금의 자식들은 5명이나 의성에 거주하는 貴哲과 莫造伊 둘만 보인다.

따라서 이 노비주인 호주 泰柱나 昌載는 도망노비에 대한 정확한 실상을 파악하지 못하고 있으며, 재산으로서 그 가치도 상실되어 가고 있음을 볼 수 있다.

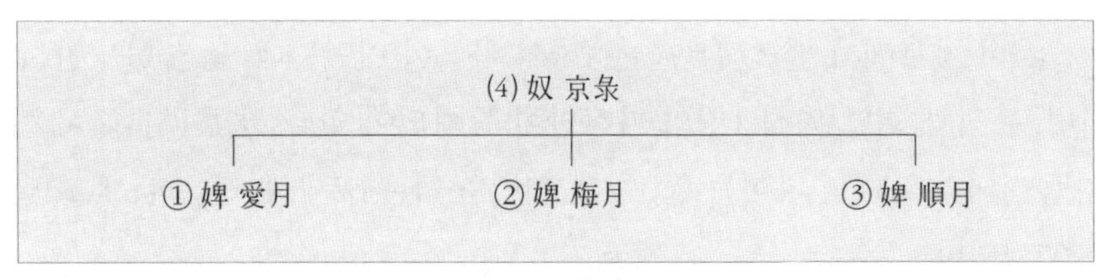

(4) 奴 京彔의 家系圖

(4)번에서는 奴 京彔의 처에 대한 기록은 전혀 찾아볼 수 없으나 3명의 딸 모두 婢로 등재되어 있기 때문에 妻 역시 婢였을 가능성이 높다. 또한 愛月[55]은 평창에 거주하고, 나머지 둘은 단양에[56] 거주하였다. 처음 등재되었을 때 나이는 모두 알 수 없다. 이처럼 京彔의 자녀는 각처에 흩

---

55) 2번 자료에서는 愛日로 기록됨
56) 호구단자에 담양으로 되어 있으나 '潭' 자 옆에 '丹' 으로 개서하였다.

어져 거주하고 있다.

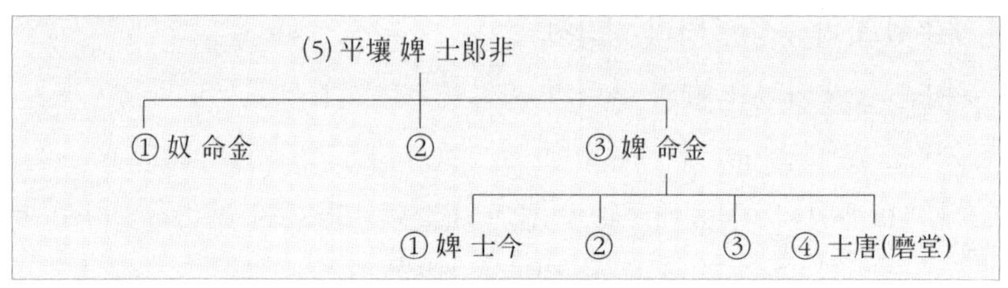

(5) 平壤 婢 士郞非의 家系圖

(5)번의 婢 士郞非는 평양으로 도주하여 살고 있었으며, 3명의 자녀가 있는데, 이중에서 아들 奴 命金과 세째 婢 命金만 있다. 婢 명금의 소생은 4명인데, 실제로는 3명만이 기록되어 있다. 그리고 雍正 13年(1735) 자료에서 奴 命金은 95세, 婢 命金은 84세이고, 士今은 72세, 巨伊先 47세, 士唐은 나이를 알 수 없다.

(6)번 자료에서 老農同良産은 4명의 자식이 있었는데, 論德 한명만 보이며, 논덕과 희달 역시 1명의 자식만이 등재되어 있다. 老農同良産이 처음 등재되었을 때의 나이는 알 수 없으며, 논덕은 62세, 논선은 44세, 희달은 67세였다.

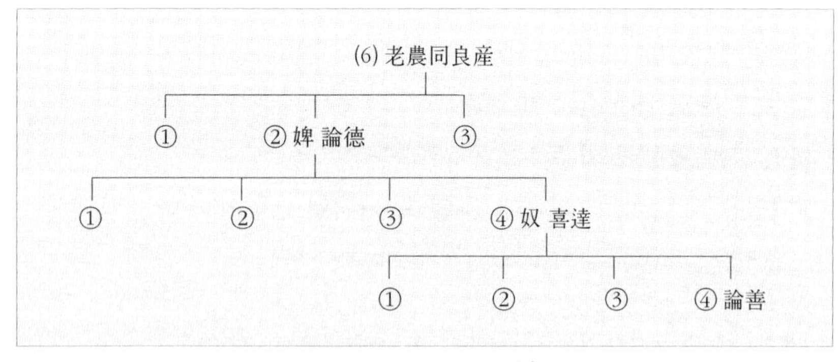

(6) 老農同良産의 家系圖[57]

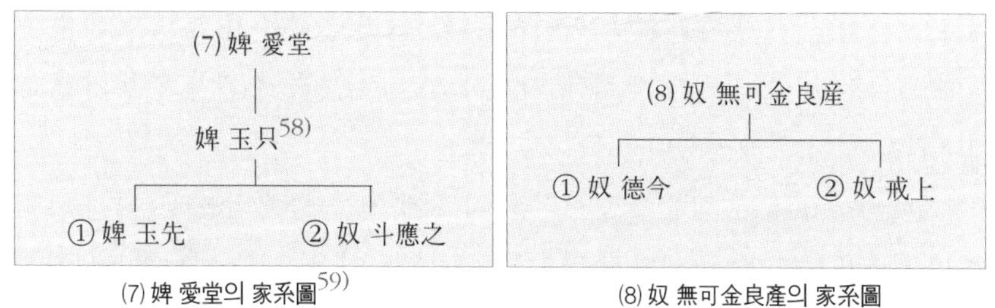

(7) 婢 愛堂
|
婢 玉只[58]

① 婢 玉先　　② 奴 斗應之

(7) 婢 愛堂의 家系圖[59]

(8) 奴 無可金良産

① 奴 德今　　② 奴 戒上

(8) 奴 無可金良産의 家系圖

(7)번 자료는 婢 愛堂系인데, 이들이 도망간 지역은 成川지역이다. 애당은 나이가 73세였고, 딸인 婢 玉只는 56세, 옥지의 첫째 딸 婢 玉先은 36세이고, 斗應之는 33세이다.

(8)번에서는 奴 無可金良産과 그 첫째인 奴 德今은 愛堂系와 마찬가지로 成川지역에 거주하였고, 둘째인 戒上은 단양에 거주하였다. 無可金良産의 나이는 알 수 없고, 德今은 52세, 戒上은 51세이다.

이상과 같이 자료상 대부분이 도망노비이며, 이들 도망노비의 연령은 비교적 고령이다. 더욱이 처음 등재될 당시의 나이를 기준으로 마지막 자료까지의 나이를 추산해보면, 婢 愛今 146세, 奴 貴哲 122세, 奴 莫造伊 112세, 奴 命金 155세, 婢 命金 144세, 士今 132세, 巨伊先 107세, 論德 122세, 論善 104세, 喜達 127세, 愛堂 133세, 婢 玉只 116세, 婢 玉先 96세, 斗應之 93세, 德今 112세, 戒上 111세로 추정된다.

그러므로 이들 도망노비들은 1735년보다 훨씬 이전인 17세기 후반경에 이미 도망하였으며, 호주는 도망노비에 대한 정확한 인적사항을 기재하지 못하였음은 물론 나이를 추산하여 호적에 기재하였을 뿐 어떤 형

---

57) 건륭 30년(1765) 호구단자에서는 老農同良産이 老郎同으로 기록됨.

58) 玉只가 玉伊 또는 玉居로 표기됨.

59) 愛德은 愛堂과 同一人임.

태로도 소유권을 행사하기에는 어려웠다. 그리고 호주가 도망노비가 고령이 될 때까지 계속해서 호적에 기재하였던 것은 혹 추쇄가 진행되면 그 기득권을 얻기 위해서였다.

한편 婢 正玉은 건륭 21년(1756) 자료에 처음 등재되는데, 이때 나이는 11세였고, 16, 18, 21세까지 연속해서 기록되어 있으나 건륭 36년(1771) 자료에서는 24세로 등재되어야 하나 81세로 사망하였으며 이후 자료에서는 나타나지 않는다. 그리고 奉心은 건륭 59년(1764) 자료에 20세의 나이로 처음 등장한다.

매득노는 4명인데, 모두 건륭 30년(1765)이후에 등장한다. 첫째로 1765년 乙酉式年 호구단자에 등장하는 買得奴 海奉은 당시 22세였고, 苾德은 12세로 모두 2구만 소유하였다. 苾德은 1783년에 金德으로 개명되었고, 이후 자료에서는 보이지 않는다. 둘째는 건륭 39년(1774) 婢 五乙分이 11세의 나이로 買得된 사실이 보이고, 마지막으로 건륭 48년(1783) 壬切을 買得하였는데 그의 나이는 12세였다. 이들의 연령은 대체로 10대들이다. 이들만이 호주에게 있어서 실질적인 재산으로 그 존재가 인정될 뿐이다.

조선후기 사회·경제적인 발전과 이에 따른 의식의 변화는 종래의 양천제의 유지기반을 상실시켰다. 이에 노비들은 도망을 시작하였고, 그들에게 사회경제적 기반을 둔 국가와 노비 소유 양반들은 推刷로 대응하였으나 결국 실시하지 못했다.[60] 강릉지역도 다른 지역과 크게 다르지 않다. 「靑邱野談」에 "강릉지역의 가난한 선비가 끼니를 거르게 되자 그 모친이 湖南 島中에 우리 노비가 늘어져 있으니 추쇄하라고 奴婢文券軸을 주어 섬에 가니 백여호의 世傳奴婢 後孫들이 촌락을 이루고 살아 수천금의 속량금을 받아왔다"[61]라고 전한다. 이러한 사회적 배경 속에서 강릉김

---

60) 鄭奭鍾, 『朝鮮後期社會變動研究』, 一潮閣, 1983, p.293.

씨 부정공파도 영남과 평양지역에 도망한 노비를 많이 거느리고 있었으나 실질적인 권한 행사는 전혀 할 수 없었다. 따라서 이들의 경제적 기반이라고 할 수 있는 노비는 10대 매득노 4명뿐이다.

6) 맺음말

사회 · 경제적 변동이 격변했던 시대에 金泰柱가의 호구단자가 연속적으로 남아 있다는 것은 재지사족가문으로서 자신들의 신분에 대한 집착이 강하게 작용하였으며, 원거리로의 빈번한 이주를 하지 않았기 때문으로 보인다. 그러나 기재내용에 있어서 호주의 내용은 대체로 그 정확성이 잘 유지되었지만 노비의 기록은 매우 부정확하다. 특히 도방노비들에 대한 나이나 가족관계, 거주지는 전 식년 자료에 근거해서 작성하였기 때문에 세전노비였다는 사실이외에 어떤 변동 사황을 구체적으로 알 수는 없다.

그리고 통, 호 및 통수에 대한 기록에 있어서 면리제와 연관해서 살펴보았는데, 일설에서는 이 가문의 통수 변화는 빈번한 이사로 인해서 발생된 것이며, 더 나아가서는 노비의 도망과 관계가 있을 것이라 하였다. 그렇지만 오가작통을 시행할 때 가좌순에 의한 배열이 이루어졌고, 또 호구작성시 나타나는 호구증감으로 인해 통수의 변화가 자주 있었던 것으로 보인다. 특히 이 가문이 관문에서 그리 멀지 않은 산황리 또는 홍제리에 세거하였던 사족가문이었고, 장자중심으로 호주권이 계승되었다는 사실 등으로 보아 빈번한 이사로 인해 노비가 도망하였다고 보기에는 곤란하다.

---

61) 「過錦江急難高義」, 『靑邱野談』1 "江陵金氏一士人 家貧親老 乏菽水之供其老慈語曰 汝家先世本以富稱 奴婢之散在湖南島中者 不知其數 汝往推刷也 仍出示医 中奴婢文卷軸 士人指卷往島中 百餘戶村落 自占居生 皆奴婢子孫也 見卷羅拜 斂數千金 贖之 士人燒其卷 駄錢而還……士人歸家 其老慈喜其無恙而還"이라 하였다.(鄭奭鍾, 『朝鮮後期社會變動硏究』, 一潮閣, 1983, p.293 再引用)

이들의 가족관계를 보면, 강릉을 본으로 하는 성씨와 통혼관계를 맺고 있다. 즉 강릉최씨, 강릉박씨, 강릉곽씨 등이다. 특히 강릉최씨와의 통혼관계는 선대부터 지속적으로 유지되었다. 그리고 통혼권을 형성하였던 사람들은 대부분 사마시와 문과에 합격한 후 관직에 종사하였다. 이것은 이들의 재지적 역할에 적지 않은 도움을 주었으며, 더욱이 향촌사회의 지배세력으로서 그 우위권을 독점하려는데 기여하였다. 이밖에도 향리성인 정선전씨와 결혼한 경우도 있으며, 삼척심씨나 동래정씨와도 결혼관계를 유지하고 있다. 당시 이들 가문의 향촌에서의 지위를 더 면밀히 검토해야 하겠지만 단편적으로 강릉지역의 土姓 내지는 鄕吏姓과 혼인관계를 맺고 있다는 점으로 보아 사족내의 족적 기반유지는 사족들간의 혼인관계를 통해 유지하였다.

가족관계에 있어서 호주 태주의 나이가 고령이었을 때에는 대가족형태였다. 특히 태주의 형제들이 함께 가호를 이루고 있다는 것은 호구의 작성단위가 戶가 아니라 家屋단위로 이루어 졌음을 의미한다. 그러나 호주가 창재로 바뀌고 삼촌들이 사망하면서 가족형태는 부부가족 즉 핵가족 형태로 전환되었고, 다시 호주 창재의 아들 漢鏞이 혼인하면서 2대가 함께 가족을 이루고 있다. 따라서 조선후기 가족구성은 일시적인 시점만을 기준으로 가족 구성원을 파악한다면 오류가 발생할 수 있다. 泰柱 · 昌載家처럼 호주가 한 代 또는 그 이상의 代로 바뀔 때의 가족 구성의 변화 실상을 보아야만 실질적인 가족 구성의 변모를 살필 수 있다.

노비소유는 世傳奴婢 數가 34명에 이르나 그 중에서 도망노비가 28명으로 상당한 수를 차지한다. 18세기말에 이르면 買得 노비 4명이 등장한다. 도망노비의 거주지를 보면, 평창에 거주하였던 庚[京]彔의 첫째인 愛日을 제외하고는 대체로 丹陽, 星川, 義城, 平壤 등과 같이 먼 거리에 살고 있었다. 이들이 먼 거리로 이주하였던 것은 노비를 추쇄할 때 피해를 덜 당하기 위함이었다. 그러나 호적에서 보면, 도망노비들에 대한 인적사항 및 연령에 관한 기록에는 상당한 모순점들이 내포되어 있다. 다시 말해서 대부분의 도망노비들의 연령이 고령이어서 실제로 그들의 생존여부가 드러나 있지 않은데도 불구하고 계속해서 호적에 등재되었다는 것은 호구단자의 내용에 대한 지방장관의 정확한 조사가 이루어지지 않았다는 것이다. 즉 전 식년의 자료만을 참고로 하다 보니 사망했는지의 여부, 또는 다른 곳으로 이주했는지의 여부에 대한 조사 없이 형식적으로 진행하였음을 반증한다.

노비의 도망은 이 가문의 가세와 연관이 있다. 이 가문은 自洛대까지만 해도 음직을 받고 실직인 관료로서 그 지위를 유지 하였다. 그러나 그 이후에는 모두 壽職이거나 贈職으로써 재지사족의 권위만 유지하였을 뿐 실제 家勢는 선대 때보다 훨씬 미약하였다. 특히 통혼관계만 보아도 임란 전의 상황과는 다르다. 임란 후에도 향촌 내 재지사족 가문과의 통혼이 이루어지나 숫적으로 전대보다는 적으며, 한미한 가문과의 통혼이 이루어지고 있었다. 이처럼 가세가 점점 쇠약해짐으로 인해서 노비의 도망을 막을 길이 없었으며, 더 나아가서는 도망노비들에 대한 파악도 철저하게 할 수 없었던 것이다.

따라서 강릉김씨 부정공파 김창재 가문은 읍치와 인접한 지역에서 재지사족으로서 대대로 세거하였는데, 외형적으로는 자신들의 신분 유지를 위해서 향촌의 토성들과 통혼관계를 지속적으로 유지함으로써 재지적 기반을 지키려 하였으며, 반면에 경제적인 면에서 상당수의 노비가 도망노비로 나타나고 있어 경제력은 점차 약화되어 갔다고 볼 수 있다. 또 지속적으로 출사자를 내지 못했다는 점도 이 가문의 위세가 약화되었음을 알 수 있다. 그리고 대다수의 노비가 도망노비로 나타나고 있는 점은 조선후기 사회의 신분변화의 원동력이 민중 자신들의 자의적인 노력과 아울러 명문가문의 세력약화와 같은 사회·경제적 변화에 기인하였던 것으로 사료된다.

2. 豊基秦氏 孝烈褒賞과 立案 古文書

1) 머리말

조선조의 정표정책은 백성을 慰撫하고 향풍을 진작시키는데 있다. 그것은 다음의 사실을 통해서도 확인할 수 있다. 조선조 역대 왕은 "여향의 庶人에 대해서도 한 가지 善行과 한가지 뛰어난 절조가 있으면 또한 다 嘉尙하고 특이한 것을 표창하여 閭門에 旌表하고 戶役을 면제하여 風聲을 세워 전국이 興起하고 권장되게 하셨다"라고 하였다.[1] 조선조의 일관된 효열정책으로 인해 전국 각지에는 많은 정려문과 정려각들이 산재해 있으며, 또한 이와 관련된 고문서들도 많이 전해지고 있다.

본 글에서는 동해시 거주 풍기진씨[2] 효열관련 입안과 호포 및 요역 면제 원정문 등 7건의 고문서와 1906년 각도 각군으로부터 효열·충효 단자를 접수받아 금속활자로 간행한 『屬修三綱錄』, 진씨종친회에서 필사본으로 작성한 『烈孝行蹟文狀錄』 그리고 『三陟郡誌』와 『眞珠誌』 등을 참고자료로 활용하였다.

우선 진씨의 삼척 입향시기는 仁祖 때이다. 이때 義興府에 거주했던 通訓大夫訓練院副正을 지낸 秦世恭의 아들 秦定一이 亂을 피해 삼척 신기동으로 입향하였다. 이후 여러대에 걸쳐 삼척 신기동에 거주했다. 이에 입향시조 진정일의 7대손인 秦現基[3]의 처 전주이씨[4]의 열행과 8대손인 진

---

1) 『憲宗實錄』憲宗大王諡狀條.
2) 豊基秦氏가 道上面 耳基里에 입향한 시기는 純祖때로 확인된다. 道上面 耳基里는 1980年까지 三陟郡 北坪邑에 속했다가 1980년 東海市 개청으로 편입되었다.(『三陟郡誌』, 1984)
3) 秦現基(1751~1830)의 字는 叔, 호는 公和이다.
4) 秦現基의 妻(1772~1860)로 고종 29년(1889) 承旨 韓耆東의 狀啓로 禮曹에서 烈行旌閭를 받음.

득상[5)]의 효열 행적의 특이성을 인정받아 고종 26년(1889) 정려를 받았다. 그러나 이전에 이미 사림들의 천거로 복호되었으며, 그후 몇 차례에 걸쳐 영구적인 복호를 요청하는 진정서를 제출하였다.

이 과정에서 작성된 고문서들이 현존하는데, 필자는 이 고문서들을 기본 자료로 진정요청의 결과와 진정의 주체 그리고 이들에 대한 포상절차와 그 포상수위의 추이를 살펴보고자 한다.

2) 資料紹介

동해시에 거주하는 풍기진씨 영동종친회에서 소장하고 있는 효열관련 고문서들은 총 7건인데, 이 문서들은 1890년를 전후 해 작성된 것으로 주로 三陟郡 道上面 耳基洞에 거주했던 秦叔[6)]의 妻 全州李氏의 烈行과 그의 아들 得商의 孝行과 관련된 문서들이다. 각각을 소개하면 다음과 같다.

【자료 1】 '江原道三陟幼學臣秦桂鈺原情' 이라는 제목의 문서로 크기는 61×109cm이고, 발급자는 秦桂鈺이고 수급자는 三陟都護府使이다. 발급시기는 고종 26년(1889) 12월 17일이며 주요내용은 秦桂鈺의 曾祖母 全州李氏의 烈行과 祖 學生 得商의 孝行에 대해 정려를 요청한 것이다.

【자료 2】 '立案[7)](禮曹立案)' 이란 문서인데, 크기는 71.5×116.5cm이며, 발급은 예조이고 수급자는 삼척부사이다. 발급시기는 고종 26년(1889) 12월이다. 주요 내용은 진계옥의 정려 진정에 대한 증명서 성격으로 효열사실을 인정하고 정려

---

5) 秦得商(1795~1864)은 秦現基의 아들로 字는 敬甫, 號는 松和이다. 고종 26년(1889) 承旨 韓耆東의 狀啓로 어머니 전주이씨와 함께 정려를 받았다.

6) 秦叔은 후에 秦現基로 개명함.(『眞珠誌』烈行條 參照)

7) 立案이란, 官에서 발급하는 문서로서 개인의 청원에 따라 어떤 사실을 확인하여 이를 認證해주는 문서이다. 이 禮曹立案은 三陟 거주 秦桂鈺이 曾祖母 全州李氏의 烈行과 祖父 學生 秦得商의 孝行 사실을 예조로부터 확인받은 문서이다.(최승희, 『한국고문서연구』 참조)

를 내려주는 내용이다.

【자료 3】關文[8]으로 강원도관찰사가 삼척부사에게 내린 문서이다. 크기는 61×
109cm이며, 발급시기는 고종 27년(1890) 6월 8일이다. 이 문서의 주요내용은 강
원도 관찰사가 예조의 입안을 근거로 진계옥의 진정을 인정하고 삼척부사에게
정려포창을 실시하라는 내용의 지시문이다.

【자료 4】三陟郡 道上面 耳基洞 洞任 邊□, 頭民 金□, 金□ 등 3명이 삼척부사에
게 秦雲賢의 戶布와 徭役 減蠲을 요청한 陳情書이다. 감견 요청 사유는 진운현의
증조모 전주이씨의 열행과 조부 진득상의 효행으로 인한 포상과 관련된 내용이
다. 한지로 작성된 이 문서의 크기는 42×43cm이고, 작성시기는 고종 32년
(1895)년 3월이다. 문서 말미에 게재된 삼척부사의 처결문에는 호포와 요역의 등
급을 정할 때 착오가 있었음을 시인하고 減戶를 인정하였다.

【자료 5】이 문서는 原情文으로 三陟郡 道上面 耳基洞[9] 洞任 邊□, 頭民 金□, 金
□ 등이 삼척도호부사에게 秦雲賢의 戶布와 徭役을 감해달라고 요청한 문서이
다. 減蠲 요청 사유는 진운현의 증조모 전주이씨의 열행과 조부 진득상의 효행으
로 인한 포상과 관련된 내용이다. 한지에 작성된 이 문서의 크기는 43×46cm 이
고, 작성시기는 고종 32년(1895)년 11월이다.

【자료 6】이 문서는 삼척군 도상면 洞任 金□, 頭民 邊□, 金□ 등 3명이 연명으로
삼척부사에게 진운현의 호포와 요역 감면을 요청한 진정서이다. 면제 사유는
【자료 4·5】와 동일하다. 작성시기는 광무 1년(1897) 정월이고, 크기는 44×
47cm이다. 문서 말미에는 수결, 관인, 처결문 등이 수록되어 있다.

---

8) 關文은 상급관청과 하급관청 상호간에 주고받은 문서로서 명령, 지시사항 등의 내용이 수
록되어 있다.(崔承熙, 『韓國古文書研究』참조)
9) 道上面은 三陟郡 北坪面에 속해 있다가 1738년 北上·北下面으로 구분되었으며, 1801년
에는 道上·道下面으로 구분되었다. 그리고 1914년 행정구역 개편시 도상면, 도하면, 견박면
을 합쳐 북삼면으로 통합되었으며, 이후 1945년에는 삼척군 북평읍으로 1980년 4월 1일 墨
湖邑과 北坪邑을 통합한 동해시가 개청되면서 현재의 동해시 耳基洞 지역에 해당된
다.(『陟州誌』, 『眞珠誌』, 『三陟郡誌』참조)

【자료 7】이 문서는 上書文으로 化民 秦雲賢이 城主 즉 三陟都護府使에게 徭役 면제를 요청한 내용이다. 면제 사유는 【자료 4·5·6】과 동일히다. 그런데 진운 현이 減蠲 혜택을 받지 못한 이유는 道上面 耳基里에서 泥老洞[10]으로 이주하면 서 出秩에 착오가 발생했기 때문이다. 1장의 한지로 작성된 이 상서문은 1904년 6월에 작성되었으며 크기는 42×61cm이다.

총 7건의 문서 중 立案, 關文, 上書 각 1건이며, 진정서는 4건이다. 4 건의 진정서 중에 1건은 예조에 입안 성급을 요청한 내용이고, 나머지 3건 은 호포와 요역 면제를 요청한 문서이다.

3) 孝烈行績과 褒賞節次

동해시 삼흥동 소재 兩世烈孝旌閭閣에 게판되어 있는 고종 29년 (1892) 仲秋에 溟州 金演政이 찬한 烈孝旌閭記[11]에 보면, 진숙의 처 전주 이씨는 "지아비가 일찍이 나무하러 산에 들어갔다가 곰에게 물렸는데 이 씨가 이를 듣고 급히 가서 지아비를 구하려 곰에게 곧장 달려들어 뺏어 업 고 돌아 왔다. 지아비는 겨우 한 가닥 숨만이 남아 있어 백방으로 調治하 였지만 당시는 더운 여름이라 상처입은 곳이 썩어 문드러져 악취로 사람 마다 코를 감싸쥐었는데 이씨는 조금도 어려운 기색 없이 그 진물을 입으 로 빨고 혀로 핥아 삼년이 지나 낫게 되었는데 그 정성이 하루 같이 계속 되었다. 머리카락을 잘라 약을 사고 옷을 전당잡혀 양식을 구걸하며 비할 데 없이 고생하였지만 시종 태만함이 없었다. 그 지아비가 그 뒤 죽자 장

---

10) 泥老洞 역시 동해시 개청 이전 北坪邑에 속해 있었으며 현재는 東海市 泥老洞에 해당된 다. 그리고 1984년 간행된 『三陟郡誌』, p.679에 따르면, 未老洞, 利老洞, 鯉老 등으로 불 리다가 1910년 泥老里로 개명되었다고 하였는데, 본문 고문서 【자료 7】(1904년 작성)에 의하면 泥老洞이란 지명은 1904년에도 사용되고 있다.
11) 이 記文은 上之二十九年 즉, 고종 29년(1892) 仲秋에 溟州 金演政이 찬하였다.

례를 치루며 과도하게 슬퍼하였으니 하늘로부터 부여받은 효성과 신의는 속일 수 없는 것이다"라고 기록되어 있다.

또 아들 진득상은 "모친의 아름다운 열행을 본받아 부친을 예법대로 섬겼고 偏母를 모셨는데 이씨가 팔순의 나이에 이르기까지 맛있는 음식으로 봉양하고 아침 저녁으로 문안하고 이부자리를 보살피는 일을 지극하게 갖추지 않음이 없었다. 모친이 돌아가시자 삼년 동안 시묘살이를 하였다"라고 그의 효행 사실을 기록하여 놓았다.

이와같이 이들 모자의 열·효행 행적은 삼척지방 사림들에 의해 천거되었다. 풍기진씨가문 소장 필사본인 『烈孝行蹟文狀錄』에 수록된 「士林文狀」에 의하면, 철종 5년(1854) 삼척지역 士林 金廷赫, 洪周燮, 崔奎赫, 金㬳鎬, 金始鵬, 朴始恊, 崔文榮, 洪章燮, 洪魯燮, 朴周旭, 崔祜榮, 洪南燮 등 12명은 순조 14년(1814) 三陟郡 道上面 山中에 거주하는 秦叔이 '熊子所嗷' 한 사건으로 인해 그의 처 전주이씨가 남편을 극진히 간호한 일과 그의 아들 득상이 팔순의 어머니를 극진히 봉양한 일을 암행어사에게 알리고 이에 대해 자세히 조사해 포상해 줄 것을 요청하였다. 이에 암행어사는 母子의 탁이한 열·효행을 인정하고 雜役 면제를 題音하였다.

고종 12년(1875) 秦得商의 아들 秦常徹이 巡營에 완문 성급을 요청하자 재차 잡역 면제를 영구히 준행토록 하는 완문[12]을 발급해 주었다. 그러나 이후에도 고종 14년(1877) 진득상의 손자 秦永辰이, 고종 15년(1878) 진득상의 아들 진상철이 잡역면제의 특혜가 침탈되는 폐해가 지속되자 완문 성급을 재차 요청하였다. 이에 대한 제음에서는 완문성급은 번거로운 일이라 하고 잡역면제의 특혜를 전과 같이 시행하라 하였다.[13]

---

12) 完文 역시 官에서 鄕校, 書院, 結社, 村民, 個人 등에게 발급하는 문서로서 어떠한 사실을 확인 또는 權利나 特典의 인정을 위한 문서이다. 이 완문의 경우 秦得商의 아들 秦常徹이 巡營에 完文成給을 요청하자 발급해 준 烟戶雜役 면제를 확인해 준 문서.

그러나 고종 26년(1889) 겨울에 손자 秦雲奎가 그 조카 秦桂鈺으로 하여금 예조에 旌閭 요청 내용을 담은 입안성급을 진정하게 되었다. 이에 예조에서는 진정 내용에 대해 取考한 후 旌閭之典을 베풀고, 旌門 건축시 관에서 材木과 匠手를 법에 따라 제공함과 동시에 그 자손에 대해서는 환상곡을 비롯한 제반 잡역의 감면을 지시하는 입안을 발급해 주었다.

이들 문서에 나타난 효열 천거 절차를 보면, 우선 삼척지역 사림들에 의해 모자의 열행이 암행어사에게 천거되었고, 암행어사는 이에 대해 감역의 특혜를 주었으며, 35년 후 후손 진계옥이 예조에 입안 성급을 요청하면서 조정으로부터 정려를 받게 되었다. 따라서 초기단계는 사림들의 추천에 의해 지방장관이 독자적으로 효열 사실을 확인한 후 포창한 경우이며, 예조 입안이 성급되면서 조정으로부터 정려를 받기에 이른다.[14]

그런데 정부의 효열정책은 신분[15]이나 효열행적의 특이 정도에 따라 차등을 두었다. 그것은 포상내용이나 포상의 주체에 따른 차이라고 할 수 있다. 실제로 정조 11년(1787) 예조에서 효자·열녀의 정문을 세워 포상하는 시기에 관해 왕에게 건의하는 과정에서 "지금 임인년 정월 朝參에서 本曹의 判書 金魯鎭이 매년 歲首에 세 堂上官이 같이 모여 旌閭와 復戶 대상자를 구별하여 의정부로 이송하기를 署經하는 예처럼 한 연후에 啓下하

<hr>

13) 『烈孝行蹟文狀錄』

14) 『經國大典』禮典 獎勸條에, "孝道, 友愛, 節義 등의 善行을 한 자(孝子, 順孫, 節婦, 나라를 위하여 죽은 자의 子孫·睦親·救患과 같은 등속이다)는 해마다 歲抄에 本曹(禮曹)가 정기적으로 기록하여 왕에게 아뢰어 권장한다(賞職을 주거나 혹은 賞物을 주며 더욱 특이한 자는 旌門을 세워 주고 復戶를 해 준다. 守信한 처에게도 또한 復戶를 해준다)"라고 하였다.

15) 『英祖實錄』英祖 48年 1月 25日 辛酉條에 임금이 하교하기를 "뛰어난 士大夫는 旌表하는데 뽑히지만, 세력이 없는 小民은 비록 卓異한 氣質이 있어도 賞物을 주는데 뽑히니 旌表가 어찌 그 사람을 따르는가?"라고 하였던 점으로 보아 신분의 차이에 따라 정부의 효열정책이 旌表와 賞物을 주는 것으로 차등화되었음을 알 수 있다.

도록 청해서 윤허를 받았습니다"라고 하였다.[16] 이처럼 정부의 효열정책은 크게 조세나 그밖의 국가적 부담을 면제해 주는 복호를 포함해 정표를 내려주는 경우와 복호만을 주는 경우로 구분된다.

이 고문서를 통해서 확인할 수 있는 사항도 처음에는 복호만을 받았다가 나중에 자손들에 의해 지속적으로 정표 요청이 있으므로 해서 복호를 포함한 정표를 받는 것으로 변화되었다.

즉 효열행적이 일어난 시기는 순조 14년(1814)이후 이다. 그리고 사림에 의해 암행어사에게 천거된 것은 철종 5년(1854)이며, 이때 주어진 진씨가문의 특혜는 잡역면제만 이었다. 그러나 그것도 잡역의 출질시 항상 침탈하는 폐해가 있어 누차에 걸쳐 순영에 역의 감면을 확인할 수 있는 완문 발급을 요청하게 되었다. 그러나 관에서는 완문 발급의 번거로움을 지적하며 완문 성급은 하지 않고 그때그때마다 역의 감면을 지시하였다.

이런 관행이 지속되자 秦桂鈺은 예조에 직접 立案成給을 요청하기에 이르렀으며, 이로 인해 母子의 烈·孝行에 대한 포상의 수위가 상승되는 결과를 낳았다. 즉 역의 감면수준을 넘어서 旌門 건립, 정문 건립시 관에서 비용과 인력의 지원, 還上穀을 비롯한 제반 雜役에 대한 減蠲 등 다양한 혜택을 입게 되었다.

한편 정려각 건립시기가 본 고문서와 정려각 기문 그리고 삼척지방 읍지와 차이를 보이는데, 그 이유는 고찰해보면, 우선 1963년 간행된 『眞珠誌』와 1985년 발행된 『삼척군지』열행조에 수록된 행적은 모두 같으나 정려 건립시기는 모두 을사년 즉 고종 31년(1905)으로 기술되어 있다.

그러나 고문서 정리 결과 정려각의 최초 건립 시기는 고종 26년(1889) 예조에서 입안을 성급해 준 이후이다. 그것은 【자료 3】의 강원도관찰사가

---

16) 『正祖實錄』正祖 11年 3月 10日 戊寅條.

삼척부사에게 내린 關文을 통해서도 확인할 수 있다. 그러므로 1905년은 정려각을 중수했던 시기에 해당된다. 그리고 『烈孝行蹟文狀錄』에 수록된 溟州 金演政이 撰한 「烈孝閭閣記」의 작성시기가 '上之二十九年壬辰年' 즉 고종 29년(1892)이므로 최초 정려각 건립시기는 1892년이다.

17세기 이후 예학의 발달과 더불어 문벌의식이 강화되면서 선조의 효열 사실에 대해 적극적으로 관에 요청하는 경향이 두드러졌다. 이는 자기 가문의 경제적 지위뿐만 아니라 사회적 지위 향상에 많은 영향을 끼칠 수 있는 요인으로 작용하였기 때문이다.

4) 맺음말

이 고문서 자료를 통해 살필 수 있는 점은 크게 두가지로 요약 할 수 있다. 첫째는 지속적으로 원정문을 제출하고 있는 것이고, 둘째는 그 과정에서 진씨가문이 받은 혜택의 정도가 차이가 난다는 점이다.

첫째는 절차의 문제인데, 일차적으로 삼척지역 사림에 의해 효열천거를 받고 삼척부사로부터 포상으로 조세나 잡역 면제와 같은 복호의 혜택을 받는 정도였다. 2차단계로 후손들이 직접 예조에 입안성급을 요청하여 정려와 포상을 함께 받았던 것이 사실이다. 다시 말해서 포상과 정려로 구분되었던 조선조 효열정책에서 이들 후손들은 호포와 요역 감면과 같은 포상 단계의 혜택에서 조정으로로부터 정려를 받는 수준으로 격상되었다.

둘째로 한미한 진씨가문이 母子의 烈行 사실을 계기로 정표 수위가 격상됨은 물론 경제적 지위가 향상되었다. 즉 일차적으로 향촌사림들에 의해 烈行이 推薦되어 지방 수령으로부터 견감의 혜택을 입었으나 이런 경제적 지위향상에 만족하지 않고 지속적으로 원정문을 제출함으로써 향촌내에서의 가문 지위 향상을 도모하였다. 따라서 이차적으로 후손에 의해 직접 예조에 입안성급을 요청하게 되었고, 이 결과 일차단계보다 더 많

은 경제적 혜택과 지원을 받을 수 있었다. 더 나아가서는 포상이나 정려의
수여 주체가 지방장관에서 예조 즉 조정으로 격상되기에 이르렀다.

『資料原文』

【자료 1】

1. 江原道三陟幼學臣秦桂鈺 原情

2. 白等臣矣段臣矣身伏以我 朝崇褒烈行與忠孝爲一雖於遐陬窮蔀苟有卓異之烈
   則必表旌而樹之風聲卽我 國家彰善之大政是白乎所不避猥越玆敢鳴金

3. 仰籲於

4. 法駕之前是白齊臣矣身曾祖故學生臣叔甲戌年分入山斫樵忽遇熊子爲其所　幾
   至隕絶之境矣臣矣身曾祖母全州李氏飛往急救負歸其家則時當盛暑　傷之處膿
   潰醜穢凶形

5. 惡臭人所難近而臣矣身曾祖母晝霄不離百般治療口以吮汁舌以舐虫而家且至貧
   故斷髮貿藥典衣乞粮至于三年其誠謹如一日竟以回甦以終天年且其三年之喪亦
   極哀盡禮

6. 有若士夫家禮法之門若似根天之誠烏得此華人之至行乎臣矣身祖故學生臣得
   商亦趾其美臣矣身曾祖母生時其晨昏定省之方死後廬墓奉祀之節宛

7. 如家庭之學至今四十餘年鄕黨播美遠近咸服以若未顯之門庭有此母子之誠孝
   眞是礫中之玉沙裏之金而士論之齊發次屢呈營呈邑俱有嘉尙之

8. 題是白乎乃如此卓異之行尙未蒙 旌閭之典極爲冤抑伏乞

9. 天地父母俯垂 鑑諒焉臣矣身曾祖母全州李氏卓異之烈行臣矣身祖故學生臣
   得商卓異之孝行特施 旌閭之典千萬泣祝敎事

10. 光緖十五年十二月十七日

11. 處結文

12. 今禮曹

13. 稟處

【자료 2】

1. 光緖十五年十二月 日禮曹立案

2. 右立案爲烈婦孝子旌閭事節 啓下敎書 啓目卽伏見刑曹 啓目 啓下者則今十
   二月十七日動駕敎是時

3. 衛外擊錚人三陟幼學秦桂鈺原情今禮曺　稟處亦爲白有未以取考其原情則以
   爲矣曾祖故學生叔甲戌年分入山斫樵忽遇熊子
4. 爲其所噉 幾至隕絶之境矣矣曾祖母全州李氏飛往急救負而歸家則時當盛暑
   傷之處濃潰醜穢凶形惡臭人所難近而
5. 矣曾祖母晝霄不離百般治療口以允汁舌以舐虫而家且至貧故斷髮貿藥典衣乞粮
   至于三年其誠謹如一日竟以回甦以終天年且
6. 其三年之喪亦極哀盡禮有若士夫家禮法之門若似根天之誠烏得此華人之至行
   乎矣祖故學生得商亦趾其美矣曾祖母生時其晨昏定
7. 省之方死後盧墓奉祀之節宛如家庭之學至今四十餘年鄕黨播美遠近咸服以若
   未顯之門庭有此母子之誠孝眞是礫中之玉沙裏之金
8. 而士論之齊發屢呈營邑如此卓異之行尙未蒙旌閭之典極爲抑寃伏乞亟今孫世
   施以旌閭之典亦爲白有臥乎所李婦之烈行與秦得商之孝行
9. 若是卓異特施旌閭之典恐合樹風之政是白乎矣係于 恩典臣曺不敢擅使 上裁
   何如光緒十五年十二月二十五日同副承旨臣韓耆東次知 啓依回
10. 啓施以爲良如敎事
11. 判下敎是置旌門竪立時材木匠手依例自受擧行爲㫆其子孫家烟戶還上諸般
    雜役一倂蠲除爲遣合行立案者
12 判書　參判　參議　正郎　佐郎　正郎　佐郎　正郎　佐郎

【자료 3】

1. 兼巡察使爲相考事	14. 之無後邑良中亦知委
2. 節到付禮曹關內節	15. 施以爲㫆竪立後形止
3. 啓下敎六月十七日	16. 新移以爲然考之地
4. 動駕敎呈時衛外擊	17. 官是向事關是並有
5. 錚人三陟幼學秦桂	18. 亦關請知委於後傳
6. 鈺原情刑曹啓目據	19. 後關至日時先行於年
7. 其矣曾祖母全州李	20. 官是向事合行移關
8. 氏乎矣祖故學生得	21. 請
9. 商孝行卓異幷施	22. 照驗施行須至關者
10. 以旌閭之典事自東	23. 右問
11. 曹薦 啓蒙 允爲有	24. 三陟府使
12. 並旌門竪立時材木	25. 光緒十六年六月初八日⊠⊠
13. 匠手依例自及擧人	26. 相考

【자료 4】

1. 道上面耳基洞洞任頭民等爲牒報事本洞居秦雲賢郞烈女李氏之曾孫也孝子
2. 得商之孫也自蒙
3. 天褒後戶役段依 法典減蠲矣今於戶布錢出秩中秦雲賢之戶同爲徭役之
4. 戶豈不冤枉乎 洞燭敎是後特減右一戶以獎卓異之行以樹風化之意緣由牒
5. 報爲臥乎事合行牒呈伏請
6. 照驗施行須至牒呈者
7. 右牒呈
9. 都護府
10. 乙未三月 日 洞任 邊 頭民 金 金

【자료 5】

1. 道上面耳基洞洞任頭民等爲牒報事本洞居秦雲賢郞烈女李氏之曾孫也孝子得
   商之
2. 孫也自蒙
3. 天褒後戶役段依 法典減蠲之意今春三月良中有所牒報矣 題旨內出秩之時必
4. 是誤錯故依已例減捧向事亦敎是乎所今且戶布錢出秩之中秦雲賢之戶同係
5. 徭役之戶豈不冤枉乎 洞燭敎是後特依 法典例減蠲以獎卓異之行以樹風化
6. 之意緣由牒報爲臥乎事合行牒呈伏請
7. 照驗施行須至牒呈者
8. 右牒呈
9. 都護府
10. 乙未十一月 日 洞任 邊 頭民 金 金

【자료 6】

1. 道上面耳基洞洞任頭民等爲牒報事本洞居秦雲賢郞烈女李氏之曾孫也孝子
2. 得商之孫也自蒙
3. 天褒後戶役段依 法典減蠲是如何幸際此減戶 善政之下以孝烈之戶同係
4. 徭役之戶豈不冤枉乎 洞燭敎是後特減右一戶以獎卓異之行以樹風化
5. 之意緣由牒報爲臥乎事合行牒呈伏請
6. 照驗施行須至牒呈者
7. 右牒呈

9. 都護府

10. 丁酉正月 日 洞任 金   頭民 邊 金

【자료 7】

1. 道上面泥老洞居化民秦雲賢謹再拜上書于

2. 城主閣下垂察焉伏以民之曾祖母烈行及祖父之孝行自蒙

3. 天褒後戶役段依 法典減蠲而洞且牒報至承特減之題矣民自本面耳基洞移居 于
   本洞則洞風相殊同編於徭役之戶

4. 法典昭在之下豈不冤枉乎茲敢仰籲參商敎是後特減一戶以樹敎化之地千萬祈懇
   無任悚反之至

5. 行下向敎是事

6. 城主閣下 處分

7. 甲辰六月 日

V. 응집과 갈등을 이해하기 위한 지역사

1. 17~19C 강릉지역 재지사족들의 조화와 갈등구조

1) 머리말

조선시대 지방의 사족들은 향촌 내에서 지배체제 구축을 위한 다양한 향촌활동을 전개하였다. 사족들의 향촌활동은 향풍의 교화를 위한 향약의 시행, 향촌 자제들의 성리학적 지식 습득과 登科를 목적으로 한 興學활동, 정치세력으로서 사림으로 성장하기 위한 노력과 향촌 내에서의 사족지배체제의 확립과 이것을 유지하려는 정치·사회·경제적 활동 등으로 설명할 수 있다.

지방사회에서 사족들의 향촌활동은 정치·사회적 기반의 우세를 유지하려는 보수적 성향이라 할 수 있다. 특히 鄕約의 시행, 同門契 설립, 宗會 시행, 書院과 祠宇의 건립 등은 성리학적 이념의 전파와 양반 상호간의 자기 보호를 위한 조치라고 할 수 있다.[1]

그러나 조선후기 양반 관료 사이에서는 당파적 갈등에서 비롯된 지배층 내부의 대립과 분열이 격화되고 다른 한편으로는 토지소유 집적으로 인한 향촌 사림의 사회적 지위가 동요되면서 재지사족의 향촌활동도 변화되었다. 조선후기 양반층은 각각 명분과 이해관계에 따라 혈연적으로 또는 학파 및 지방별로 연결되어 상호간의 결속과 유대 관계의 강화를 도모하기 위해 특정인물에 대한 제사와 이른바 士子의 群居講學의 기능을 가졌던 서원을 경쟁적으로 건립하였다. 특히 향촌사회의 지배층이라 할 수 있는 사족들은 自派의 先師 배향과 학문적 전통과 學緣의 계승이라는 명분으로 서원·사우를 건립하기 시작하였고, 이러한 명분을 통해 사족들은 가문이나 동족간의 결속과 상호 유대를 유지하려는 목적에서 많은 사우를 건립하였다.[2]

이로 인해 학문과 후학 양성을 중시하는 서원보다는 선현에 대한 봉사를 우선하는 사우들이 濫設되었다. 서원이나 사우의 건립은 향중 사림의 동의절차를 거침이 당연시되었다. 이러한 동의 절차에 있어서 사족들은 입장의 차이를 초래하였으며, 또한 향촌사회 운영 과정에서 사족간의 鄕戰으로 확대되기도 하였다.

17~19세기 강릉지역에서도 조화와 갈등 그리고 분열의 양상을 파악할 수 있다. 예컨대 임란직후의 경우 지역 사족들은 전후 복구와 성리학적 향촌질서의 재확립을 위한 차원에서 향약의 재시행, 서원의 건립, 서원의 사액화 그리고 이이의 문묘종사소를 추진하는 과정에서는 매우 협조적이면서 강력한 결집력을 보여주었다. 그러나 18세기 이후 강릉지방에서도 문중서원 건립에 따른 시비, 서원에 다른 성현을 추배하는 문제, 그리고 祠院 건립에 따른 이견 등으로 사족간의 갈등이 심심치 않게 빚어졌다. 그

---

1) 鄭萬祚, 「17~18세기의 書院·祠宇에 대한 試論 -특히 士林의 建立活動을 중심으로-」, 『朝鮮時代 書院研究』, 집문당, 1997, p.85.
2) 鄭萬祚, 「17~18세기의 書院·祠宇에 대한 試論 -특히 士林의 建立活動을 중심으로-」, 『朝鮮時代 書院研究』, 집문당, 1997, p.155.

예로는 어촌 심언광을 모신 하남영당의 서원화 추진과정에서 심씨가문과 재지사족간의 시비, 조선전기에 건립되었으며, 공자와 주자를 모신 오봉서원에 우암 송시열을 추배하고자 하는 과정에서 빚어진 시비 등이 대표적이라 할 수 있다. 특히 하남재시비의 경우 시비의 초기에는 중앙의 산림세력과 밀접한 관계를 맺은 특정 가문과 재경사족과 연계한 재지사족간의 갈등양상으로 전개되었으나, 시비의 해결 과정에서 관권이 개입함으로써 갈등의 양상이 사족간의 대립구도에서 관권의 입장에 따라 사족·관·문중 삼자간에 합종연행의 형태로 변화되었다.

18세기 이후 강릉지방에서는 문중 중심의 사우나 재실건립이 활발하였다. 그 예로 18세기에 이르면, 사우의 건립보다는 문중중심의 齋舍 건립이 빈번하게 이루어지고 있다. 이점은 후손·동족에 의한 자제교육의 장소라기보다는 봉사 위주의 성향이 현저해진 상태에서 가문의 권위를 드러내는 하나의 수단으로 활용되었으며, 또 가문의 결속력 강화를 도모하는 문중활동으로 대변되었다.[3]

그런데 의미 있는 사실은, 19세기 초반 강릉지역에서는 가문중심의 재실건립 외에 사족들이 중심이 된 사우건립이 추진되고 있다는 점이다. 즉 三祠의 건립을 의미한다. 삼사라 함은 鄭經世(1563~1633)를 모신 道東祠(일명 退谷書院), 金昌翕(1653~1722)을 모신 湖亭祠(일명 湖海亭), 南九萬(1629~1711)을 모신 藥泉祠(일명 魯谷書院)를 말한다.

이에 본 글에서는 17세기 강릉지역 사족들이 펼친 율곡문묘종사활동을 난후 복구와 성리학적 질서의 재구축이라는 측면, 그리고 이것을 달성하기위한 사족들의 결집력으로 설명하고자 하며, 18세기를 접어 들면서 발생되는 향전과 유사한 성격의 몇몇 사건은 강릉지방 재지사족들의 서원

---

3) 林鎬敏, 『江陵地方祠宇資料集』, 강릉문화원, 1998. 이 책은 강릉지방에 현존하는 書院, 影堂, 祠宇, 齋室 등에 관련된 각종 금석문 및 문헌 자료를 조사하여 정리한 자료집이다.

운영에 따른 문중과 사족간의 대결과 선현 봉사와 추배과정에서 빚어진 갈등 양상으로 이해하고자 한다. 또한 갈등 양상은 결국 19세기 까지 이어지는데, 그것은 삼사 건립과정에서 사우의 위치 문제 등을 이유로 이견이 표출되었던 사실을 통해 확인할 수 있다. 이와 같은 일련의 현상을 강릉지역사라고 하는 측면에서 대결국면으로만 이해할 것이 아니라 갈등이라고 하는 과정을 겪으면서 발전되는 지역사회의 구조적 변화로 이해하고자 한다.

2) 율곡문묘종사운동

성리학을 국가의 통치이념으로 삼은 조선은 문묘석전의 예를 매우 중요시 여겼다. 그래서 조선조 역대의 諸王들은 매년 成均館內에 文廟에 謁聖하여 崇賢尊師의 유풍을 배양하였다. 또한 우리나라 선현들을 문묘에 종향케 하자는 논의가 있어 중종 25년(1517) 鄭夢周를 문묘에 종사하게 하였고, 광해군 2년에는 金宏弼, 鄭汝昌, 趙光祖, 李彦迪, 李滉 등 5명의 성현을 종향하였으며, 숙종 7년(1681) 李珥와 成渾을 종향하였으며, 동왕 43년(1717) 金長生을 종사하였으며, 영조 32년(1756) 宋時烈과 宋浚吉을 동왕 40년(1764) 朴世采, 정조 20년(1796) 趙憲, 金集, 金麟厚를 각각 종향하였다. 이로써 조선시대에는 7차례에 걸쳐 15명의 성현이 문묘에 종향되었다. 이로써 고려조에 종향되었던 崔致遠, 薛聰, 安珦을 포함해서 총 18명의 東國名賢이 문묘에 종사되기에 이른다.

그런데 율곡 이이와 우계 성혼의 문묘에 종향은 숙종 7년(1681) 처음으로 윤허되어 종향이 결정되었으며, 최종적으로 종향 논의가 완결된 것은 숙종 20년(1694)이다. 이렇게 우여곡절을 겪으면서 종향되었던 까닭은 붕당으로 인한 자파간의 이해득실에 따라 나타났던 현상이다.

여기서 동서분당의 과정을 살펴보면, 붕당의 시작은 선조 8년(1575)

沈義謙과 金孝元 간의 불화와 그 友人 親知 사이의 이에 대한 시비에 머물던 분쟁을 격화시킨 중앙정부의 인사조치에서 발단이 되었다. 즉 율곡 이이의 건의에 따라 盧守愼의 奏請으로 이루어진 인사조처는 심의겸을 開城留守로 김효원을 慶興府使로 黜補하는 내용이어서 김효원에게 불리하였다. 이에 김효원의 우인과 추종세력들은 불만을 토로하게 되었으며 이것이 더욱 비화되어 결국은 조정내 조신간의 격론으로까지 격화되어 동서분당이 야기되었다.[4]

율곡의 분쟁해결을 위한 노력은 오히려 동서간의 붕당을 격화시키는 계기가 되었다. 이후 선조 11년(1578) 서인계 인물의 뇌물사건으로 동서분당은 君子小人辨으로 발전하였으며, 동인 金誠一과 許曄은 서인 중진이었던 尹斗壽·尹根壽·尹睍이 지방관으로부터 뇌물을 받고 貪汚하였다고 탄핵하여 결국은 얼마 후 三尹은 파직되었다. 이를 기화로 동인은 심의겸을 소인으로, 서인을 邪黨으로 몰아가는 東是西非 내지는 東正西邪論을 제창하고 이를 國是로 삼고자 하였으며, 이를 계기로 숫적 우세를 점하고 있던 후배사류인 동인은 서인을 정계에서 일소하려 하였다.[5]

율곡은 초기단계에서 처럼 분쟁해결을 위해 東人主論者인 李潑과 西人主論者인 鄭澈 사이에 화해를 주선하는 등 개인간의 갈등해소에 노력하였다. 그러나 이러한 노력에도 불구하고 三尹의 뇌물수수 사건에 대한 조정의 논의가 격화되고 君子小人辨에 의한 黜陟의 조짐이 나타나자 율곡 이이는 打破東西 保合士類 및 調劑論을 난국해소의 정책방향으로 제시하게 되었다. 율곡의 이러한 노력은 동인 사류인 金宇顒, 柳成龍, 李潑, 鄭仁弘 등의 동조를 얻어 정국 분쟁 해결에 일정부분 기여하였다. 그후 打破東

---

4) 『宣祖修正實錄』卷 9, 8年 10月 및 卷 10, 9月 2月條.
5) 鄭萬祚, 「朝鮮後期 朋黨論의 展開와 그 性格」, 『朝鮮後期 黨爭의 綜合的 檢討』, 韓國精神文化研究院, 1994, p.114.

西를 주장했던 율곡은 동서분당 해결에 대한 근본적인 방법으로 兩是兩非論에 기초한 調劑保合論을 제시하게 되었다.[6]

율곡의 이러한 양시양비론에 기초한 조제보합론에도 불구하고 선조 16년(1583) '癸未三竄'[7]라는 사건으로 동서간의 분쟁은 더욱 심화되었다. 즉 동인 가운데 이이를 배척하였던 朴謹元, 宋應漑, 許篈 등 3인이 죄를 받아 귀향가게 되었고 따라서 이이는 더욱 동인의 미움을 받게 되었다.

이와 같은 일련의 정치적 사건은 이후 서인들에 의해 추진되었던 율곡 이이와 우계 성혼의 문묘종향과정에 지대한 영향을 주었다.[8] 율곡에 대한 문묘종향이 처음으로 거론되었던 시기는 다수의 서인들이 중심이 되어 주도되었던 인조반정이 성공을 거두면서부터 이다. 즉 율곡 사후 40년 만에 종향문제가 조정에서 거론되었다. 인조반정에 참여하였던 율곡과 성혼의 문인들이 중심이 되어 전개되었던 율곡종향이 공식적으로 거론되었던 것은 인조원년 경연석상에서 특진관 유순익에 의해 제기 되었다.

당시 柳舜翼은 인조에게 "지금은 새로운 시대이므로 당연히 儒術을 숭상하여야 하며 선현 이이를 문묘에 종사하면 主論이 洽然할 것입니다"라고 주청하였다. 이에 대해 인조는 "문묘종사는 중대한 사안인 만큼 가볍게 다룰 수 있는 것이 아니다"라고 하면서 신중론을 펼쳤다. 이에 대해

---

6) 정만조, 「朝鮮後期 朋黨論의 展開와 그 性格」, 『朝鮮後期 黨爭의 綜合的檢討』, 韓國精神文化研究院, 1994, p.115.

7) 曺植의 문인이며 율곡 이이와 우계 성혼과 친분이 두터웠던 河洛이 율곡에 대해 상소를 올리자 이에 대해 朴謹元, 宋應漑, 許篈 등이 하락의 인품과 율곡을 비난하였고 이 과정에서 館學 유생들을 선동하였으며, 명륜당에서 난동이 일어나자 박근원, 송응개, 허봉 등 세사람에게 그 책임을 물어 각각 江界, 會寧, 鍾城에 유배되었다. 이 과정에서 松江 鄭澈이 榻前에 나아가 적극적으로 이들에게 책임을 물을 것을 요청하였다.(『宣祖實錄』卷 17, 宣祖 16年(1583) 8월 6일 乙卯條, 8月 28日 丁丑條 參照)

8) 『孝宗實錄』卷 4, 孝宗 元年(1649) 6月 乙酉條 "今之爲黨者 漸爲精密 泯其形迹而爲之 人君居上 有不能知者 惟大臣務爲鎭靜可矣 兩賢從祀 亦有不然者 莫重之典 不可輕議 則宜徐待論定之日 而互相排擯 有如仇讎 如此而許其從祀 則此習漸長 不可爲也"

당시 주청에 참여하였던 侍讀官 李敏求, 檢討官 兪伯曾, 獻納 李敬興 등이 재차 李珥從祀要請은 一國의 公論이라고 주장하면서 윤허를 청하였으나 역시 왕은 이를 허락하지 않았다.[9]

한편 광해군 2년(1610) 5현을 문묘에 종사하기로 결정한 후 徐敬德과 南溟 曺植을 문묘에 종사하자는 상소가 일부 관학유생들과 지방의 사림들로부터 제기 되었으나[10] 광해군 역시 신중론을 펴며 이를 윤허하지 않았다. 특히 광해군 12년(1620) 8월 21일 관학 유생 禹舫이 남명 조식을 문묘에 종사하자는 소를 올렸는데 이에 대한 사관들의 평론은 다음과 같다. 남명에 대해서는 퇴계 이황이 "세상밖에 亭亭하며 노을밖에 皎皎하다"라고 한 평을 인용하면서 그의 지조와 학덕을 높이 평가하였으나 그의 문인이자 종사소의 배후인물이었던 鄭仁弘에 대해서는 때를 타서 사욕을 부렸던 인물로 평하고 있으며 정인홍의 문인이었음을 자처했던 李爾瞻에 대해도 역시 유사한 평을 내리고 있다. 또한 상소를 올렸던 우방에 대해서는 이이첨에 빌붙어 생원시에 장원으로 입격하였다고 평하고 있다.[11]

이처럼 인조가 신중론 기하였던 것은 조정에 서인들이 다수를 차지하고 있긴 하지만 여전히 조정의 요직에 율곡 이이를 배척하였던 동인계 인사들이 포진하고 있었기 때문으로 보인다. 예를 들자면, 남인계 원로였던 李元翼이 영의정에, 헌납에 鄭蘊, 부제학에 鄭經世 등이 보임을 맡고 있던 터라 서인의 獨斷에 의해 쉽게 從祀될 수 있었던 상황은 아니었다. 그리고 전례를 비추어 볼 때 인조의 입장에서는 정국 운영에 대한 안정적

---

9) 『仁祖實錄』卷 1 元年 癸亥 4月 條.
10) 徐敬德을 文廟에 從祀하자는 上疏는 光海君 7年(1615) 4月 5日 生員 河元量이 처음으로 주장하였고(『光海君日記』卷 89, 光海君 7年 4月 5日 辛巳條), 曺植의 文廟從祀疏 역시 동 왕 7년 3월 23일 慶尙道 生員 河仁尙이 올렸으며 이후에도 各道와 館學 유생들이 從祀疏 를 올렸다.(『光海君日記』卷 88, 광해군 7年 3月 23日 己巳條)
11) 『光海君日記』卷 155, 光海君 12年(1620) 8月 21日 丙寅條.

인 기반을 구축하지 않은 상태에서 율곡과 성혼의 종향을 윤허하기란 쉽지 않았을 것이다.

이후 잠잠했던 문묘종사운동은 인조 13년(1635) 다시 재기되었다. 먼저 성균관 유생 宋時瑩 등 270여인이 연명으로 상소하여 율곡과 성혼의 종사를 청하였다.[12] 이때의 종사 상소는 서인과 남인간의 격한 논쟁으로 비화되었는데, 이유는 유생 유시영 등의 소에 대한 왕의 비답에 기인되었다.

종사에 신중론을 펼쳤던 인조는 유생들의 소에 대해 "文成公 李珥와 文簡公 成渾은 비록 善人이나 道德未高하고 疵累有謗이니 莫重從祀之典에 결코 不可輕議"라는 비답을 내렸다.[13] 이에 서인들은 인조의 '疵累有謗'이라는 표현에 대해 상당한 불만을 토로하였으며, 남인들은 이 표현에 동조하면서 문묘종사를 극렬히 반대하였다. '疵累有謗'이라는 인조의 표현은 이미 선조대에 이이의 바난을 주도했던 宋應漑에 의해 제기되었던 바 있는데, 이것은 율곡이 모친의 삼년상을 마친 후 다시 관직에 나아가지 않고 금강산에 들어가 불교에 심취했던 것에 대한 비판이었다.

결국 인조가 이를 윤허하지 않고 역시 신중론을 펴니 서인계 태학생들은 다시 종사를 주장하였으며 이에 반대한 남인계 태학생들과 격렬한 시비가 벌어지게 되었으며 마침내 성균관이 空館의 지경에까지 이르게 되었다. 공관의 사태는 成均館事인 崔鳴吉의 사퇴로 결론지어졌으나, 종사 상소는 황해도 생원 尹弘敏 외 48인, 파주유생 兪應台 등 36인, 경기도 유생 辛喜道 등 33인, 평안도 유생 洪僎 등 33인, 개성부 유생 高週 등 50인, 풍덕 유생 崔時達 등 15인, 전라도 유생 金時晧 등 195인, 충청도 유생 閔汝耆 등 50인, 그리고 한양의 四學 유생 尹叔擧 등 140여인 등[14]이 올렸던

---

12) 『仁祖實錄』卷 31, 仁祖 13年(1635) 5月 庚申條.

13) 『仁祖實錄』卷 31, 仁祖 13年(1635) 5月 庚申條.

14) 『栗谷全書』卷 34, 年譜 下.

것 처럼 전국적으로 확산되었으며 이듬해에도 태학생 수백명이 또 상소를 올렸으나[15] 인조의 비답은 마찬가지로 신중을 기해 결정하자는 의견이었다.

인조의 불허 이후 종사 주청이 다시 시작된 시기는 인조가 승하하고 효종이 즉위하면서부터 이다. 효종 즉위년 태학생 洪葳 등 수백인의 관학 유생들이 연명으로 상소하였다.[16] 이때도 역시 경상도 진사 柳稷을 疏頭로 한 일부 유생들의 반대상소도 만만치 않았다. 이때 종사 반대 疏에 참여한 사람들은 대체로 남인의 재지적 기반이 강했던 지역인 경상도내 유생들이었다.

한편 격렬한 유생들의 찬반 상소는 정치권에서 남인과 서인의 갈등으로 더욱 비화되었으며, 인조때와 마찬가지로 관학 유생들도 찬반논쟁에 가담하면서 捲堂散去의 사태에 이르게 되었다. 이에 대신들과 備局諸臣들은 효종의 下敎를 받들어 관학 유생들을 招諭하여 사태를 수습하였다. 이후에도 간간히 종향 문제가 논의되었으나 효종대 역시 윤허를 받지 못하고 현종 즉위초에 또 다시 종향이 주청되었다.

현종 즉위초에는 태학생 尹抗 등이 상소를 5번이나 올렸으나 임금은 '先朝 持難之事' 하였다는 이유를 들어 불허하였다.[17] 현종 3년(1662) 12월에 이르러 강원도 유생 李模 등이 종향 상소를 올렸고 사학유생 洪遠普 등도 주청하였다. 또한 성균관 祭酒 송준길, 大司成 兪棨 등도 관학생의 청에 따를 것을 현종에게 요청하였다. 이밖에도 경향의 유생들이 소를 올려 종사를 강력히 요청하였다. 그러나 현종 역시 불허 방침을 굽히지 않았다.

특히 이 시기는 앞서 어느 때보다도 정국의 분위기상 서인이 우세를 점하고 있었다. 현종 초에 벌어진 서인인 宋時烈, 宋浚吉과 남인인 許穆과

---

15) 『仁祖實錄』卷 31, 仁祖 14年 10月 庚寅條.
16) 『孝宗實錄』卷 2, 孝宗 卽位年 11月.
17) 『顯宗實錄』卷 1, 卽位年(1659) 11月 己卯條.

尹善道 등의 예송논쟁 즉 己亥禮訟에서 서인이 승리하자 남인들은 정계에서 출척되어 그 세력이 약화되었다. 이런 서인의 우세에도 불구하고 종사 문제가 계속해서 해결되지 않았던 것은 현종초 정사에서 정승에 남인계 인물인 許積이 포진하고 있었으며 거듭되는 서인과 남인간의 예송논쟁이 심화되었기 때문으로 보인다.

현종 15년(1674) 甲寅禮訟에서 남인이 승리하고 서인이 정계에서 축출되면서 이이와 성혼의 종사 문제는 다시 잠잠해졌다. 그리고 숙종 즉위 초에도 계속해서 남인들이 득세하였기에 종사문제는 거론되지 않다가 숙종 6년(1680) 庚申大黜陟으로 서인이 다시 정계에 들어오면서 남인계 대부분은 출척당하였다. 이런 호기를 맞이하여 황해도 유생 尹夏柱 등의 3차에 걸친 주청을 필두로 관학 유생과 팔도 유생들이 일제히 종향요청 상소를 올리게 되었다. 이에 대해 숙종 스스로는 先朝의 不許방침에 따라 신중함을 기하면서도[18] 영의정 김수항을 비롯한 전임 및 현임 대신들의 논의를 거쳐 이이와 성혼의 문묘종향을 윤허하기에 이른다.[19]

이처럼 경신대출척 이후 정국운영이 서인의 독단에 의해 행해지면서 숙종은 대신들의 동의를 얻어 숙종 7년(1681) 8월에 율곡과 우계의 문묘종향을 윤허하였다. 그러나 이때에도 유생 朴性義 등이 반대하는 상소를 올렸으나 서인들로부터 공격을 받아 停擧되었으며, 이밖에도 남인 유생과 박성의의 반대 상소를 옹호한 禮曹正郎 尹鼎和, 正言 李徵龜, 持平 李日翼 등은 정거 또는 파직되었다. 숙종 8년(1682) 경상도 진사 高世章 등이 연명으로 소를 올렸으나 숙종은 "公議로 大定한 후 國法을 무시하고 외람되

---

18) 『肅宗實錄』卷 12, 肅宗 7年(1681) 9月 戊辰條 "兩賢之道德學問實爲一世之景仰 士林之矜式 從祀文廟 夫雖曰 不可 而累朝之未嘗允兪 予之所以持難者 皆出於愼重之意也 多士之請 愈久而愈深 終難强拂 其令該曹 問于大臣 特允兩賢從祀之請"

19) 『肅宗實錄』卷 12, 肅宗 7年 8月 戊辰條 "大臣 金壽恒 金壽興 鄭知和閔鼎重 李尙眞 皆以爲 允合從祀 上 敎曰 大臣之議 皆如此 依前疏批 陞配文廟"

게 相繼投疏하여 儒賢을 醜詆하여 略無顧忌하니 其心所在는 尤極痛惋이라"하여 남인과 경상유생들의 반대상소에 대해 엄중한 批答을 내리고 소두 고세장은 유배되었다.[20] 이후 남인의 반대 상소가 잠잠해 지면서 이이의 종향문제는 해결되었다.

그러나 숙종 15년(1689) 기사환국으로 남인이 다시 정계에 진출하고 서인이 축출되면서 이이와 성혼에 대한 黜享이 제기되었다. 이때 처음으로 출향을 제기한 것은 원성[현재의 원주] 유학 安王殿이었으며, 이후 李玄齡과 權瑎를 비롯한 남인들이 여러 차례에 걸쳐 출향을 제기하였으나 숙종은 종향에 신중을 기하는 것과 마찬가지로 출향도 가볍게 결정할 수 없는 것이라고 하여 윤허하지 않았다.[21] 그러나 숙종은 계속되는 남인들의 출향 주청을 견디다 못해 8년 전 종향을 후회하면서 출향을 재가하는 비망기를 내렸다. 이에 대해 서인들의 반대가 있었으나 숙종은 종향 때와 마찬가지로 출향 반대상소를 올린 인사들을 귀향보냈다. 그리고 숙종 20년(1694) 갑술환국으로 서인이 재집권하게 되자 復享이 추진되어 성사되었다. 이후 간헐적으로 복향에 반대하거나 율곡과 우계, 사계를 비난하는 상소가 있었으나 숙종이 이를 엄중히 처단하는 조처를 단행하면서[22] 율곡과 우계의 종향문제는 마무리 되었다.

이처럼 율곡과 우계에 대한 문묘종사 활동이 강하게 추진되었던 시기는 대체로 인조반정초기, 인조집권 중반기, 효종즉위초, 현종즉위초, 숙종집권기 등 다섯 시기로 나눌 수 있다. 물론 숙종 7년(1681) 종향 윤허 후 출향과 복향이 반복되었으므로 더 세분화 할 수 있을 것이다. 이 다섯 시

---

20)『肅宗實錄』卷 12, 肅宗 8年 正月 丙子條.
21)『肅宗實錄』卷 20, 肅宗 15年 3月 己卯條.
22) 숙종 27년(1701) 忠淸道 進士 李喜鼎 등이 율곡, 우계, 사계를 비난하는 소를 올렸는데 숙종은 그를 定配 조치하였다.(『肅宗實錄』卷 35, 肅宗 27年 3月 丁丑條)

기 중에서 강릉지방 사족들이 종향활동을 활발히 전개했던 시기는 현재의 자료로서는 대체로 현종조이다. 현종조 이전에 강릉지방 사족들이 종향 활동을 전개하지 못했던 것은 송담서원 건립 후 효종 3년(1652) 이건이 추진되었으며, 그리고 이건 후에는 주로 賜額 요청[23]에 치중하였기 때문으로 보인다.

현종조에 이르러 강릉지방에서도 종향 활동이 추진되었는데, 현종 3년(1662) 강릉지역 유생인 生員 李模를 疏頭로 하여 生員 金腎, 金世敏, 李世禧, 金涑, 朴宗貞, 參奉 曹敬五, 幼學 南宗說, 沈稽, 金尙欽, 朴珪, 沈澄, 洪處胄, 權錘, 洪錫夏, 崔奇巚, 崔必相, 辛映, 襄陽지방의 趙汝耘, 李纘元, 三陟의 金鏡 등 21명이 참여하였다. 이처럼 영동 각 지역 유생들이 疏에 동참하였는데, 이들은 세 번에 걸쳐서 상소를 올렸다. 종향을 주청하는 당위성을 상소의 내용에서 몇가지로 요약하면 다음과 같다.[24]

첫째는 김굉필을 비롯한 오현을 종향한 것은 도리에 빛나고 국가가 성대해 지는 것이 아니겠는가? 李滉 이후 많은 文學之士가 배출되었으나 道에 출중하고 후세에 큰 가르침을 준 것은 이이와 성혼과 같은 두 성현뿐이며, 그리고 兩賢의 學術은 正하고 道德은 懿하며 또한 많은 선비들이 진실로 종향을 원한다.

둘째는 율곡의 종향 문제에서 가장 문제되었던 불교에 관한 논변인데, 君子之道로써 잠시동안 불교에 빠져들었으나 끝내는 군자의 도를 大行하였다.

셋째는 인조반정 후 命에 의해 율곡의 가묘에 제를 올리게 하였고, 성혼의 무고죄를 신원하면서 시호를 내려주는 큰 은전을 베풀었으며, 또한

양현을 모신 院廟俎豆之所에 모두 사액을 내렸다.

넷째는 장차 一世의 사람들에게 있어서 성현을 숭상하고 보은하는 본보기가 될 것이며, 또한 학문을 장려하는 방책이 될 것이다. 그리고 많은 유생들이 不遠千里를 마다하고 달려와 유소를 제출하는 것이 한두번이 아니다. 즉 다수의 사림들에 의해 공론화되었음을 주장하였다.

이들 21명이 연명으로 올린 상소에 대한 비답은 불허 방침을 천명했던 역대 제왕들의 비답과 같았다. 비답의 내용을 보면 "앞서 이미 불허 諭書를 내렸으니 너희들은 돌아가 학업에 열중하고 다시는 번거롭게 하지 말라"는 내용이었다. 상소에 대한 비답은 부정적이었지만 현종 3년(1662) 영동지방 21명의 유생들이 올린 상소는 강릉지방뿐만 아니라 인근 지역 유생들이 동참하고 있는 것으로 보아 향촌 내에서 상당한 공론화 과정을 거쳐 제기 되었던 것으로 보인다.

그것은 三疏의 과정을 거치는 점에서 더욱 그러한 듯하며, 특히 이듬해인 현종 4년(1663) 7월 前年 三疏때와 같이 李模를 疏頭로 한 生員 崔念, 曺琂, 沈淡, 辛晚, 朴太素, 曺挺漢, 權諡, 崔順慶, 崔光浹, 通川 金仁一, 歙谷 申義洽 등 12명의 유생들이 다시 상소를 올리는 것에서도 확인 할 수 있다.[25] 두해에 걸쳐 종향 상소에 참여한 인물은 32명에 이르며, 지역적으로도 통천, 흡곡, 양양, 삼척 등 인근지역 유생들이 참여하고 있어 강릉을 비롯한 영동지방 유생들이 종향상소를 진행하면서 상당한 결속력을 다졌던 것으로 보인다.

한편 중앙정치권이 서인과 남인으로 나누어져 붕당의 폐해가 극심하였음에도 불구하고 강릉지역 사족들은 율곡 이이의 학문적·도덕적 체계를 따르면서 서인계 지역으로서 색목을 굳치게 되었다. 즉 강릉지역은 임

---

25) 『松潭齋誌』癸卯初七月從祀上疏.

란전에 이미 오봉서원이 건립되었는데, 이 오봉서원은 동서분당 이전에 건립되었기에 건립 초기에는 퇴계의 영향을 많이 받았다. 그래서 향호 崔雲遇와 崔自霑 등과 같은 퇴계의 문인이 배출되었다. 그래서 인지 兩亂을 겪는 17세기 전반까지만 하여도 이 지역의 색목은 확연히 구분되지 않는다. 그러나 사액서원으로서 송담서원이 건립되고, 율곡의 문묘종향에 대한 논의가 공론화되어 상소활동으로 까지 연결되면서 오봉서원 역시 송담서원과 별 갈등을 빚지 않으면서 서인 노론계 서원으로서 자리잡게 되었다.[26]

따라서 17세기 강릉지방 사족들은 송담서원 건립과 이건 그리고 사액 요청과정에서 다져진 결속력을 바탕으로 해서 율곡과 우계의 종향과 관련된 사안에 반대없이 공동으로 대처하는 모습을 보여주고 있다. 또한 강릉 인근지역 사족들과도 종향에 대한 공론이 형성됨으로서 양란이후 약화되었던 향촌사회에서 사족의 역할과 결속력이 강화되는 양상을 보여주고 있다.

3) 河南齋의 서원화 추진에 따른 갈등

(1) 書院化 推進過程

河南影堂은 숙종 10년(1684) 창건되었으며, 창건의 주체는 沈彦光[(성종 18년(1487)~]의 후손인 沈尙顯 등이다. 후손들은 이곳이 程顥·程頤가 태어난 곳과 흡사하다고 하여 嘉南이라는 지명을 河南[27]으로 고치고 정호·정이와 심언광 3位의 위패를 모셨다. 심언광은 조선조 문신으로

---

26) 『五峰書院實記』 "景宗二年壬寅…題名風詠樓 中暢幽情 退老詩篇 垂史蹟栗翁模範示功程 揭之于板 其後道伯李好敏奉拜本院 見其揭 使座首崔某 落下之待 李伯遞去 更揭之 其後西峯祭文事 伏閣儒疏頭黃奎黙 自北來謁院時郵摘下 而尋復揭之"

27) 강릉부 북쪽 10리 쯤에 嘉南이라는 곳이 있는데, 심언광의 묘와 사당이 있는 곳으로 程顥·程頤가 태어난 곳과 흡사하다고 하여 河南이라 고쳐 불렀다.(『增修臨瀛誌』, 1933, 記事條)

본관은 삼척이며, 중종 2년(1507) 진사에 입격한 후 중종 8년(1513) 식년 문과에 乙科로 합격하였다. 중종 24년(1529) 형 沈彦慶과 함께 유배중인 金安老(1481~1537)의 용서를 주청하여 예조판서에 등용되었다. 그러나 김안로가 외손녀를 세자빈으로 삼으려고 하자 이를 극렬 반대하다가 함경 도 관찰사로 좌천되었다. 1537년 김안로가 賜死된 뒤 공조판서가 되었으 나 앞서 김안로의 용서를 주청했다는 이유에서 탄핵을 받고 삭직되었다. 이후 영조 37년(1761) 심언광은 '文恭' 이라는 시호를 받았다.[28]

삼척심씨들은 어촌의 復官[29]과 시호를 받은 것을 기화로 정조 2년 (1778) 충주 雲谷書院으로부터 주자영정을 모셔와 하남영당에 봉안하였 으며,[30] 이로 인해 세 夫子의 영정을 봉안한 영당의 서원화를 적극 추진하 기에 이른다.

그런데 이에 앞서 정조 1년(1777) 심씨가문은 하남재에 보관하고 있 던 우암영정을 울진현 옥계영당으로 옮겨 모시려고 하였다.[31] 우암영정 의 이봉은 齋有司 심상현과 울진의 朱元宅의 논의에서 비롯되었으며, 그 것은 표면적으로 송시열이 관동지방을 여행하면서 강릉을 지나 울진에서 묵어갔다는 인연으로 건립된 옥계영당[32]이 그간에 소실되자 이를 복원하 려는 의도에서 추진되었다.

그러나 심상현을 비롯한 심씨가문에서는 다른 의도가 있었던 것으로 보인다. 즉 하남영당에 우암영정을 모시고 있는 상황에서는 서원화 추진

---

28) 『國朝人物志』・『漁村集』.

29) 遂奪官放歸 歿後百四十五年 肅宗甲子(1684年)特命 還其職牒 伸其幽枉(方東仁, 『嶺東地 方金石文資料集(Ⅰ)』, 「沈彦光神道碑」, 關東大學校 嶺東文化研究所).

30) 『國譯東湖勝覽』江陵文化院, 2001, p.213. 참조.

31) 『河南齋志』河南齋辨誣記實(丁酉 4月) "沈尙顯之陪去 蔚珍縣玉溪影堂所奉尤庵影幀事".

32) 『臨瀛儒義』, 「蔚珍士林答江陵通文」 "往在庚申鄙邑[蔚珍]營建玉溪影堂將爲寓慕之所 而適 以朝家禁令 銀溪郵丞 命來毁".

이 곤란하였기 때문이다. 그것은 하남재시비와 관련해서 정조 4년(1780) 4월 崔贊億과 崔逵漸 등 유생들이 수원에 사는 宋德相(?~1783)을 찾아가 "심씨가문이 影堂에 尤翁[송시열]의 영정을 봉안하고자 하는데 어떠합니까?"라고 묻자 송덕상은 "주자영정을 봉안한 곳에 우옹을 同奉하는 것은 옳지 않다"고 답하였던 것에서 확인할 수 있다.[33] 반면 송덕상의 입장에서는 훼철되었던 옥계영당에 우암영정을 봉안함으로써 남인의 영향권이라고 할 수 있는 울진지역에 자파세력의 확대를 도모하였던 것으로 보인다.

한편 영조 17년(1741) 湖西道臣의 서원에 대한 査啓를 보고 내린 영조의 하교에 의하면 "報恩縣에서 文宣王과 주자를 先正臣 송시열의 영당에 追奉한 것은 輕重이 倒置되었다. 어떻게 先聖과 先師를 강등해서 先正의 영당에 모실 수가 있겠는가"라고 하면서 영정을 향교로 옮기도록 하였다.[34]

당시 서원 훼철의 계기는 함경도 북청에 있는 李恒福主享 老德書院에 소론 領袖 李光佐(1674~1740)를 추배한 사실이 보고되면서 시작되었다. 이때 영조가 정치적인 배려차원에서 추배 허용 의사를 표명하자 노론계 탕평론자인 金在魯(1682~1759) 등은 肅宗受敎를 거론하며[35] 반대를 주장하였다. 영조는 초기에 추배허용을 통해 노소론간의 이해와 절충의 기회로 삼았으나 당론적 이해가 대립하자 결국은 祠院훼철령이라는 강력한 조치를 취하게 되었다.[36]

그러므로 심씨가문은 私廟인 하남영당에 모셔져 있던 우암의 영정을

---

33) 『臨瀛儒義』疏儒崔贊億崔逵漸等自京還來(庚子 4月 日) "(儒生)又曰 將欲同奉尤翁影幀於其中 僉意如何 (宋萬山)答曰 將欲移奉朱夫子影幀 則尤翁影幀之同奉於其中 決知其不可也"

34) 『英祖實錄』英祖 17年 8月 11日 癸巳條.

35) 『承政院日記』第 929冊, 英祖 17年 3月 27日 壬辰條.

36) 鄭萬祚, 『朝鮮時代書院硏究』, 집문당, 1997, pp.276~280.

울진 옥계영당으로 移奉하려는 것은 결국 하남영당에 주자영정을 봉안하
면서 대내외적으로 영당의 서원화 추진에 대한 명분을 구하고자 함이었
다. 실제로 울진 옥계영당은 영조 17년(1741) 書院의 私建 및 私享을 금하
는 조치[37]에 따라 훼철되었던 사우이다.[38]

이처럼 국가의 금지 조치에도 불구하고 삼척심씨 가문은 송시열의
후손들과 밀접한 관계를 통해 우암영정의 移奉을 계속 추진하였다.[39] 우
암영정 이봉의 추진은 울진유생 朱元宅과 하남재의 齋有司 심상현의 주도
로 京院長 宋德相의 재가를 얻어 진행되었으며, 車洞의 校理 宋煥億의 집
에서 駱洞의 進士 宋獻圭 등의 노론세력이 동참한 가운데 改模되었으며,
이후 태학의 諸儒生들이 정성을 다해 옥계영당으로 이봉하고자 하였
다.[40] 이로써 심씨가문은 중앙에 있는 송시열 후손들의 지지를 받으면서
순탄하게 이 일을 추진할 수 있었다.

그러나 정조 1년(1777) 강릉지방 유생들은 하남재는 어촌을 모신 사
우일 따름이며 향중공론에 의해 건립된 서원이 아니라고 주장하면서 경원
장 송덕상에게 소장[41]을 보냈다.

향중사림들은 옥계영당은 遭變으로 영정의 봉안처가 될 수 없음에도

37) 『英祖實錄』卷 53, 英祖 17年 4月 甲寅條, "時朱子書院祠堂在各邑者 凡六所 而創建在甲午
後故 皆毀之 其他祠院毀者 凡一百七十餘所".
38) 鄭萬祚, 『朝鮮時代書院硏究』, 集文堂, 1997, pp.291~295, 〈표 2〉 毀撤祠院의 祭享者 名單
참조.
39) 『臨瀛儒義』, 「沈贊武崔泰貞等招辭」 "十二月新官鄭公象仁到任後 士林更其前後顚末 齊聲
呈訴 則答以惟在營門處分 此非新官所知 不題而退送 顧謂鄉所輩曰 河南事 雖萬萬無據 宋
祭酒 旣已干涉於其間 則卽今宋祭酒形勢孰能當之 莫如日後 觀勢爲之"
40) 『河南齋志』河南齋辨誣記實(丁酉 4月) "使本縣(蔚珍縣)儒生朱元宅 相議於沈尙顯 同爲上
京奉稟萬山(宋德相)後 改模於車洞宋校理煥億宅 駱洞宋進士獻圭亦爲同參 發行時 祗送于
東郊太學 皆爲祗送者"
41) 『臨瀛儒義』, 「江陵儒生再告宋萬山書」 "江陵士林間事 無不與知 而至於河南 則只知有沈
魚村祠宇而已 未聞有書院矣 書院之設 事體之重 非一家之私也 當通告于道內及鄉中士林
詢咨于先生長者 設施排布 明白正大 而後可也"

불구하고 재유사 심상현이 향촌사림과 경원장을 기만하고 이를 진행하였다고 주장하자 결국 경원장 송덕상도 유생의 입장을 받아들여 우암영정의 移奉에 대해서는 반대하고 환봉조치를 심상현에게 제시하였다.[42] 그럼에도 불구하고 심상현은 우암영정의 還奉을 지연시키면서 계속해서 이봉을 추진하였으나 金弼圭 등 10여명의 강릉유생들은 환봉을 기정 사실로 인정하면서 환봉처로서 하남재가 아닌 강릉지방에 있는 송담서원이나 오봉서원이 되어야 한다고 주장하였다.[43] 향중 사림의 입장에서 오봉서원이나 송담서원을 환봉처로 선정하자는 주장은 하남재는 삼척심씨 가문의 私廟일 따름이며 향중공론에 의해 세워진 서원이 아니라는 입장을 고수하는 것이었다.

여기서 주목되는 것은 시비의 발단이 우암영정의 이봉에 대한 이의 제기에서 비롯되었는데, 향중 공론화 과정을 진행하지 않은 것에 대한 문제로 이어졌다.[44] 그리고 환봉처를 어디로 할 것이냐에 대한 문제는 하남재의 위상을 기존의 서원과 차별화하려는 의도였다.

이처럼 우암영정 환봉처 문제로 다시 양측간에 시비가 일어나자 송덕상은 스스로 경원장과 京掌議를 맡고 있던 전정언 이택징을 鄕院長에 임명하여 서원건립을 추진하였고, 이에 향중에서는 다시 시비가 일어났다.[45] 그리고 송덕상은 향중사림이 제기한 재유사 심상현의 독단적 기만적 행동이라는 지적에 대해서는 그 의혹을 규명하도록 하는 한편, 영정의

---

42) 『臨瀛儒義』宋萬山答江陵儒生書 "昔日遭變之地 人心之不淑可知 而蔚素以非士林鄕得名 則尤爲不可以此意 … 今承僉見 沈生[尙顯]之言 節節虛妄鄙於是乎 始覺其全然見欺於沈生 矣 … 蔚縣急急還奉影幀以來 姑爲權藏於河南齋"

43) 『河南齋志』河南齋辨誣記實(丁酉 6月 19日) "金弼圭等十餘人 又以自蔚還奉影幀 不可權 藏於河南之意 … 若其權安老先生影幀 則本邑之丘山[五峯書院] 有孔夫子影堂 松潭有栗谷 書院 似不必權藏於河南 故又此治送儒生云云"

44) 『河南齋事蹟』 "太學發關 査實之中 有沈尙顯前後欺瞞儒賢 私立位板 敢稱書院 … 將被欺 瞞 儒賢之律 則更何顔立於世乎"

개모와 이봉을 기정사실로 인정하고 있으며, 다만 울진현 유생들의 동의를 얻을 수 있다면 영정을 환봉할 수 있을 것이라는 견해와 그렇지 않을 경우 영정은 하남재에 봉안하는 것이 마땅하다는 점을 명확히 밝힘으로써 심씨가문의 입지를 보강하였다. 그리고 이후 鄕戰·儒戰의 양상으로 확산될 소지가 있음을 지적하여 차후 재론된다면 法으로 처리할 것임을 분명히 밝혀 그 분쟁의 소지를 차단하려는 의지를 보이고 있다.[46]

그런데 정조 1년(1777) 7월 심씨가문에서 숙종 24년(1698) 權尙夏(1641~1721)가 하남영당에 송시열을 추배하자고 거론하였다는 문적을 제시하며 이 일을 추진하자 강릉유생들은 심씨가문의 요망된 설로 단정하고 엄격히 조사하여 처리해 줄 것을 요청하였다.[47] 그리하여 하남재시비는 국법에 따라 처리하겠다는 경원장 송덕상의 강한 주장에도 불구하고 계속해서 재지사림들은 반론을 제기하기에 이른다.

이처럼 하남재 시비는 심씨가문의 문중서원 건립을 둘러싸고 심씨가문과 재지사족간에 빚어진 갈등이었다. 그리고 송덕상 즉 노론계 산림세력에 의해 비록 강릉유생들의 주장이 부분적으로 수용되기는 하였지만, 그 환봉처의 결정문제에서 산림세력은 심씨가문의 입장을 지원하며 하남재에 우암영정을 봉안하도록 하였다. 그리고 심씨가문은 하남재의 서원화를 위한 작업의 일환으로서 주자영정의 봉안을 새롭게 추진하였고, 이

45) 『臨瀛儒義』, 「金衡鎭應旨疏(辛丑年[1781] 十一月)」 "丁酉年間(正祖 1年, 1771) 德相自立 爲京院長 又出京掌議之任 又以前正言臣李澤徵爲鄕院長稱以重建設施 創院之擧 於是 士論始起 是非紛紜"

46) 『臨瀛儒義』, 「宋萬山再答江陵北坪儒生書」(丁酉 6月 15日) "影幀聞已送儒請奉還云 蔚儒如持難不爲奉還則已矣 如以鄕書奉來 則松潭五峯得非可奉事之所 依前鄕書奉于河南 院中至可窈念 此事乃是鄕戰之漸也 不可不懲 而鄕戰儒戰 自有朝家禁令 今若不奉影幀河南而奉於他所 以法重繩之外 無他道也 以此知悉如何"

47) 『臨瀛儒義』, 「萬義覆書」(丁酉 7月) "且漁村尤庵追配 以寒水權先生之論擧行於肅廟戊寅云 而以文蹟來示鄕劣 不得不信矣 今承盛敎 頃又聞江儒言此皆沈氏虛妄之說也 然事係重大 不可不明覈處之"

사안은 우암영정의 환봉처 문제와 겹치게 됨으로써 재지사림들의 불만은
더 심해지게 되었다.

그러므로 하남재의 서원화는 향중사림과 산림의 지원을 받았던 심씨
가문간의 갈등관계로 전개되었으나 우암영정의 하남영당 환봉 결정과 주
자영정의 봉안 추진으로 인해 향중사림에서 관부에 직접 상소하는 양상으
로 전환되었다.

(2) 仲裁의 勞力과 失敗

정조 1년(1777) 심씨가문에서 추진한 충주의 운곡서원으로부터 주자
영정의 이봉은 영조 52년(1776), 당시 집의에 올랐던 金亮行(~1779)의 발
의에 따른 것으로, 하남재에는 이미 ‘歷武夷登雲谷’ 이라는 송시열의 題號
가 확보되어 있는 상황에서 주자 영정과 우암영정을 봉안하는 것은 사리
에 마땅하다는 견해였다.[48]

하남재에 주자영정을 봉안함은 주자학의 적통을 계승한다는 명분과
영당의 서원화에 대한 당위성을 제고하는 의미를 갖는 것이었고, 또한 재
유사 심상현을 중심으로 하는 심씨가문은 金亮行의 발의 내용을 추진하기
위해 하남재 유생들로부터 공론을 수렴하였으며 이를 토대로 송덕상의 재
가를 얻어 주자영정을 봉안할 수 있었다.[49]

그러나 심씨가문은 주자영정을 봉안하는 과정에서 하남재의 齋會를
통해 여론을 수렴하였다지만, 그것은 하남재 유생들의 의견에 불과했을
뿐 향촌 사림들의 협의와 동의를 거친, 즉 一鄕의 공론은 아니었기에 향중

---

48) 『河南齋志』,「河南齋辨誣記實」(丁酉年), “驪江金執義亮行曰 旣有尤庵老先生 歷武夷登雲
谷六字之題 則朱夫子幷奉 事理當然且晦庵影眞一本 方奉于中學矣 以此意告于山長後 與
邑中諸章甫 齋會相議 斯速奉行宜云云 故微稟于山長以來”
49) 『河南齋志』,「宋萬山單」“答曰 老先生書此六字 似非偶然 稟議 萬山 通于邑中 奉安朱夫子
影幀 尤好云云”

사림의 견지에서는 지역 유현을 기만하는 행위로 받아들여졌다.

한편 심씨가문은 주자영정을 봉안하면서 재회를 열어 연명으로 강릉부사와 觀察使 金履素(1735~1798)에게 지원을 요청하였다. 관찰사는 이에 米 3包와 租·太 각 5包 그리고 役을 제공하였으며[50] 이어서 태학에서 통문을 보내 道內 列邑 校·院으로부터 재원을 지원받는 방책을 강구할 수 있었다. 즉 "列邑士林 同心合力 鳩聚財力"하려는 취지는 태학으로부터 강원도의 首學宮인 원주향교에 보내졌고, 다시 원주 향교로부터 도내 열읍 校·院으로 전하는 형식으로 추진되었다.[51]

그러나 金衡鎭, 金澤純, 朴民先, 金佚, 權漢準 등은 疏頭를 자처하면서 각각 반론을 제기하였다. 특히 金澤純, 朴民先, 金佚 등 3명은 심씨가문의 부당한 처사를 조목별로 정리하면서 문제를 제기하였다

첫째 주자영정의 진위문제, 둘째는 심언광이 중국 사신으로부터 얻었다는 大賢의 영정의 원본 여부, 셋째 우암영정의 개사 후 원본의 洗草문제, 넷째 우암영정을 옮길 때에는 一鄕과 태학에 알렸으나 주자영정 改模陪來時에는 一鄕의 유생들에게 왜 알리지 않았는지의 문제, 다섯째 『臨瀛誌』에는 吳道子가 그린 老松은 기재되었는데 주자영정은 老松畵보다 중대한 사안인데 왜 기재되지 않았는지 여부, 여섯째 심언광이 接伴使때 사신 雲岡으로부터 부채와 선물을 받았다는 내용은 향중에서 모르는 사람이 없을 정도인데 어찌 정호·정이 영정이 있다는 이야기는 한사람도 알고 있지 않은지, 일곱째 심언광의 사우를 서원으로 지칭하는 문제와 家廟에 정호·정이 영정을 봉안한 문제 등을 지적하였다.[52]

---

50) 『河南齋事蹟』河南影堂訴狀(丁酉 2月) "以重修時 扶助事 沈尙顯等 呈文于巡相金履素 … 日米三包租太各五包題給 俾補繕役之"
51) 『河南齋志』,「河南齋辨誣記實」 "太學回通 … 玆以發通於本道首學宮 原州鄕校列邑士林 同心合力 鳩聚財力 扶護顧助之意 使之轉通於道內列邑校院 俾完重修之役"

　　이러한 사족들의 주장은 명현의 영정을 봉안하는 것과 서원을 건립하는 것은 향중사림 공동의 관심사로서 一鄕의 공론에 의거해 추진되어야 마땅하다는 명분론에 입각한 것이었다. 따라서 그간에 삼척 심씨가문에 의해 추진된 영정의 봉안과 서원의 건립은 사사로이 추진된 것으로 간주하였다.

　　이에 대응한 심씨가문은 송덕상과 협의한 후 그의 재가를 받아 시행한 것이라는 주장으로 일관하였다. 또한 권상하를 비롯한 산림의 재가에 따라 이미 遠近 유생의 藏修處로 기능하였다는 점을 강조하였고, 비록 그간에 영정을 改模한 것은 사실이지만, 이 또한 송덕상 등의 지원에 힘입어 정당하게 진행된 것임을 강조하여 眞畵·眞文임을 주장하였다. 아울러 이러한 사실에 대해 이의를 제기했던 유생들에 대해서는 誣罔 또는 構誣輩로 규정하고, 이들에 대해서는 鄕戰律에 따라 엄히 처결할 것을 요청하였다.[53]

　　한편 양측의 갈등이 심화되면서 그것을 중재하려는 시도가 있었다. 이 중재역할은 그간에 하남재의 重修都有司로 차정되었던 正言 李澤徵(1715~1782)[54]이 자임하였다. 그러나 이택징은 중수도유사를 사임하고 양세력의 집회의 장소로 향교를 선택한 것은 중재를 위한 객관성과 공정

---

52) 『河南齋事蹟』金澤純, 朴民先, 金佽 單別幅.

53) 『河南齋志』呈宋萬山單(戊戌 6月 17日)沈煥等上書(戊戌 6月 17日 "凶徒金衡鎭之作變於朱夫子影幀奉去時 太學齋儒 從所見稟目於國子長 儒林通文於執綱 則衡鎭大段生怵 備路貰三十兩 送崔英煥·振祖·閔之敬等 百方構誣於丈席及驪湖與太學營門云云 … 此輩今不可以士類責之 卽速呈稟於巡營本府 以爲依鄕戰律 嚴治之地 宜當"

54) 李澤徵의 字는 景民, 號는 自好齋, 본관은 杆城, 숙종 41년(1715) 江陵府 洪濟里에서 출생하였으며, 父는 興商이고 母는 弘文館 博士 辛應命의 曾孫 生員 辛耆의 딸이다.(林鎬敏, 『江陵祠宇資料集』自好齋影堂 李澤徵家狀 참조) 이택징이 河南書院 건립 초기에는 鄕院長으로서 重修都有司가 되었다가 후에 김형진과 더불어 이를 반대하는 입장으로 선회하였다. 그 이유는 홍국영의 실각과 동시에 송덕상이 유배되면서 이들 역적에 대한 처벌을 주장하면서 향촌내의 사안에 대한 입장도 변화되었던 것으로 보인다.

성을 유지하려는 시도였다. 그리고 먼저 자신이 하남재를 방문하여 재유사와 함께 문답식으로 이 문제의 진위를 규명하고자 하였으며, 이어서 양 세력이 합석하는 향교집회를 주선하여 역시 문답식으로 그 해결의 실마리를 찾고자 하였다.[55]

이택징의 이러한 중재역할은 양측의 갈등이 심화되는 상황에서 적어도 사족간의 공존을 모색하려는 의미를 갖는 것이었다. 그러나 심씨가문의 문중서원 건립을 둘러싼 소위 '하남재시비'는 노론계 산림의 영향이 개입된 상태에서 비롯된 것으로 향촌사회 사림의 자정노력에 의해 해결되기는 어려운 것이었다.[56]

이러한 과정에서 하남재시비를 주도하였던 김형진[57]과 시비의 전말에 대한 실사를 담당하였던 이택징은 매우 밀접한 관계였던 것으로 보인다. 예를 들면, 이택징이 김형진에게 보낸 글에 의하면, 김형진이 산림으로부터 위협당할 것을 염려하였고,[58] 이에 대해 김형진은 답서에서, 이택징을 大老로 표현하며 산림으로부터 죄를 얻을지언정 하남재의 일로 인해 죄를 얻고자함이 아니라고 말하였다.[59] 또한 정조 4년(1780) 崔贊億·崔逵漸 등이 한성부에 올라가 송덕상과 주고받은 대화 가운데 송덕상은 김형진의 무리는 졸도이며 이택징의 휘하라고 표현할 정도였다.[60]

---

55) 『臨瀛儒義』 "李正言澤徵 始到河南影堂 瞻拜奉審時 兩有司及沈尙顯·沈爀同參瞻拜後 退坐齋軒日 今日所見 爲先多有相左於在原州時所聞矣 齋有司問日 何端某事也 澤徵答日 吾之所聞 則日影幀改模畵手 則沈尙坤扁額筆跡則請受於過客"

56) 李揆大, 『朝鮮時期 鄕村社會史 硏究』, 新丘文化社, 2009, p.160.

57) 金衡鎭의 字는 志尹, 號는 白蓮居士, 본관은 江陵, 槐堂 金潤身의 후손이고 參議 夢虎의 5세손이며, 生員 尙禧 아들이다.(『江陵金氏世譜(辛丑譜)』卷 1)

58) 『臨瀛儒義』, 「李正言與金衡鎭書」 "係是侵逼山林 兄之口氣 本來如此 雖以弟之相愛 而亦不病之耶"

59) 『臨瀛儒義』, 「金衡鎭答李正言書」 "旣知本事之虛謊 則其可謂有嫌於大老而强取 而爲證 … 寧得罪於山林 不欲得罪於河南"

그리고 김형진의 경우 다수의 친족들이 중앙정계에 진출하였기에 지방에서 뿐만 아니라 중앙과도 관계를 맺고 있었던 것으로 보인다. 김몽호의 5세손인 김형진의 선대 근친들의 경우 다수의 문과합격자들을 배출하였고, 이들은 재경관인으로 성장하였다. 특히 시비가 전개되는 과정에서 인척관계였던 김상철이 관찰사로 부임하기도 하였다.

이택징은 홍국영(1748~1781)이 유배된 지 2년이 지난 후인 정조 6년(1782) 홍국영의 妻子에 대한 미처벌, 송덕상에 대한 신문의 지체, 송덕상과 홍국영의 후손인 宋煥億과 洪樂純에 대한 연좌제 미적용을 지적하며 이들에 대한 처벌을 주장하기도 하였다.[61]

양측의 갈등이 해소되지 않은 상황에서 중수도유사로 참여하였던 이택징은 송덕상 등 산림세력을 비난하면서 김형진을 비롯한 반대파 인물들과는 아주 협조적인 관계로 반전되었다. 결국 강릉 유생들은 이러한 변화를 계기로 앞서 제시한 일곱 가지 사안을 다시 거론하면서 太學과 營門에 상서하기에 이른다.

(3) 官의 實査와 兩側의 對應

실사에 대한 심씨가문의 대응책은 실사를 주관하는 태학·순상·부사에게 상서하여 자신들의 입장을 정소하는 것이었으며, 다른 방편은 중앙의 지지세력인 노론계와 함께 대응책을 모색하는 것이었다. 즉 관부의 實査 소식은 하남재 유생들에 의해 송덕상에게 전달되었고, 이에 따른 송덕상의 입장은 사안의 성격으로 보아 1차 조사로 그칠 수 있음을 예견하고 이번 조사를 그간의 무고를 증명할 수 있는 계기로 삼고자 하였으며, 이를 위해 成均館 大司成과 부사에게 그간의 誣寃을 상세하게 논변할 것

---

60) 『臨瀛儒義』疏儒崔贊億崔逵漸等自京還來(庚子 4月 日) "宋[德相]又曰尊輩金衡鎭之卒徒乎 李澤徵之麾下乎"
61) 『正祖實錄』正祖 6年 2月 13日 庚辰條.

을 하남재 유생에게 지시하였다.[62]

당시 실사를 담당한 강릉부사 柳義養(1781~?, 재임기간 영조 52
년;1776~정조 2년 ; 1778)은 위패는 영조 50년(1774) 사조된 것으로 판명
하고 위패를 사조한 목수와 심씨 3인을 구속하고 차후 이 문제로 다시 다
툼이 발생되면 엄하게 처리할 것이라고 하였다.[63]

그러나 이러한 조사결과는 관부의 공식적인 입장임에도 불구하고 양
측이 곧바로 자신들의 입장을 만회하려는 성향을 보임으로써 새로운 갈등
의 시발점이 되었다. 즉 심씨가문은 산림 대표들과 연통하면서 이미 처벌
을 받았던 4인[64]을 사면하고 위패의 사조를 신원해 달라는 상서를 순상과
부사에게 계속해서 보냈고, 반면에 유생들은 위화·위문의 문제를 조정에
상소하였다.

이 기간 동안 유생들의 조정에 대한 상소는 3번 이상 시도한 것으로
파악된다. 그 중 앞서 2번의 상소는 향촌에서 疏儒를 선정하고 이들이 상
경하여 조정에 정소하고자 시도하였으나, 그 때마다 심씨가문과 연계된
노론세력의 영향력 행사로 무산되었다. 이에 김형진은 독자적으로 정소
하기에 이른다.

먼저 향촌사회에서 소유로 선정된 閔重億·崔振祖의 상소는 宋煥億
등 노론계 산림세력의 저지로 조정에 전달하지 못한 채 그 차선책으로 성

---

62) 李揆大,『朝鮮時期 鄕村社會史 硏究』, 新丘文化社, 2009 참조 ;『河南齋志』,「呈宋萬山單」
　　"此則道伯府伯及國子長 皆被其誣辭 不可不一番査實 辨彼之誣 伸此之寃矣 今日除去千言
　　萬語 只明爲辨晰於國子長 又詳細論辨於本府查實時 以爲眞是非 露出之地 宜當"
63)『臨瀛儒義』,「營門關文」"營門題辭曰…沈尙頵沈黯沈範祖等殷 果是渠家傳來故事 則隨人
　　誣服 萬不成說 以此以彼 厥罪難赦 所當嚴刑懲勵是乎矣念士族十分氣酌爲去乎 各決笞三
　　十度放送爲旀 所謂崔泰貞 自初欲掩木手之跡 累變其說 雖極痛惡 亦何必深誅 且遭其子喪
　　云 又治其罪 亦涉殘忍 分付放送是遣 … 若以沈哥事 彼此儒更有相爭之擧 則當一並嚴刑依
　　律定配"
64) 上同.

균관 대사성 柳戇(1723~1794)에게 전달되었다. 이로써 하남재 문제는 대사성 유당의 요구에 따라 또 한 차례 실사되었다. 즉 대사성 유당은 강원감사 李亨逵(1733~1789)에게 실사를 지시하였고, 강원감사는 강릉부사 柳義養과 양양부사 李鎭恒을 조사관으로 命하였다.[65]

2차 조사 결과는 강릉부사 유의양이 다시 조사관에 임명되는 점으로 보아 앞서의 조사결과에 크게 의존하였을 것으로 보인다. 이점은 앞서의 조사결과에 따라 구속되었던 심씨가문의 3인이 8개월 동안 滯囚되었다는 점과 아울러 정조 3년(1779) 강릉부사 鄭象仁의 보고에 대한 감영의 題辭에서 하남재의 시비문제가 다시 거론된다면 향전률에 따라 처리할 것임을 천명하고 있는 데서 살필 수 있다.[66]

이상의 두차례에 걸친 조사결과에서 보듯이 유생들의 주장은 비록 부분적으로 관철되었지만, 소기의 성과를 얻지 못하였던 것으로 보인다. 이듬해인 정조 4년(1780) 심씨가문은 앞서 두 번의 실사결과에도 불구하고 영당의 서원화를 다시 추진하기에 이른다. 이해 정월 望日에 송덕상이 준 글을 근거로 影堂改建에 착수하고 沈哥[氏]문중[67]과 權漢舒 등에게 조속히 개건한 후 尤庵畵像을 同奉하도록 하였다.[68] 그리고 동년 2월 심상현은 송덕상이 추진하고 있는 尤庵別集의 開刊에 송시열이 해운정에 지어준 記文을 수록하고자 송덕상의 집에 머물렀다.[69]

---

65) 『河南齋志』 "通諭士林 及其影幀下來之日 中路力爭 奉入鬧堂 使不得直進河南 力勢不敵 爲彼所奪 於是士林定疏儒閔重億·崔振祖 上京而爲煥億輩所沮遏 未得上聞 退訴於賢關 大司成柳戇 行會本道監司李亨逵 以本府府使柳義養襄陽府使李鎭恒定査官 詣河南詳査以報 而終未出場 士林又送疏儒崔贊億·崔逵漸等 上京又未免空還"

66) 『河南齋志』, 「呈巡相文」 "前府使柳公 亦先聽衡鎭之欺媚 不無理外低昂之端 而生等之一門 將被罔測之禍 八朔滯囚 聞者驚駭矣"

67) 『臨瀛儒義』, 「四査官査報後巡營關文(壬寅年四月十九日)」 "前報中 沈哥之哥字 書以氏字"

68) 『臨瀛儒義』庚子年 正月 "是月[正月]望日 開基始役 稱以萬山作書 於沈哥及權漢舒等 處事之從速 改建後奉去尤庵畵像 同奉一室"

이처럼 심상현 등이 영당의 서원화를 계속 추진하자 이해 3월 신임 강원도관찰사 金尙集(1723~)이 강릉부를 순방할 때 유생 50여명은 관찰사에게 시비의 顚末을 알리고 다시 조사하여 처리해 줄 것을 요청하였으며 이에 대해 관찰사는 신임 강릉부사 任希簡에게 사실을 조사하여 보고할 것을 지시하였다.[70]

이러한 조치에도 불구하고 심씨가문의 움직임이 노론계 산림과 유착되어 있다는 점은 유생의 입장에서 간과하기 어려운 것이었다. 그리고 崔贊億·崔振祖 등이 疏儒로 선정되어 상경하여 여러 번 다시 조사해줄 것을 요청하여 정조 4년(1780) 5월 21일 조사에 착수하기에 이른다.[71] 그런데 任希敎의 주장에 의하면, 분명 少北의 입장에서는 이를 금지한다고 한 점으로 보아 유생들 간에 당론의 차이가 있었음을 반영한다.[72]

이에 정조 4년(1780) 5월 27일 강릉부사는 하남재를 실사한 결과와 양측에서 제출한 문서를 정리하여 감영에 보고서를 제출하였다. 그 보고 내용을 요약하면, 정호·정이 영정 新·舊本은 약간 차이를 보이며, '河南武夷'라는 지명에 대해서는 앞서 조사된 보고를 참고하였으며, 다만 영당이 훼손되어 새로이 조성하였다는 영당 좌측 건물과 기와에 대한 내용만을 추가하면서 이 일은 가볍게 강릉부에서 결정할 수 없는 사항이라고 하였다.[73]

한편 김형진은 강릉부와 감영의 조사와 보고가 별다른 성과를 내지

---

69) 『臨瀛儒義』庚子年 二月 "二月初 萬山家方營開刊尤庵別集 尙顯以記文入刊事 留其門下".
70) 『臨瀛儒義』,「士林呈巡相書」"三月晦間 新監司金公尙集 巡到本府 士林五十餘人 以卞誣事 具顚末呈文"
71) 『臨瀛儒義』疏儒崔贊億崔逵漸等自京還來(庚子 4月 日) "自士林呈文請査至於四五次後 始率多士 親審影堂 卽五月二十一日也"
72) 『臨瀛儒義』疏儒崔贊億崔逵漸等自京還來(庚子 4月 日) "是時 同鄕人新及第黃乃正 往見任參判希敎 則任曰老少論所不決之事 吾輩少北 何以決之我當禁之云"
73) 『臨瀛儒義』本府報狀 庚子五月二十七日

못한 것에 대한 불만을 표시하였으며, 심씨가문에서는 관찰사와 김형진이 인척관계임을 근거로 그를 비난하였다.[74) 이에 대해 감영에서는 사안의 중요성으로 인해 강릉부는 마땅히 감영의 결정에 따라 조사하여 보고하였을 뿐이라고 하였다.[75)

양측은 강원감영과 강릉부에 여러번 소장을 보내 자신들의 입장을 관철시키려 하였다. 이에 대해 강릉부에서는 심씨 관련자로부터 주자영정이 하남영당으로 오게 된 과정을 조사한 후 특별히 재조사할 필요성이 없다고 하였다. 그런데 강릉부 유생 金喆紀 등이 영정의 僞畵, 위판의 私造 문제를 다시 제기하자 심씨가문에서는 주자의 七分眞像은 하나만 존재하는 것이 아니라고 하면서 하남재에 봉안하였다. 이에 대해 유생들은 태학에 영정을 오봉서원에 봉안할 것을 요청하기에 이르렀고, 태학에서는 士論에 따라 처리하도록 결정하였다.

그렇지만 심씨가문에서는 태학의 처결문을 고쳐 충주 운곡서원이 주자영정의 봉안처라는 이유와 공자 독향처인 오봉서원에 주자를 배향하는 것은 합당하지 않다는 견해를 펼치며 반대하자 강릉부에서는 사족의 주장을 받아들여 감영에 신속한 처리를 요청하였다.[76)

이에 감영에서는 운곡서원으로 환봉할 것을 결정하였다.[77) 그러나

---

74) 『臨瀛儒義』, 「金衡鎭呈本官單辭(庚子六月初八日)」 "沈哥之 必以金衡鎭爲元隻 搆誣侵辱 無所不至者 蓋以今巡相與金衡鎭爲遠族 故使之處嫌之意而營門不欲嚴法"

75) 『臨瀛儒義』, 「金衡鎭呈本官單辭(庚子六月初八日)」 "題曰 … 自河南 移奉於他處之可否 則本府當依營題擧行而已 此非以義理爲餘事 謀身爲良策之意"

76) 『臨瀛儒義』, 「本府報狀」 "尙今見存 則別無更查之端是遣 今番査實之際本府儒生金喆紀等 上書內 以爲影幀僞畵分明 位版私造照然 則以朱夫子七分眞像 不可一日 奉安於其下 今春 儒生 以朱夫子影幀 移奉於五峯書院事 呈于太學 則太學題 以從士論移奉矣 末乃刀割改題 曰 朱夫子影幀移奉于雲谷書院云者 未知義理之何據 而第念雲谷 乃朱夫子影幀奉安之院也 … 五峯書院 乃孔夫子畵像 獨享之所 則以大賢影幀 奉陪于聖像之下 似合道理 伏願採納 以此論報營門 斯速移奉朱子影幀 於五峯書院"

심씨가문은 관부와 道內各邑 유생들로부터 재가를 받았다는 이유를 들어 감영과 송덕상에게 상서하면서 감영의 처결에 대해 반대 입장을 고수하였다.[78] 그러나 송덕상을 비롯한 중앙의 산림세력들은 감영의 결정을 받아들여 운곡서원에 환봉할 것을 주장하였고 감영 역시 재차 운곡서원에 환봉하도록 조치하였다.[79]

이로 인해 하남재시비는 주자영정의 환봉처를 어디로 할 것인가에 대한 문제로 변화되었으며 또한 감영에서는 운곡서원으로 환봉해야한다는 입장을 재차 밝혔다. 그런데 정조 5년(1781) 4월 金熹(1729~1800)가 강원도관찰사로 부임하여 강릉부를 순시할 때 강릉부 유생들은 하남재시비와 환봉처 문제에 대한 전후 사실을 다시 조사해 처결해 줄 것을 요청하였다. 그러나 김희는 이미 결정된 감영의 처결 또한 쉽게 처리할 사안이 아니라고 주장하였고, 이에 대해 강릉부 사림은 김희가 송덕상과 인척이기 때문에 이런 결정을 내렸다고 비난하였다.[80]

이와 같은 대결국면은 중앙정계의 정세와 밀접한 관련이 있었던 것으로 보인다. 참고로 당시 정국을 살펴보면, 정조는 즉위하자마자 자신의 왕권을 위협하는 외척세력을 제거하고 자신을 곤경에 처하게 했던 임오화변의 시비를 정리함으로써 실추된 왕권을 정리할 수 있었다. 그러나 정조의 신임을 배경으로 한 홍국영의 전횡으로 정조는 뜻대로 정사를 펼칠 수 없게 되었다.

---

77) 『臨瀛儒義』,「營門題辭」 "營幀之奉安 五峰固無不可 而終不若還安于雲谷 前日所奉處之 爲穩當 以此意曉喩於一鄕士林 一依戊戌年 自雲谷陪來之例 還奉事分付向事"

78) 『臨瀛儒義』,「河南齋儒生沈黯等呈書于萬山及營門(庚子年八月十九日)」, "沈黯等 以往稟 于萬山後擧行 事呈于本府及營門 營本府俱許之"

79) 『臨瀛儒義』,「營門題辭」 "影幀之還奉雲谷 營門之見 本自如此 而山林之議 又與之暗合 依 此擧行 宜當向事"

80) 『臨瀛儒義』辛丑年 "四月初 新監司金熹 巡到本府 … 題曰 營題雖如此此非本府卒然處決 事云云 盖新使連烟於万山之至親[堂弟]者也"

한편 홍국영은 외척세력을 제거한 후 산림의 지지를 얻기 위해 송시열의 후예인 송덕상을 초빙하였다.[81] 그리고 누이인 元嬪이 죽자 그는 恩彦君 裀의 아들 湛을 원빈의 양자로 만들어 정조의 후사로 만들 계책을 추진했다.[82] 그러나 홍국영의 계책을 파악한 정조는 정조 4년(1780) 2월 홍국영을 강릉으로 유배를 보냈다.[83]

이처럼 정조 4년(1780) 2월 이미 중앙정계에서 홍국영과 송덕상 등이 처벌되었음에도 불구하고 특히 지방에는 중앙 산림의 영향력이 변함없이 작용하였다. 그러나 이듬해인 정조 5년(1781) 4월에 이르러서야 중앙정계의 변화상이 강릉지방 사림에게도 반영되기 시작하면서 사림의 상소 형태 역시 새로운 양상을 보이기 시작하였다.

앞서 설명한 것처럼 신임 강원도관찰사 김희와 송덕상과는 인척관계이기 때문에 하남재시비를 원점화시켰다는 주장과 동시에 홍국영을 비롯한 宋德相, 宋煥億, 宋獻圭 등을 凶逆罪人으로 간주하기에 이른다.[84] 또한 중앙정계의 정세변화로 인해 하남영당의 서원화를 반대했던 강릉지역 유림들의 상소활동에 더욱 힘을 얻게 되었으며, 서원화를 추진한 심상현 역시 송덕상과 연계된 凶逆罪人이라고 주장하기에 이른다.[85] 특히 정조 5년(1781) 가을에는 강릉지방의 노론계 인물까지 송덕상과 심상현을 흉역죄

---

81) 崔鳳永,「壬午禍變과 英祖末·正祖初의 政治勢力」,『朝鮮後期 黨爭의 綜合的 檢討』, 韓國精神文化研究院, 1994, P.290 ;『恩坡散稿』卷 19, 定辨錄 上, 19面, 十一月德相應召條.

82) 崔鳳永,「壬午禍變과 英祖末·正祖初의 政治勢力」,『朝鮮後期 黨爭의 綜合的 檢討』, 韓國精神文化研究院, 1994, P.290 ;『恩坡散稿』卷 19, 定辨錄 上, 20面, 己亥夏德相上凶疏條 및『閑中錄』, p.457.

83)『正祖實錄』卷 9, 正祖 4年 2月 己亥, 命洪國榮放還田里條.

84)『臨瀛儒義』辛丑年 4月條 "其侄前承旨煥億及從孫獻圭 皆入論啓中 是時李澤徵 以書抵金衡鎭曰 宋德相叔侄及其從孫獻圭 忽化爲凶逆 兄之與此輩爲異類 不亦幸乎"

85)『臨瀛儒義』辛丑年(正祖 5年 1781年) 6月條 "儒生二人 呈書營門 極言德相尙顯 綢繆唱和 欺世冒禁之罪"

인이라고 주장하면서 서원화 반대 입장을 표명하였다.[86] 결국 심씨가문의 후원세력이었던 송덕상이 정조 4년(1780) 홍국영의 실각과 함께 처벌을 받자 하남재시비는 그간 서원화를 반대하였던 지역 사림에게 유리한 입장으로 전개되었다.

한편 정조 5년(1781) 9월 정조는 各道邑에 읍폐와 민폐에 대한 실상을 조사하여 보고하도록 하였는데, 이때 김형진은 그간에 전개되었던 하남재시비의 전말을 상세히 본부에 상소하여 조정에 보내줄 것을 청하였다. 그러나 강릉부사 李晉圭는 국왕의 지시사항이 민폐와 관련된 내용이므로 이 상소 건은 上送되지 못한다는 이유를 들어 되돌려주자 이듬해 정월 초6일 아들 金啓渤을 스승인 성균관 대사성 徐有墜[防](1741~1798)에게 보내 시비의 전말을 전하게 하였다. 그러나 이미 서유방은 대사성에서 체직된 후라 일은 성사되지 못하였다.[87]

정조 6년(1782) 2월 경상감사에 의해 書院 追享과 鄕祠 신설의 폐단에 대한 상소가 있자 조정에서는 이에 대해 각 도의 실상을 조사하여 보고하도록 조치하였고, 비변사에서는 朝令에 따라 엄격하게 처리할 것을 주문하였다.[88] 이에 동년 2월 15일 강릉지방 사림들은 향교에서 齋會를 열어 지역내 사림들은 조정의 결정에 이견이 없음을 밝히고 강릉대도호부사에게 이 사실을 감영에 보고할 것을 연명으로 요청하자 이를 허락하였고, 이어서 정언 이택징도 동년 2월 17일 그간의 전말을 보고하면서 심상현이

---

86) 『臨瀛儒義』 "(辛丑年)秋監司金熹巡到本府 士林入庭齋聲呈文 極言德相尙顯誣⊠ 先賢冒禁 無嚴之罪 … 其時 首唱儒生 卽老論也"

87) 『臨瀛儒義』, 「金衡鎭應旨疏(辛丑年, 正祖 5年(1781) 十月 日」;「金衡鎭送子啓渤呈國子長單(壬寅年[正祖 6年(1782) 正月 初六日」 "聖上[正祖]求言之綸音 鄙生不量其力 妄自應旨 依聖敎詣 本府以爲封章 上達之地則自官留置 數日後 還爲退斥曰 此與民弊有異 不得上送云云 此在去年十一月也"

88) 『臨瀛儒義』, 「依朝令敎院官三所官下帖(壬寅[正祖 6年(1782)]二月初七日)」;「巡營別關後官下帖(壬寅年[正祖 6年(1782) 二月初八日]

저지른 전후의 실상에 대해 조사해 줄 것을 요청하였으며 이에 대해 정조는 재가하였다.[89]

이로써 소위 하남재시비는 조령에 따라 처리되어야하는 새로운 국면을 맞았으며, 즉 이택징의 상소를 접한 예조는 강원감사에게 다시 조사하도록 지시하였고, 이에 따라 강원감사 金熹는 강릉부사 李晋圭・杆城郡事 趙瀅鎭 등을 조사관으로 임명하였다.[90]

실사내용은 그간에 사림간에 쟁점화 되었던 위화・위판・위문 등의 문제와 齋有司 심상현의 欺瞞性이었다. 심상현은 송시열이 간행한 문집 중에 사우 건립에 대한 遺敎가 있다는 것을 근거로 건물을 지었다고는 하나 그 사실을 확인할 수 없고, 이에 앞서 하남서원 창건의 일을 鄕中에는 고하지 않고 경원장 송덕상에게 거짓으로 告하는 등의 기만적인 행동을 하였다는 것이었다.[91] 그러나 이들의 조사는 결론적인 성과를 도출해내지 못하고 기존에 제시되었던 문제점만을 다시 확인하는 수준에 머물고 말았다.[92] 이에 강원감사는 정조 6년(1782) 4월 춘천・양양부사를 추가로 조사관에 임명하였다.[93]

---

89) 『臨瀛儒義』, 「士林齋會(壬寅二月十五日)」 "二月十五日 設齋會于校宮儒生三十九人 聯名 呈單 校院齋任 亦以與士論 小無異同之意 報于官家 題曰 士論如此 當以此牒報營門向事" ; 「正言李澤徵啓辭(壬寅年二月十七日)」 "上曰 令該曹行查 本道從長 稟處可也"

90) 『臨瀛儒義』, 「禮曹啓下關據巡營關文」 "(壬寅年)二月十六日 自官下帖于鄕校 曰關文內辭 意 一一布諭於兩院儒生爲乎矣 査報萬分時急 必須星火擧行 以爲及期轉報之地 宜當事 三 月初六日査官江陵府使李晋圭杆城郡守趙漢鎭 齋進按覈于河南書院 儒生崔振祖崔贊億閔 重億金佅崔慶演崔羽溟等六十餘人 俱會呈單"

91) 『臨瀛儒義』, 「道內通文」 "賊顯之前後罪案 請略陳之 沈氏之所居近處 有地名加南 卽沈氏 墓下 而舊有沈氏之三間祠宇 數年前尙顯忽生奸計潛謀 於渠家門宗 改名加南曰河南 移其 先祖神主 … 鄕中不使一人知之 而先走山林門下 請京院長餙詐瞞 告曰 河南書院刱建于肅 廟甲子 此實老先生事業 而渠祖追配 亦先正之遺敎 以尤庵老先生刊行文集中所無 河南影 堂記一張納于山林 游辭眩惑 又曰 年歲已院宇頹圮 方欲重修事 臣力綿請托山林"

92) 『臨瀛儒義』, 「江陵杆城兩査官報狀」 壬寅年 三月 十一日

93) 『臨瀛儒義』, 「營門加定春川襄陽兩査官使之更査」 壬寅年 四月 一日

이렇듯 산림세력의 변화와 맞물린 정세변화에도 불구하고 지역 내 사림과 심씨가문과의 대립은 첨예한 양상을 지속적으로 유지하였다. 그 이유인 즉 송덕상과 인척관계인 강원도관찰사 김희는 사림에게 조사내용을 알리지 못하도록 하였기 때문으로 보인다.

이 주장은 양양부사가 조사관으로 참여하였는데, 당시 양양에 거주하는 崔昌迪이 양양부에서 이와 같은 정보를 입수하여 공개하였던 사실에서 확인 할 수 있다.[94] 이러한 사실로 인해 강릉유생들은 강릉부사와 간성군수의 조사 내용이 감영에 전달되지 않자 도내 각 校院과 태학 그리고 禮曹에 조사내용의 신빙성을 문제삼아 통문을 내려 하였으나 이 역시 강원도관찰사 김희에 의해 중지되었다.[95]

이처럼 강원관찰사의 편파적 입장으로 인해 이 시비는 다시 쟁점화되었고, 이에 암행어사에게 고하는 사태까지 확산되었다. 정조 6년(1782) 4월 18일 암행어사 李夔가 강릉부에 오자 崔贊億 등 반대파 유생 40여명은 재회를 열어 시비의 전말을 다시 설명하였다.[96]

이후 김계발은 강릉·양양·간성 三査官에게 2월에 내려진 조령이 5월까지 지연되는 이유, 유의양 강릉부사의 초기 조사 자료에 나타난 僞版과 僞版者 처벌 사항을 삭제한 것, 사림이 조사내용을 알지 못하도록 한 조치 등을 지적하면서 감사의 은폐 의혹과 이러한 것들이 도리에 합당하지 않다고 주장하였다.[97]

---

94) 『臨瀛儒義』, 「峴山崔上舍昌迪所示小錄」 "監司金熹 請見查官後 更查時查報文狀 不使士林知之者 莫非監司之指揮 而試問崔上舍之得見襄陽官家者則所示如此 云云"

95) 『臨瀛儒義』, 「士林將欲通文校院仍爲中止通草」 "盖監司金熹與德相 疊疊連姻 而其妻弟宋煥章 昨年秋巡時 偕來留宿沈燁家數宵而去 今此奉朝令查報後 將近一念 而終不上聞 加定查官使之更查 而在京畵師 下送取招之意始令查官牒報 以爲轉移該曹之地 事事駭 然莫此爲甚士林大生疑惑"

96) 『臨瀛儒義』, 「御使入府儒生崔贊億等四十餘人俱會呈單」 壬寅年 四月十八日

이제 하남재시비는 양측 간에 조사내용에 대한 입장 차이로 인한 갈등양상에서 강원관찰사의 편파적인 조치에 대한 반발로 이어졌다. 이러한 과정을 거치면서 하남재시비는 4명의 조사관에 의해 다시 조사되는데, 그 결과는 하남재에 봉안된 정호·정이 영정은 위화,[98] 송시열과 심언광의 위패는 사조, 송시열의 기문과 필적은 위서, 그리고 하남재는 위당으로 결론지어 졌다.

이러한 결과는 그간에 심씨가문에서 서원화를 추진하면서 제시하였던 송덕상을 비롯한 노론계 산림세력의 문서들을 사적인 문서로 간주한 결과로 보인다. 즉 조정의 특별한 지시와 관련부서인 예조의 關文도 없었을 뿐만 아니라 사림의 공론조차도 형성되지 않았다는 이유에서이다.[99]

한편 정조 6년(1782) 이러한 보고에 기초한 조정의 처분은 하남재를 훼철하고 정호·정이 영정은 위화, 위서, 위패로 판정하여 강릉향교 뒷산인 화부산에 세초매안하였고, 주자영정은 오봉서원에 이봉하도록 하였다.[100]

그리고 하남재의 재유사 심상현은 평안도 희천으로 유배되었으며, 그

---

97) 『臨瀛儒義』, 「金衡鎭使子啓渤呈江陵襄陽杆城三査官單辭(壬寅年 五月初一日)」 “朝令在於二月上聞之遷 延至於五月 … 柳府使(柳義養)所報之粘後者使之一幷刪去云云者 不無壅蔽之嫌 顯有扶抑之意 … 査報文狀之不使士林知之者 亦未知實合於光明底道理也”
98) 『臨瀛儒義』, 「金啓渤所告士林呈單中未畵條件」 “英廟戊辰年(1748) 臨瀛誌續成時 渠輩以所爲吳道子畵松龔詔使扇筆等類 謂之傳家至寶 而左右周旋 載于誌中 而至於程夫子影幀 一不擧論 此其僞端之 四大者也”
99) 『臨瀛儒義』 「江陵襄陽杆城三査官報狀跋辭」 壬寅年 五月 初三日 “位版造成 或因朝家特教是去乃 或因士論齋發 而必有該曹明白關文 自營門行會該邑 則祗奉擧行 是朝家金石之典是去乙 今此尙顯則不有朝家特教 又無禮曹關文 又無士林公論 而肆然犯法”
100) 『臨瀛儒義』, 「毀撤後報狀」 “禮曹啓下 關據關內沈彦光位版幷與諸賢位版 自在埋安中是遣 兩程畵像旣是僞本 則毋論新舊 自在洗草是遣 朱夫子影幀 領率多士 移奉於五峯書院 孔夫子影堂是遣 河南影堂殷 亦卽毀撤後星火牒報亦爲有等 以其時地方官姓名成册修報 爲乎旀”

간의 방백과 수령은 推考하였다.[101] 그리고 향촌 내에서는 입지가 강화된 유생들이 중심이 되어 그 후속조처로서 심씨를 비롯한 이에 가담한 혈족인 일부 權氏와 辛氏[102]들을 儒籍에서 삭적하였다.[103]

⑷ 是非의 性格

정조 1년(1777)부터 약 6년 동안 전개된 하남재시비는 최종적으로 강릉지역 사림들의 입장이 반영된 것으로 결론지어졌다. 이처럼 긴 세월동안 진행된 시비는 지역내적으로 보면 사림과 심씨가문의 갈등과 대립양상으로 인식할 수 있지만 지역외적인 측면으로 확대하여 보면 중앙정치세력의 변화, 새로이 부임하는 관찰사 또는 강릉부사의 정치적 성향과 친인척 관계 등과 밀접하게 연관되어 있음을 알 수 있다.

우선 지역내적인 측면에서 보면, 심씨가문이 지속적으로 영당의 서원화를 추진하려 했던 배경은 削奪官爵되었던 심언광이 숙종조에 복관되는 것을 계기로 지역 내에서 입지를 강화하려 하였던 것으로 보인다. 그 강화의 방편으로 성리학적 명분론에 근거하여 私廟 성격의 영당에 주자를 배향함으로써 심씨가문의 적통의식을 대내외적으로 과시함과 동시에 사족가문으로서의 위상을 제고하고자 하였던 것이다. 그것은 그간의 시비 전개과정에서 알 수 있듯이 심씨가문은 시비가 일어나기 이전부터 이와 같은 일을 추진하였던 점에서 알 수 있다.[104]

---

101) 『臨瀛儒義』, 「沈尙顯定配關文」 "江陵府河南影堂創建首唱儒生沈尙顯罪狀 令檢律照律 則檢律尹德咸手本內 續大典雜令條云 外方祠院冒禁創建者首唱儒生遠配亦爲臥乎等用 良 手本是置有 亦上項罪人沈尙顯身乙 依右律定配所於平安道熙川郡"

102) 寧越辛氏의 경우 辛寧喆 등이 가담하게 되었는데 그 이유는 그가 서원화 추진 인물인 沈勳의 妹夫에 해당된다.(『臨瀛儒義』「本府狀報」庚子年[1780])

103) 『臨瀛儒義』, 「朱子影幀陞配(壬寅年六月十二日)」 "是日 尙顯宗族及血黨權辛等 皆施削籍之罰"

104) 『臨瀛儒義』, 「壬寅年三月初六日沈尙顯捧招」 "影堂創建事段 在於崇禎甲子的實是白遣 戊寅追配事段 丁丑年秋間 收議於諸賢 而戊寅年始乃完定故以戊寅書呈是白乎"

한편 지역 내 사림의 입장에서는 일차적으로 향중공론을 수렴하는 과정을 거치지 않고 서원화를 추진한 것에 대해 강한 반감을 표시하며 이를 저지하였다. 이 점은 공론을 중시하려는 사림의 성향임과 동시에 일개 문중 중심의 서원이 건립됨에 따라 발생할 수 있는 향론의 분열을 차단하기 위한 조치로 보인다.

당시 예조의 계목에 의하면, 하남재시비에서 문제되었던 位版과 畵像은 주자영정을 제외하고는 모두 세초매안하였고, 혹 他人이 또 다른 성현의 畵像을 가지고 있으면 新舊本을 막론하고 세초매안하라는 조치를 내렸다.[105]

그리고 시비의 전개 과정에서 당파적 성향에 따른 분열 양상을 확인할 수 없었던 점이 주목된다. 이것은 강릉지역의 경우 대체로 노론적 성향임을 시사하는 것이다. 또한 일반적으로 양측간의 분열을 鄕戰 또는 儒戰으로 묘사하였지만 다른 지방에서처럼 鄕權 확보를 위한 분열이라기보다는 명분의 시시비비를 가려 공론을 형성하고자 한 것으로 여겨진다. 따라서 사림의 주장이 최종적으로 반영되면서 향촌 내에서 사림과 심씨가문간에 빚어진 갈등 양상은 일단락되었다.

송시열 후손들이 적극적으로 하남재시비에 개입하였던 이유는 선조에 대한 숭조의식과 아울러 자파적 성향을 지방에 더욱 확산시키려는 노론 산림계의 의지가 반영되었기 때문으로 보인다.

참고로 김상헌서원 건립시비는 노론계가 자파계열의 서원을 세워 남인세력을 扶植하는 한편, 남인으로부터 향권을 탈취하여 그 세력을 약화

---

105) 『臨瀛儒義』, 「河南影堂及七峰祠宇事禮曹四啓據巡營關文到付日本府下帖(壬寅 五月十八日)」 "該曹啓目中 而該曹關文內 所謂書院旣令毁撤 則諸賢位版及沈彦光位版 自在埋安之中是遣 兩程子畵像僞本 亦令洗草 則雖或有他人畵像 毋論新舊本 自在洗草之中者 良以此也"

시키려는 의도에서 향전의 형대로 발전하였으며 이것이 중앙에 파급되어 평소 남인에 동정적이며 이를 자기세력으로 포섭하려 했던 소론이 建院儒生을 비난하자 노론은 建院의 합당성을 주장하며 정치적 대립으로 확대되었다. 따라서 안동 金尙憲書院 建立是非는 향권을 둘러싼 향권 내부의 갈등이 사족간에 전개되면서 당색이 작용하였고, 老少間의 당쟁이 격화되면서 士子藏修와 敎化라고 하는 서원 본래의 기능이 黨勢扶植과 黨派의 본거지로서의 역할로 변화되었다.[106]

그러나 하남재시비의 경우 송덕상을 비롯한 송시열의 후손들이 심상현을 비롯한 삼척심씨 가문과 연계되어 전개되었다. 송시열 후손들이 적극 개입하였던 이유는 이미 노론적 성향이 지배적이었던 상황에서 자파적 영향력을 확대하려는 입장과 선조에 대한 숭배의식이었다.

오히려 하남재시비가 이토록 오랫동안 전개되었던 큰 이유는 중앙정치세력과의 관계, 그리고 이와 연계된 족척들의 지방관 부임에 따라 혼미한 상황이 지속되었기 때문으로 보인다. 예를 들면 정조로부터 두터운 신임을 받았던 강릉 출신 이택징의 경우 초기과정에서는 영당의 서원화 추진에 참여하였다가 홍국영의 실각에 따라 송덕상 등 산림세력이 파직되자 입장을 선회하여 향촌 내 분열을 중재하는 역할을 수행하였고, 지역 내 사림의 경우 홍국영 실각을 계기로 송덕상과 심상현 등을 모두 역적의 무리로 간주하면서 이 사건과 연계해서 시비를 결정해 줄 것을 요청하였다.

이러한 과정에서 새로 부임하는 관찰사의 영향도 적지 않게 작용하였다. 서원화 반대 입장이었던 김형진의 족척인 김상집이 강원도관찰사로 부임하여 재조사를 지시하였고 이로 인해 양자간의 대립구도가 심화되었으며, 이후 김희가 강원도관찰사로 부임하여 송덕상과의 인척관계를 이

---

106) 鄭萬祚, 「安東 金尙憲書院 建立是非—蕩平下 老少論분쟁의 一端—」, 『韓國學硏究』 1輯, 同德女子大學校 韓國學硏究所, 1982, pp.243~246.

유로 시비에 대한 조사내용을 공개하지 않거나 상부에 재조사 상황을 보고하면서 강릉부사 유의양이 1차 조사한 사항을 누락시키는 등의 조치를 취하는 경우 등은 유생들을 매우 격분하게 만들었다.

그러므로 하남재시비는 초기에는 송시열 후손들과 연계된 삼척심씨 가문과 지역 내 사림간의 갈등 양상 속에서 송덕상의 정치적 영향력을 배경으로 삼척심씨 가문의 우위 입장에서 전개되었지만 그의 실각으로 인해 상황이 반전되었다. 그리고 지방관의 성향에 따라 혼란한 양상을 야기하면서 유생과 관의 갈등이 심화되거나 또는 상호협조체계에 영향을 미쳤지만, 향촌 중대사를 공론화를 통해 처리하고자 했던 사림의 명분론이 결국은 우위를 점하게 되었다.

4) 五峯書院의 尤庵追配是非

(1) 五峯書院 沿革

오봉서원은 明宗 11년(1556) 崔雲愚[107] · 崔壽崍[108] · 崔雲遠 등이 강릉부 교수를 지냈던 咸軒[109]을 찾아가서 우리나라 서남쪽에 서원이 많이 건립되고 있는데 우리 고장도 소위 文獻의 고장이라고 칭하니 역시 서원을 건립해야 하지 않겠는가라고 하자 함헌이 이를 흔쾌히 받아들이면서 시작되었다. 이에 前敎授 崔德崟 · 進士 權大均 · 生員 沈淹 등과 함께 구

---

107) 崔雲遇는 字는 時中이고, 號는 鶴衢 · 香湖 · 蹈景이며, 江陵人이다. 駙馬 文漢의 후손이고 進士 浩의 아들로 명종 7년(1552) 生員에 입격하고 退溪 李滉의 門下에서 공부하였으며, 栗谷 李珥와 牛溪 成渾과도 交遊하였다. 宣祖 1년(1568) 橫城縣監을 지냈으며 뒤에 王子師傅가 되기도 하였다. 그리고 선조 33년(1600) 連谷鄕約 시행시 都約正을 역임하기도 하였다. 仁祖 23년(1645) 江陵 鄕賢祠에 享祀되었다.(『香湖先生集』 · 『江陵十二鄕賢行錄』 참조)

108) 崔壽峸의 사촌이며, 어버이를 섬김에 효성이 극진하였고, 상을 당함에 예를 다하였다. 이 사실로 조세를 감면받았다.(『增修臨瀛誌』 孝子편 참조)

산 남쪽에 터를 정하고 江陵府使 洪春年에게 도움을 정하자 부사는 전답과 官屬 吳少年을 院直으로 許給하였고, 咸軒 등이 道伯 尹仁恕에게 鄕中의 求助書를 올려 지원을 받았다.[110]

우리나라 최초의 서원이라고 할 수 있는 周世鵬(1495~1554)이 세운 白雲洞書院은 중종 38년(1543)에 건립되었는데, 오봉서원은 이 보다 14년 후에 건립되어 그 연원이 상당히 오래되었으며, 강원도 내에서도 가장 먼저 세워진 서원이다.

이와 같이 오봉서원이 건립될 수 있었던 일차적 배경은 공자의 眞影을 갖고 있었기 때문이다. 즉 오봉서원 건립의 중요한 명분이었던 공자의 영정이 이곳에 모셔진 것은 明宗 11년(1556) 함헌이 書狀官으로 明나라에 갔을 때, 吳道子의 手畵인 공자 진영을 가지고 왔기 때문이다.[111]

서원 건립의 또 하나의 배경은 함헌이 江陵教授로 재임하면서 남긴 글을 통해서 확인 할 수 있다. 즉 "내가 듣건대 인재의 성쇠는 교양이 어떠하냐에 말미암는다고 한다. 일찍이 우리나라 『輿地勝覽』을 살피건대, 「강릉풍속기」에 이르기를 우리 고장 자제들은 더벅머리 때부터 스승을 따르고 게으름을 부리는 자는 여럿이 내쫓는다고 하였다. 이런 까닭으로 훌륭

---

109) 咸軒은 字 可中, 號 七峯, 본관은 江陵이다. 조선개국공신 貞平公 傅霖의 5세손으로 父는 副護軍 佐武, 母는 江陵崔氏이고 中宗 3年(1508) 江陵府 城山 建金里(지금의 金山里)에서 출생하였다. 중종 26년(1531) 司馬試에 입격한 후 成均館에 입학하면서 退溪 李滉과 同學하였다. 동왕 29년(1534) 謁聖文科에 丙科로 급제하였고 이후 杆城郡守로서 鄕學 진흥에 기여하였고, 伊川府使, 江陵教授 등을 지냈다.(『七峯咸軒先生遺稿』 참조)
110) 『五峯書院實記』 "明宗大王十年(1555)乙卯 咸公 以利川府使 病退 爲本府[江陵大都護府] 教授 是年秋 秀林崔壽嶈·廣川崔雲遠·香湖崔雲遇 往訪語 及我國西南多建書院 吾鄕素稱文獻 盖亦建乎 咸公欣然曰 今日是議不可緩也 遂相地于邱山南澗又與前教授崔德岑·進士權大均·生員沈淹 偕往卜基 稟告于府使洪公春年 議換基田 洪侯卽牒許以官屬吳少年者 定院直 又白監司西林尹公仁恕 咸公遂發求助書于鄕中"
111) 『五峯書院實記』 "明宗大王七年壬子(1552) 七峯咸軒 以書狀官朝皇明以千金購得吳道子所摸孔夫子眞像歸"

한 선비들이 많아 제때 등용되었다. 근래에는 풍속이 세속에 물들어 오히려 옛날과 같지 않아 글로써 세상을 울리는 자가 드물다. 고을에 학식있는 자는 학식의 대소를 막론하고 항상 부끄러워하고 한탄스러움을 품어온 것이 한 두해가 아니다"라고 하였다.[112]

여기서 함헌은 鄕學의 부진을 개탄하고 있음을 알 수 있다. 향학의 부진이라고 함은 곧 향교 교육의 부진을 의미하는 것이다. 전반적으로 우리나라에 서원 건립이 시작되는 시기에 官學은 매우 부진하였던 것으로 보인다.

반면 서원건립과 관련된 인물들의 과거 합격 상황을 통해 그 사실을 간접적으로 확인 할 수 있다. 예를 들면, 송담서원 건립에 참여하였던 22명중 10명이 사마시에 입격하였던 것으로 조사되었는데, 이점은 서원이 교학적 기능을 충분히 발휘하고 있음을 증명한다.

또 향교는 점차 다른 폐단을 발생시켰다. 오봉서원 창건을 주도하였던 咸軒의 향교에 대한 비판을 보면, 강릉지방 향학을 저자거리의 난잡함에 비유하면서 道는 廢하고 學이 단절되었음이 오래되었다고 지적하였다.[113]

이처럼 오봉서원 건립의 핵심인물인 함헌의 주장에 의하면, 선초 활성화되었던 향교의 교육과 향촌사회의 유교적 풍습은 어느 정도 폐단을 발생하였던 것으로 보인다. 이점은 조선조 최초의 서원이라고 할 수 있는 백운동서원의 건립 배경을 통해서도 확인 할 수 있다.

백운동서원은 풍기군수 주세붕이 풍기지역의 교화를 위한 尊賢處로

---

112) 『五峯書院實記』"愚聞人才之盛衰 由於敎養之如何 嘗考本國輿地勝覽江陵風俗記曰 閭巷子弟髮齡從師 慢者衆黜之 由是彬彬之士 蔚爲時用 近爲移風所染 俗尙不古 以文鳴世者寢稀 鄕之有識 大小常 懷慚悗者 非一歲月矣"

113) 『五峯書院實記』"校序囂雜之外 別構攸芋 如文憲堂白雲洞 可乎 未知有先賢舊基何在 且年不稔有別聲 亦何以爲之 余颰言曰道廢學絶久矣"

서 祀廟를 건립하였고, 부수적으로 강학기능을 할 수 있는 강당을 건립하면서 후학을 양성하기에 이르렀다. 주세붕은 관학의 교학체계 붕괴속에서 특히 조광조 계열의 사류에 의해 正人心 및 正士習을 위한 교학진흥책이 모색되던 과정에서 儒賢의 尊奉으로 선비들의 풍속을 바르게 하고자 하였다. 또한 지방관의 입장에서 문묘종향과 흥학을 위해 사우를 건립하였다.[114]

오봉서원에는 4위가 배향되어 있는데, 함헌이 가져온 공자의 화상이 모셔져 있으며,[115] 정조 6년(1782) 심씨 일문이 충주 雲谷書院으로부터 주자의 영정을 가져와 河南齋影堂을 門中書院化하는 과정에서 재지사족의 반대로 실패하자 주자의 영정을 묘우 東壁 龕室에 배향하였으며, 서원 건립에 중심역할을 하였던 함헌의 위패 역시 別廟 형식으로 배향하였다. 그리고 순조 13년(1813) 우암영정이 추배되었다. 그런데 이 우암영정의 추배과정에서 향중 사림들은 8년여 동안 견해의 차이로 인해 갈등을 빚었다.

⑵ 尤庵追配에 따른 異見

우암추배시비는 순조 6년(1806) 시작되었다. 당시 향중 사림들은 오봉서원 묘정에 기적비를 건립하면서 우암추배를 추진하였다. 추진과정에서 사림들은 공자의 영정이 있는 곳에 주자의 영정을 함께 봉안할 것인가에 대한 문제로 시비가 전개되었다.

그런데 이와 같은 시비에 앞서 정조 1년(1777) 8월 오봉서원 별묘인 함헌을 모신 七峯祠 중건과정에서 향중사림 간에 별묘를 중건할 것인지 아니면 함헌의 공적과 별묘에 대한 사적비를 세울 것인가에 대한 문제로

---

114) 鄭萬祚, 『朝鮮時代 書院硏究』, 集文堂, 1997, pp.1248.
115) 공자를 모신 서원은 강릉 五峯書院, 함경남도 함흥의 文會書院[명종 18년(1563) 건립], 함경남도 단천의 福川書院[현종 5년(1664) 건립] 등 3곳뿐이다.(『增補文獻備考』 書院一覽表 참조)

논쟁이 빚어졌다. 이 논쟁과정은 『五峯書院實記』[116] 「附七峯別廟沿革」에 자세히 전하는 한편 향전의 전개라는 입장에서 연구된 바 있다.[117]

명종 11년(1556) 건립된 오봉서원은 정조 1년(1777) 水災로 서원 後麓이 붕괴되면서 서원의 북쪽 벽을 허물어뜨리자 재임 金百朋과 金大鳴이 성현의 위패를 奉出하였으나 함헌을 모신 사우는 이미 전복되고 위판은 물에 떠내려가는 것을 건져다가 강당에 모시게 되었다. 이때 사림들이 중건하려는 향론을 결집하여 재 건립을 추진하게 되었다.

그러나 金喆徵는 함헌의 神版이 백여년동안 봉안되었으므로 이미 그의 공로는 보상되었다는 이유를 들어 재건립을 반대하였다. 그리고 그 대안으로 그의 공을 기리기 위해 비석을 건립하고 위패는 함헌의 묘하에 埋安하자고 주장하면서[118] 單子를 제출하자 齋任 崔逵漸이 그 주장에 따라 京院長 金尙喆과 협의과정을 거쳐 撤享으로 결말지어 鄕中多士에게 통고하였다.[119]

특히 눈여겨 볼 일은 경원장 김상철은 본관이 강릉으로 선조는 송담서원 건립에 주도적 역할을 하였던 前參奉 金夢虎라는 점이다. 김몽호 후손들은 영·정조대에 중앙정계에 활발히 진출하였던 강릉김씨의 대표적인 가문으로 알려져 있다.[120]

---

116) 『五峯書院實記』는 필사본으로 분량은 91장, 크기는 가로 21cm, 세로 32cm, 필사시기 미상, 五峯書院 沿革과 주요사건에 대한 기사가 시기별 수록되었으며, 부록으로 七峯別廟 沿革과 三祠實記가 있다.

117) 李揆大, 『朝鮮後期 嶺東地方의 鄕村支配構造에 關한 研究』, 中央大學校 博士學位論文, 1991.

118) 『五峯書院實記』 附七峯別廟沿革條

119) 『五峯書院實記』, 「附七峯別廟沿革」 "士人金喆徵投單 百年服食 足報其功 或者曰 立石記功可也 齋任崔逵漸從金喆徵之議 上書往復于京院長金尙喆 決意撤享 通告于多士 埋安于先生墓下"

120) 『英祖實錄』 英祖 42年(1766) 12月 22日 戊午條

이렇게 재경관인으로 크게 번성하였던 김몽호 후손인 경원장 김상철과 협의내용은 구체적으로 확인되지 않는다. 그렇지만 김상철의 선조가 향촌내 또 다른 서원인 송담서원의 건립과 운영에 적극 가담하였고, 또 서원내 聖賢이 아닌 鄕儒의 사우 건립은 타당하지 않다는 논지에서 당시 금지되었던 사우건립 조치를 적용시켜 撤享과 칠봉사의 재건 대신 立碑論을 주장하는 세 사람(金喆徽·崔逵漸·權啓鎭)의 주장을 지지하였던 것으로 보인다.

그러나 함헌의 후손들은 송시열의 문인이었으며 노론계의 대표적인 인물 중에 한사람이었던 경원장 민정중이 每歲春秋季丁行祀時 축문을 제술해 준 점과 향유들이 선배를 존숭·흠모함으로 인해서 향촌내의 忠厚之風을 진작하였다는 등의 연유로 중앙의 노론계로부터의 지원을 받으며 별묘 중건을 주장하였다.

또 마침 정조 6년(1782) 강원지역 암행어사인 李夔가 이 일을 감사에게 상서하였고, 2년 후인 정조 8년(1784) 함헌의 7대손인 咸致德[121]이 중심이 되어 복합상소를 내면서 점차 함헌 후손들의 주장이 지지를 받게 되었다. 이때 향촌 유생들은 이 세사람(金喆徽·崔逵漸·權啓鎭)을 亂類로 규정하기에 이르렀다.

한편 예조판서 嚴璹(1716~1786)은 暗行御史 李夔의 別單 그리고 本道와 本邑의 조사 보고에 의거하고 장계를 올렸는데 그 내용을 보면 다음과 같다.

예조판서 嚴璹이 啓를 올리기를 "재작년 關東御史 李夔가 올린 글과 본도 본 읍에서 조사한 자료와 예조에 올린 장계를 모아 살펴보니 모두가 중건하는 것은 새로 짓는 것과는 다르다 하니 이의를 제기하는 자는 불과 두 사람에 지나지 않았

---

121) 咸致德은 正祖 8年(1784) 『江陵靑衿錄』에 入錄되었다.(『江陵靑衿錄』 甲辰條)

다. 또 옛 재상을 지낸 閔鼎重이 공이 있는 사람에게 영원토록 제사를 받들어 그칠 수 없다고 지은 축문을 보아도 그것을 알 수 있고, 또 전에 사람들이 받들고 숭상하여 내려온 것을 보아도 알 수 있는 것인 바, 한 두 사람이 이론을 제기하는 것은 그 마을의 충직스럽고 후덕한 풍속에 흠이 될 뿐 중건하는 것은 법에 구애되지 않는 것이다. 재작년 御史 李蘷가 본 현감이 되었으니 반드시 그 시비의 전말을 상세히 알 것이니 道臣으로 하여금 본 현에 오게 하여 祀版을 찾아내어 주는 것이 어떤가”라고 하였다.[122)]

장계에 의하면 별묘의 중건은 새로 짓는 것과 다르다는 점, 민정중이 지은 축문에 '功이 있는 사람에게 영원토록 제사를 받들어 그칠 수 없다'고 한 점, 이의를 제기한 자가 두 세 사람에 불과한 점, 그리고 이러한 불미스러운 일은 鄕風振作에 흠이 된다는 점 등을 들어 별묘 중건을 지지하였다. 또한 사우설립과 관련된 禁令에 구애를 받지 말도록 조치하였다.[123)]

결과적으로 함헌 후손들의 상소활동을 통해 예조로부터 사당 중건의 당위성을 인정받게 되었고, 한편 기념비 건립을 주도하였던 金喆徽 · 崔逵漸 · 權啓鎭 등 3명에 대해서는 향론에 따라 鄕籍에서 삭제되었다.[124)] 별묘 중건을 반대한 유생의 삭적과 아울러 관에서는 중건을 적극 지원하라는 조치가 내려지게 되었다.

당시 관의 원조 내용을 보면, 예조가 본도에 관문을 발급하여 중건을 지시하자 강원도관찰사 徐鼎修가 친히 강릉을 방문하여 강릉현감[125)] 李

---

122)『增修臨瀛誌』記事편 참조

123)『五峯書院實記』附七峯別廟沿革條 “禮判嚴璿 啓曰 所考再昨年關東御使 李蘷之 別單及 本道本邑査報 本曹之狀 則皆以爲重建 異於刱設 異議者 不過二三人 又以故相臣閔鼎重 所撰 功存士林永祀 無鐸之祝 觀之前輩之尊尙可知 一二人立異似有欠於鄕黨忠厚之風 且 重建不必 拘於禁令耳”

124)『五峯書院實記』附七峯別廟沿革條 “金喆徽崔逵漸權啓鎭三人 付罰削籍一邑停擧 鄕儒 都罰 罰文曰 脅於亂類 惜乎無人 於是以做古復享事 至於數百諸儒聯名上書于繡使及道 伯”

夔에게 환봉하라는 분부를 내렸으며 동시에 관에서 錢 20緡, 道에서는 三包穀을 지원하였다.[126]

이처럼 정조 초년에 발생된 함헌 별묘 중건에 따른 향유들의 논쟁 초반에는 강릉출신이면서 중앙에 진출한 경원장 金尙喆(1712~1791)과 연계된 김철휘 등의 의견이 반영되었지만 이에 대한 함헌 후손을 비롯한 諸儒들이 재차 상서를 내자 埋安되었던 위패는 다시 관의 지원을 받아 건립된 별묘에 모셔지게 되었다. 함헌 별묘 중건에 따른 향유들의 갈등은 함치복을 비롯한 諸儒의 주장이 받아들여지면서 일단락되었다.

그렇지만 이 사건을 계기로 일부 유생들은 삭적을 당하였으며, 향후 서원 운영과 관련한 중요사항이나 입장의 차이를 보일 경우 또 다른 향전이 전개될 소지를 안고 있었다. 이는 불과 30년 후인 순조 6년(1806)부터 13년(1813)까지 8년 동안 오봉서원에 송시열을 추배하는 과정에서 발생되는 향전의 양상을 통해서 확인할 수 있다.[127]

오봉서원 우암추배 논의는 순조 6년(1806) 발의되었다. 이때 院儒 崔衡一이 京師 李晚秀(1752~1820)에게 紀蹟碑文을 찬해 줄 것을 요청하여 오봉서원 廟庭에 李晚秀가 撰하고 曹允大(1748~1813)가 書한 紀蹟碑를 세웠다. 이때 우암추배 논의는 오봉서원에서 태학에 通文을 보내면서 시작되었는데, 太學과 四學에서는 다음의 이유를 들어 우암 추배를 반대하였다.

태학 회통문에 의하면, 송시열은 공자·주자의 적통임을 인정하나 影

---

125) 정조 6년(1782) 역모사건에 연루된 李澤徵의 출생지라 하여 강릉대도호부사가 현감으로 강등되었다.(『江陵大都護府先生案』)

126)『五峯書院實記』附七峯別廟沿革條 "啓下 於是 禮曹奉承發關本道 道臣徐鼎修行會本縣 縣監李夔以斯速重建之意 下帖 本院親往 本院令多士 詣先生墓所 奉還神板仍舊址 鳩材 亟沒 自官助錢二十緡 營門以三包穀助之 使院任董役工告訖 六月望日 奉舊板還安"

127)『五峯書院實記』

堂에 추배하자는 士論은 오래전부터 있었으나 지극히 중대하며 성대한 사안이므로 공론을 준수하고 합의에 의하여 후에 다시 요청할 것을 지시하였다. 사학의 회통문 역시 공자·주자영당을 창건한 지 200여년이 지났는데도 불구하고 송시열을 추배하지 않은 일을 애석해 하면서도 역시 士論의 合一을 유도하였다.[128]

우암 추배를 추진하였던 측에서는 이것을 공론화하지 않았다는 점이 가장 문제가 되었다. 오봉서원에 송시열을 추배하려했던 명분은 이를 추진하는 재지사족들이 관학에 통문을 보낸 것에서 확인할 수 있다. 통문에 의하면, 이 서원에 공자와 주자의 영정이 모셔져 있기에, 향촌 내에서뿐만 아니라 국가적으로 孔子 — 朱子 — 宋子의 적통을 잇는 서원으로서의 위상을 갖기 위함이었다.[129] 그러나 송시열을 추배하자는 향중의 논의 과정에서 추배에 대한 공론의 합일을 이루지 못했던 것은 다른 이유가 있었다.

우암추배를 추진하였던 鄕儒 金聲鎰, 崔浩養, 權楨, 沈樂祖 등은 서울에 거주하는 權漢龍으로 하여금 예조에 단자를 제출하도록 하였으며 이에 대한 回通을 토대로 校宮 齋會의 논의를 통해 影幀 模寫 유생을 정하고 영정을 모사하였다.[130]

그런데 崔贊格, 崔命源, 權喆敎, 金學矩, 崔羽漢 등 다섯 儒生들은 夫子書院인 오봉서원에 송시열을 추배함에 있어서 同配함은 옳지 않고 각각의 영당에 獨奉할 것을 주장하면서 權漢龍이 보낸 통문에 대해서 강릉 내 사족들은 그 사실조차 알지 못함을 지적하면서 僞通으로 간주하였다.[131]

---

128) 『五峯書院實記』純祖 6年 丙寅條
129) 『五峯書院實記』"孔夫子朱夫子千載嫡傳 卽我宋夫子今接來喩 追配影堂士論愈久 通于 館學"
130) 『五峯書院實記』
131) 『五峯書院實記』

이후 金學斌·曺錫憲·金學麟 등은 山林 院長 宋煥箕에게 상서하여
聖廟에 同配하는 일은 옳지 않다고 주장하자 송환기 역시 京院長 李晚秀
에게 상서하여 "尤庵은 朱子와 師弟의 義가 있는데 東西에 배향하는 것은
주자와 송시열을 대등한 관계로 나타내는 것이니 온당치 못하다"고 하여
우암 추배는 정지되었다.[132]

강릉지역 내 송환기의 제자로 알려진 幼學 辛錫珌이 순조 7년(1807)
9월 송환기에게 보낸 상서에 의하면, 송시열과 관련된 祠院에 대한 宣額
을 청하고 있는데 이를 통해 신석필 역시 동배를 반대하는 입장임을 확인
할 수 있다.[133] 이처럼 우암추배의 초기단계에서 송환기와 鄕儒인 신석필
등은 추배 형태에 있어서 同配보다는 독봉에 더 무게를 두었던 것으로 보
인다. 그러나 영당 또는 서원 건립을 통한 독봉은 사실상 朝令에 의해 금
지되었기에 우암추배 마무리 단계에 이르면 신석필 등은 權漢龍과 더불어
동배를 적극 주장하기에 이른다.

순조 13년(1813) 權漢龍은 다시 태학에 통문을 내어 漣川 臨潭書院
등의 例에 따라 공자와 주자를 모신 강릉 구산의 오봉서원에 우암의 영정
을 모시는 것은 정정당당한 것이라 재차 주장하기에 이른다. 이때 참여하
는 인사로는 權晉菜, 權樸, 沈希祖, 權漢龍, 沈志簡, 金秉行, 辛悌寧, 金聲
鎰, 辛錫珌, 李潤五 등이다.[134]

우암추배를 적극적으로 추진하였던 權漢龍 등은 송시열의 영정을 주
자와 동배함에 있어서 별 문제가 없다는 논지에서 이를 추진하였던 것으
로 보인다. 이에 우암추배시비는 同配論과 獨奉論으로 견해가 구분되었

---

132) 『五峯書院實記』"曺錫憲金學麟往呈文狀于山林丈性潭宋煥箕 其題辭曰恐未爲穩宜 又呈
　　書于京院長李晚秀 其題有適是爲慢聖廟蔑國法云 因爲停止"
133) 『備邊司謄錄』卷 198, 純祖 7年 丁卯年 9月條
134) 『五峯書院實記』

다. 동배론을 주장한 측은 서원건립을 금하는 朝令에 근거하여 새로운 서
원을 건립하는 형태의 독봉을 반대하였던 것이다. 반면에 독봉론을 주장
한 측은 송시열이 주자의 적통임을 강조하면서 별도의 영당을 건립하여
추배하자는 입장이었다.

한편 영정 추배 일정을 보면, 순조 13년(1813) 3월 강원도관찰사 李好
敏이 내린 關文에 따라 우암영정의 추배가 본격적으로 시작되었는데, 동
년 4월 초4일 영정이 마침내 서원에 도착하기에 이르렀고 이틀 후인 초 6
일 奉配하려다 부득이한 사유로 강당에 임시로 모셨다가 4월 12일 비로소
서벽 龕室에 영정을 모시게 되었다.[135]

그러나 이 역시 순조롭지는 못하였다. 처음부터 동배를 반대하였던
몇몇 유생들은 京外에서의 역할을 분담하여 조직적인 항의를 전개하기에
이른다. 즉 曺錫憲·金學□·金洛龜·權遨 등은 상경하여 항의를 주도하
고, 金學矩·金啓源·曺溟振·崔衡穆 등은 在鄕抗議를 전개하였다. 이때
이들이 항의하였던 구체적인 내용은 사액서원의 경우도 추배시 啓聞 후
시행하는 바인데, 하물며 비사액서원에서 이런 절차를 밟지 않고 추배를
진행함은 합당하지 않다고 주장하였다.[136]

이들의 주장에 대해 분석해보면, 일부 사족들에 의해 주도된 추배는
인정할 수 없다는 논지에서 적극 반대하지만 그 이면에는 자신들이 향촌
내의 공론 형성과정에 참여하지 못했던 것에 대한 불만이 더 크게 작용하
였을 것이다.

이처럼 우암 추배를 추진하는 과정에서 재지사족들은 주자와 우암의
동배와 독봉에 대한 입장의 차이는 분명하였다. 그러나 공자─주자─송

---

135) 『五峯書院實記』
136) 『五峯書院實記』 “賜額則雖或有追配之禮事 當啓聞後施行 如非賜額書院則 追配式禮 本
　　無”

자라는 적통의 선상에서 오봉서원의 위치를 강화하려는 견지는 공통점이라 할 수 있다. 그렇지만 이러한 공통점에도 불구하고 사족간에 추배 형태를 놓고 시비가 일었던 근본적인 이유는 명분보다는 실리를 우선 하였기 때문이다.

앞서 추배과정에서 우암의 영정을 처음 봉배하기로 한 날짜가 순조 13년(1813) 4월 초 6일이었으나 이 날 봉배하지 못하고 6일후에 비로소 서벽에 추배하였는데, 이런 일련의 과정에서 오봉서원 院儒들간에 항의와 저항행위는 실제로 院任에 대한 爭端으로 이해되어 지고 있다.[137]

이런 갈등은 표면적으로 우암영정 추배에 있어서 사족 공론형성 과정에 대한 불만을 계기로 표출되었던 분열 양상이며, 더 나아가서는 서원 운영의 주도권과 관련한 원임 선정문제로 직결되었다. 특히 송환기와의 사제관계인 신석필이 독배를 주장하다가 결국에는 조령을 따라야 한다는 원칙론으로 입장을 선회하면서 僞通과 공론을 수렴하지 않았다는 이유로 사림으로부터 비난받았던 權漢龍의 同配論에 동조하면서 결국은 우암영정을 오봉서원에 동배하는 것으로 결론지어졌다.

5) 三祀 建立에 따른 異見

(1) 三祠 建立 과정

18세기 후반 조선사회에서의 문중활동의 양상은 가문을 현양할 구체적인 顯祖의 존재, 시대적 분위기와 주도인물의 사회적 역량, 그리고 인적·경제적 기반을 기초로 현조에 대한 행적 재평가, 관련 유적의 건립 또는 정비, 서원이나 사우 건립을 통해 향촌사회나 국가로부터의 현조와 주

---

137) 『五峯書院實記』 "妥奉日字定於四月初六日 而噫彼一邊人 日聚院中沮毀萬端 甚至於遮道拒門之語 而且呈本官 本官題辭 此輩此議擧 非他意也 只爭院任也"

도인물에 대한 인정, 그리고 족적 연대와 문중의 대내외적 권위를 알리기
위한 족보나 파보의 간행 등으로 나타났다.[138]

　그러나 19세기 초반 강릉지역에서는 가문중심의 재실건립 외에 사족
들이 중심이 된 사우건립이 추진되었다는 점이 특이하다. 그 대표적인 것
이 광해군 5년(1613) 강릉부사를 지낸 鄭經世(1563~1633)를 모신 道東祠
(일명 退谷書院), 숙종 14년(1688) 강릉으로 東遊하여 이 지역 10여명의
유생들과 역학을 講論한 것이 인연이 된 金昌翕(1653~1722)을 모신 湖亭
祠(일명 湖海亭), 숙종 15년(1689) 강릉으로 유배와 지역의 후학들과 학문
을 강학했던 南九萬(1629~1711)을 모신 藥泉祠(일명 魯谷書院) 등이다.

　삼사에 배향된 인물들은 강릉지역 성씨들과 직접적인 혈연관계가 맺
어진 경우는 아니다. 정경세는 광해군 5년(1613) 강릉부사를 역임하였고,
남구만은 숙종 15년(1689) 4월 기사환국으로 축출되어 강릉부 望祥面 深
谷里 藥泉으로 유배되었다가 이듬해 8월에 還宥하였고, 김창흡은 기사환
국때 아버지 金壽恒(1629~1689)이 사사된 후 永平 등지에서 은거하던 중
숙종 14년(1688) 강릉으로 東遊하여 이 지역 10여명의 유생들과 講論한
인연을 갖고 있다. 또 이들의 色目을 보면, 정경세는 尙州牧 출신으로 柳
成龍의 문생이며, 남인계 인물이다.[139] 그리고 남구만은 서인 소론계에
속했고,[140] 김창흡은 노론계였다.

　이에 강릉지방은 명종조 건립된 오봉서원과 임란 후 건립된 송담서
원의 당색을 보면 서인 노론계 성향이 강하게 나타나고 있다. 그것은 율곡
에 대한 문묘종향을 지속적으로 요청했던 송담서원 유생들의 상소활동,
하남재시비에서 보여 준 사림의 성향, 송시열을 오봉서원에 배향했던 일,

---

138) 이해준, 『조선시기 촌락사회사』, 민족문화사, 1996, pp.294~301.
139) 李丙燾, 『韓國儒學史略』, 亞細亞文化社, 1986, p.207.
140) 閔鎭遠, 「丹巖漫錄」 上, 『朝鮮黨爭關係資料集』 5, 여강출판사, pp.38~39.

그리고 송시열의 문인인 鄭澔와 지역인사의 사제관계와 그가 지어 준 각 종 記文類[141] 등을 통해 확인할 수 있다. 그러므로 강릉지역에는 전반적으로 이이와 송시열의 학맥을 잇는 것이 보편화되었고, 더욱이 당색은 노론적 성향이 일반적이었다. 그렇지만 노론일색의 지역적 정서 속에서 소론계 인물인 남구만을 제향하기 위한 사당 건립 논의가 일어나 성사되었고, 또 남인계 인물인 정경세를 제향하기 위한 사당 건립이 이루어 졌던 사실은 매우 흥미롭지 않을 수 없다.

3사의 건립배경과 그 과정을 보면, 호해정[142]은 김창흡이 숙종 14년(1688) 강릉으로 東遊했을 때 강릉지역 士子 10여인이 그와 더불어 易書를 講論하면서 인연을 맺게 된다. 이때 그로부터 수업을 받은 사람은 辛重東·高達明·辛正復·於鳴海·辛雲洪·閔載文·李萬肇·金益鏡·辛碩東·崔海甲·辛甲東 등 11명이다.

그런데 이를 삼연영당이라고 하는 까닭은 숙종 41년(1715) 여름 호해정 주인 辛聖河가 옛터에 초옥 4칸을 지었고 경종 2년(1722) 2월부터 5년 후인 영조 2년(1726) 사이에 신갑동과 향인들이 발의하여 선생이 머물고 휴식하던 집이라 하여 그곳에 영정을 걸었기 때문이다. 이후 영조 8년(1732) 신정복과 동문들이 영당을 지으려 하였으나 이루지 못하고 영조 26년(1750) 실화로 草亭이 소실되었다. 5년후인 영조 30년(1754) 진사 신

---

141) 丈巖 鄭澔는 영조 12년(1736) 松潭書院廟庭碑文을 지었으며, 삼척부사 재임시에는 烏竹軒重修記를 지었다. 그리고 부인은 崔自霑의 6세손 牧使 崔應天의 딸이다. 이외에도 강릉지역 유림인 辛正復·閔載文·權始顯 등은 그의 문하에서 수학하였다.(『增修臨瀛誌』 참조)

142) 호해정은 원래 縣監을 지낸 金軺의 후손인 習得公 金繼雲이 창건하였으나 後嗣가 없자 사위인 張昊에게 증여되어 太虛亭이 되었으며, 장호는 다시 甥婿인 金夢虎에게 전해졌다가 다시 김몽호가 넷째아들 金得憲에게 증여하였는데 득헌이 다시 사위인 辛晩에게 증여하였다. 이후 순조 34년(1834) 다시 김씨가문에서 취득하여 현재에 이르고 있다.(『臨瀛誌』 누정조)

정복이 자신 소유 案浦堂을 이건하였는데 이것이 지금의 호해정이다.

또 영조 35년(1759) 사우를 건립하려 하였으나 달성하지 못하였으며 정조 20년(1796) 辛錫瑗이 정자를 중수하고 정조 23년(1799) 辛錫玼의 소유가 되었고, 이때 경향지역에 거주하는 김창흡의 후손들이 의논하여 이에 보답하였다. 순조 3년(1803) 다시 향인들이 사우 창건을 논의하고 강원도관찰사 申獻朝와 강릉부사 鄭觀輝가 공사를 감독하여 마침내 김창흡의 영정을 호해정에 봉안하면서 祠宇로서 면모를 갖추게 되었다.

한편 정경세가 강릉지역과 인연을 맺은 것은 광해군 5년(1613) 강릉대도호부 부사에 부임하면서부터이다. 이때는 임진왜란이란 장기간의 전란을 겪은 뒤였으므로 중앙이나 지방할 것 없이 붕괴된 향촌사회 질서를 복구하는 것이 우선이었다. 따라서 정경세는 강릉대도호부에서 3년간 지방장관을 역임하면서 향촌사회의 교화와 흥학을 위한 정책들을 실행하였다. 이에 광해군 6년(1614)「通諭文及節目」을 발표하였다.

이 절목 작성 이유를 보면, 강릉부는 士子가 성행하고 풍속의 아름다움이 강원도내에서 으뜸으로 알려져 있으나 사족의 가문에서 예속을 어기는 일이 빈번히 발생되자 이를 바로잡고자 하였던 것이다. 절목의 내용은 첫째, 동성동본의 不娶에 관한 조항이며, 둘째, 상제례의 번잡함을 지적하였으며, 셋째, 상제례를 거행할 때 일부 가문의 경우 사치와 허례허식으로 인해 그 폐해가 크다는 지적이었다.[143)]

정경세의 지적은 강릉부의 혼인 습속 즉 동성동본의 통혼금지, 상례절차의 무례함, 상례시 비용의 과다지출 등의 폐단을 해소하고자 함이었고, 이에 통유문과 절목을 작성하여 府民을 비롯한 士族들이 준행토록 하였다. 또 강릉향교에 養蒙齋를 설치하고, 향교에는 興學碑를 세우고 3년 재임기간동안 교화를 크게 행하였다.

특히「通諭文及節目」이 시행된 후인 광해군 14년(1622)에 院長 前評事 李尙馥, 都有司 生員 金忠懋, 掌議 金守文, 有司 李時榮·沈忠立 등은

禁文을 작성하여 더욱 철저한 시행을 강조하였다. 금문의 내용에서 親屬相奸한 자에 대해서는 관아에 알려 군역에 종사하게 하고, 내외자손 중 亂奸한 소생은 영원히 과거에 응시하지 못하게 하고, 兩家의 主婚者로서 인륜을 어긴 자는 종신토록 향교 일에 참여하지 못하게 하였다. 그리고 교중 임원으로 있으면서 사사로이 규정을 어겼을 경우에는 당사자는 물론 관련자들도 엄중히 처벌할 것을 명시하였다.[144]

이와 같은 금문이 발표되었던 것은 정경세에 의해 마련된 절목이 잘 준행되지 못하였기 때문으로 보인다. 즉 구례에 젖어 있던 재지사족의 입장에서 새로운 관습을 잘 받아들이지 못했던 것이다. 그러나 향교가 중심이 되어 금문이 다시 발표되고 있으므로 사족들이 주축이 되어 이 절목을 준행하고자 하였던 것으로 보이며, 또한 더욱 강화된 처벌 조항은 준행의 강한 의지가 반영되었던 것이다. 이러한 향촌교화에 기여하였다는 이유에서 몇몇 유생들에 의해 정경세를 모시기 위한 도동사 건립이 추진되었다.

이에 도동사 건립을 주도하였던 朴敦儉·辛錫珌·金偏 등은 순조 23

143) 『江陵鄕校實記』 「通諭文及節目」
  一, 國俗以異貫爲異姓 李與李婚 金與金婚 法家名族 亦皆不免此 則雖非古禮 而今亦不可
卒革至 於同貫相婚 乃通國所無之事 而聞此鄕有犯之者云 傷風敗俗莫大於此 今後隨
現告官繩之 以法擯 不與士族之列爲佳
  一, 近聞 一士子遭母喪 欲遵禮經 而其門長有大言沮之者 指爲斷喪其父 亦不能主張 竟陷
於非禮云 聞來不勝惻然 夫十一月而練 十三月而祥 十五月而　伸心喪三年 聖人制禮
明如日月 此則非假後學一二談也
  一, 聞邑俗 與親舊家葬 練祥　之日 各持贈賻米 以進喪家 略設酒食 以供之致客多者不免
前期備辦 至借盤器筵席於親友之家 有如置酒 請客之爲者是日衆賓 列坐以次酬酌 仍
爲鄕會於其座 甚者 必待賓客 畢至然後行祭客或晩至則祭從 而晩或有不待畢至而行
之 則誚責隨之云 所聞虛實 可盡信萬一有之 則極爲駭怪 夫喪主乎哀 祭主於敬 彼爲
主家者 固爲風敎之罪
144) 『江陵鄕校誌』, 「禁文」 "今年八月以前犯禁者 只依前令施行 九月爲始犯禁者 則勿論入格
蔭裔 一依辛巳年懸板 當身則以親屬相奸 報府勒定軍役內外子孫 則以亂奸所生 永勿許付
校赴擧 兩家主婚者 終身損徒 不齒鄕版事"

년(1823) 향교 유회에 참석하면서 단자를 제출하였는데, 그때 그들은 "우복의 치세에 대해 교화가 점차 나타나고 學政은 날로 새로워졌다. 어리석은 풍속은 사라지니 진실로 강릉을 재조한 은덕이 있다"라고 하였다.[145]

따라서 향인들이 그 덕에 보답코자 제사를 봉행하려 하였으나 성사되지 못하다가 순조 22년(1822) 五峯書院 院長 金東潤이 사우 건립을 주도하면서 강릉향교 紅箭門內에 있던 興學碑를 改刻하였다.[146] 그리고 이 해 10월에 읍내 사람들이 老萊谷[현재의 內谷洞] 崔在植 집에 모여서 회합을 갖고 三學宮에 사우건립에 관한 통문을 돌렸으며, 이듬해에는 草堂里에 사는 柳秉年의 집에 모여서 재차 사우 건립을 논의한 후 다시 玉街里[현재의 강릉시 옥천동]와 新里[현재의 강릉시 주문진읍]에서 회합한 후 사우터를 연곡면 퇴곡리로 정하였다. 당시 강릉부사는 承旨를 지낸 柳遠鳴이었는데 유생들이 上書를 내자 이를 허락하였고, 이에 各面에 次知를 임명하여 재원마련에 착수하였다.[147]

그런데 官의 傳令에 따라 퇴곡에서 재목을 벌채하고 사우를 지으려 할 즈음에 몇몇 유생들은 도동사의 위치 선정에 대한 문제를 제기하였다. 문제인 즉 鄭煥謨가 "퇴곡은 읍치지역과 거리가 떨어져 있으니 마땅하고 옳은 곳이 아니다"라고 하였고,[148] 이어서 사림에서 공론으로 거리가 균등한 곳인 觀音[강릉시 성산면 관음리], 楓湖[강릉시 강동면 하시동리], 大觀亭[149] 세 곳을 지정하였다. 그러나 도동사 건립의 주동세력이었던 朴敦儉·辛錫珌 등도 향교에 所志를 내서 이르기를 "지금 사우를 세우려하는

---

145) 『五峯書院實記』, 「鄕校儒會三儒生單」 "鄭愚伏之治化有漸 而學政日新愚俗去舊 實江陵再造之恩也 昭揭節目 今其在矣"
146) 『五峯書院實記』, 「道東祠顚末」
147) 『五峯書院實記』, 「道東祠顚末」 "時承旨柳鳴遠宰江陵袖敎 諸生上書快得盛題 因大設齋會定出 各面次知以爲收錢 卽沈志簡崔匡敎崔守衡金啓灃也"
148) 『五峯書院實記』, 「道東祠顚末」 "鄭煥謨立岐論曰 退谷之偏路遠大 非中正之地"

뜻은 色目을 같게 하고자 함인데 사사로운 모양새가 있음은 백성으로서 공에 보답하는 뜻이 아니다"[150]라고 하면서 도동사 건립 위치의 재선정을 요구하였다.

그러나 이들의 위치 재선정 주장에 대한 반대 명분으로 읍 근처의 땅은 地價가 비싸고 또 이미 목재가 연곡면에 준비되어 있으니 이 목재를 30리 정도 운반하기도 어렵다는 이유로 그대로 퇴곡에 짓기로 하였으며 이해 12월 터파기를 시작하였으나 날씨가 너무 추워 중지하고 이듬해인 순조 24년(1824) 3월에 입주상량하였다.[151]

이때 權星台 · 최동현이 주관하고 雪嶽山 山僧 繩墨 · 崔翰鉉 · 金纘圭 등이 모두 협력하였다. 金源商 · 崔秉鉉을 영남에 있는 정경세의 본댁으로 보내 통문을 각 서원과 각 문중에 돌려 도움을 요청하였다. 이해에 강릉부사 유원명은 해임되고 洪義彌이 부임하였는데 묘우는 이미 10월 초 4일에 완공하여 지역내 생원 · 진사와 모든 유생들이 많이 참여한 가운데 영정을 봉안하였다.

사우 건립과 관련된 재원은 각처에서 갹출되었다. 우선 소지역별로 權星機 · 權星佑가 남쪽 지역을, 崔夏鉉 · 鄭鴻久는 북쪽지역을 담당하였고, 金源玉 · 柳吉源은 당시 校任 신분으로 재원마련에 동참하였는데, 이렇게 모아진 돈은 모두 160냥 가량이었다. 그리고 전 부사 유원명이 10兩, 양양 동면에 거주하는 이씨와 임천에 거주하는 노씨 종중에서 각 5냥씩,

---

149) 大觀亭은 강릉시 운곡리에 있으며, 部將 高德誠이 지은 정자다. 병자호란 때에 고덕성이 남한산성 아래에서 죽음을 무릅쓰고 싸우기로 맹세했다는 소문을 듣고 의병을 일으켜 劍斷山에 이르렀으나 후퇴하였다. 후에 임금께서 이 충정을 듣고 가상히 여겨 벼슬을 내렸으며, 만년에 이 정자를 짓고 즐겁게 지냈다.(江陵古蹟保存會, 『增修臨瀛誌』, 1933)
150) 『五峯書院實記』, 「道東祠顚末」 "朴敦儉 · 辛錫玭投單於校曰 今立祠之意正俗同色 自私之樣 非人民報功之意"
151) 『東湖勝覽』 2, 退谷書院

삼학궁에서 각 5냥씩, 영남 우복 본댁에서 30냥과 『愚伏集』한질, 정씨문중에서 20냥, 우복 강학소계에서 40냥을 충당하였고 나머지 부족한 재원은 민가에서 담당하였으며, 그후 이조원이 학동 소재 화영전 1결 13복을 마련하여 사우 건축을 도왔다.[152]

다음으로 申石影堂은 남구만을 모신 사우이다. 남구만을 모시게 된 배경은 숙종 15년(1689) 강릉으로 유배 온 후 이듬해에 죄가 면해져서 귀환하였는데 그 사이에 강릉지역 사림들이 그 덕에 감화되고 흥기함에 이끌렸기 때문이다. 또 당시 남구만은 강릉 읍치 남쪽 70리 즉 심곡이라는 마을에 있었는데 그 계곡에는 약천이란 샘물이 있었다고 한다. 공교롭게도 남구만이 그곳에서 여유를 즐기기 위해 와서 여러 달 동안 한가히 노닐다가 돌아갔다. 샘물의 지명이 선생의 호와 같았다. 이런 연유로 해서 지역 사림들은 그의 덕을 숭상하기 위해 노곡서원 건립을 도모하게 되었다.

영조 3년(1727) 당시 서원 건립을 주도했던 金壽鵬은 심곡에 사우를 건립하자는 의견을 발의하였고, 金萬兼 · 崔載泰 · 崔堯臣 등이 主論하여 약간의 기금을 마련하였으며,[153] 마을에서는 물건과 돈 300전을 거두었으며, 경향의 縉紳들과 사우 건립을 의논하여 약천 위에 사우를 짓고 이듬해에 남구만의 영정을 모셨으며 현액을 魯谷書院[154]이라 하였다.[155] 그 후 영조 17년(1741) 서원훼철령이 내려지자 수년간의 사우건립을 위한 노력은 허사가 되고 말았다.[156]

이후에도 사림들은 사우 재산을 증식시키고, 또 김수붕이 그 장부를

---

152) 『五峯書院實記』,「道東祠顚末」
153) 『深谷書院事蹟』
154) 魯谷書院이란 서원명은 望祥面 藥泉 아래에 魯峯이 있는데 그것에 연유하여 지칭되었다.(『五峯書院實記』,「魯谷祠顚末」)
155) 『五峯書院實記』「魯谷祠顚末」
156) 『書院謄錄』英祖 辛酉年 ;『英祖實錄』卷 53, 英祖 17年 4月 壬寅條

관장하면서 다른 군현 사우 건립의 동정을 살피며 중수를 계획하였으나 이루지 못하였다. 순조 1년(1801) 김수붕의 후손 金宗鼎이 서원 舊址에 강당 3칸을 건립하고 지난날 증식된 재산을 이에 귀속시키면서 사우 재건을 시도하였다. 그러나 김종정은 사우 형식으로 건립이 성사되지 않자 후학들을 교육시키는 서당형태로 운영하였다.

그러다가 순조 9년(1809) 김종정은 강당 북쪽에 묘우를 건립하고, 남구만 본손댁에 서너달 머물면서 남구만의 영정을 모사하여 옮겨와 묘우에 봉안하였다. 그리고 재실과 회랑은 다음 기회에 짓기로 하고 사우의 모양을 점차 갖추었으나 공론화되지는 못하였다. 따라서 노곡서원의 경우 초기단계는 사림의 공론에 의해 건립되었다기보다는 약천이 머물렀던 망상면[현재의 동해시 망상동 약천리] 지역 유생 최이윤을 비롯한 몇몇 사람들에 의해 사사로이 창건되었다고 할 수 있다. 이후 몇 차례 일어나는 중건논의 역시 김수붕의 후손들이 중심이 된 私建 형태였기에 거듭 사우건립은 좌절되었다.

철종 6년(1855) 심곡은 샘물 옆이고 강릉부의 한 모퉁이고 또 두 개의 큰 嶺[157] 사이이기에 매년 향사시 많은 선비들이 齋會에 참석하기 어렵고, 그리고 이로 인해 참석을 기피하므로 가을에 모두 강릉부 남쪽 10리 申石里에 새로이 터를 잡고 묘우, 강당, 재사, 회랑 약간을 지으니 그 지형은 약천이 노닐던 심곡과는 같지 않으나 비로소 남북의 거리가 비슷하게 되었다.

이때 사림들은 이건 장소로 魯澗[강릉시 노암동], 申石[강릉시 신석

---

157) 강릉부에서 남쪽으로 통하는 도로상에는 火飛嶺과 栗峙[밤재]가 있다. 화비령은 江陵市 江東面 山城隅里에 위치한 고개이고, 밤재는 江陵市 江東面과 玉溪面 접경에 위치한 고개이다. 두 고개 모두 호랑이가 자주 출몰하여 왕래하는데 매우 불편하였다고 한다.(『臨瀛(江陵·溟州)誌』, 臨瀛誌增補發刊委員會, 1975, p.52 참조)

동], 石潭舊址[강릉시 학산리] 등 세 곳을 선정하여 관에 결정을 의뢰하였
는데 관에서 신석을 적당한 곳으로 지정하기에 이르렀으며 신석리 曹錫虎
집에서 사림들이 회의를 열어 최종 결정을 하였다.[158] 그리고 이건 공사
시 강릉부와 감영으로부터 役과 기와 등 이건에 필요한 재원과 자재를 지
원받았다.[159] 이에 비로소 사림들의 공론과 관의 후원에 힘입어 사우의
모습을 갖추게 되었다.

이상에서 살펴보았듯이 이들 세 사우가 사림들의 공론에 의해 제대
로 그 모습을 갖추어가는 기간은 상당히 소요되었다. 이는 숙종조부터 실
질적인 서원·사묘 훼철 지시가 있었고, 또한 사사로이 사묘나 서원이 건
립된 것이 확인되면 主唱 儒生은 물론이거니와 守令과 監司까지 처벌을
하겠다는 조정의 강한 의지가 있었기 때문으로 보인다. 숙종대 이후 당론
의 격화와 함께 정치가 점차 閥閱性을 지녀가는 가운데 사족의 가문의식
이 농후해짐에 따라 일반서원이나 사우마저 남설되는 폐단이 발생하자 조
정에서는 사우와 사묘에 대한 강력한 조치를 내렸다.[160]

이러한 강력한 조치에도 불구하고 3祠가 건립되었던 이유는 앞서 세
사우의 건립과정에서 설명되었던 것처럼 강릉지방에서는 색목의 구분이
확연히 드러나지 않았기 때문으로 보인다. 다시 말해서 향촌 내에서 사우
건립 위치 선정에 대한 입장 차이만 표출됨으로 인해 자연스럽게 이 문제
를 해결할 수 있었기 때문이다. 따라서 조정의 통제와 재지사족간의 위치
선정으로 인한 논란이 제기됨에도 불구하고 세 사우가 19세기로 접어들
면서 전형적인 사우의 모습을 띠면서 세워졌다.

그러므로 19세기 재지사족들의 사우건립에 대한 양측의 갈등은 극한

---

158) 『五峯書院實記』 移建簡通
159) 『五峯書院實記』, 「呈本官柳厚祚單子」, 「營門關文」
160) 鄭萬祚, 『朝鮮時代書院研究』, 集文堂, 1997, pp.291~297.

상황에까지는 이르지 않았지만 이건으로 인해 사족간의 이해가 상충되어 향촌내 재지사족의 분열로 나타났다. 이것은 강릉지방의 당색이 노론 성향이 강하였고 이런 당색을 기반으로 한 오봉서원이나 송담서원이 강한 향촌세력을 유지하고 있는 상황에서 새로운 사우 건립은 큰 영향을 주지 못하였던 것으로 보인다. 오히려 이들 서원의 유생들이 당색이 다른 인물을 배향하는 사우 건립에 참여하고 있는 점은 강릉지방 재지사족의 향촌활동에 있어서 매우 특징적인 현상이다.

⑵ 建立主體의 性向

19세기 초반에 건립되는 세 사우의 경우 배향인물의 당색에는 차이가 있으나 재지사족들의 색목구분은 그리 확연하지 않다. 그러나 색목의 차이로 인한 병폐가 간간히 지적되고 있어 매우 흥미롭다. 이러한 내용은 건립주체들의 인적사항과 성향을 통해 확인할 수 있다.

도동사 건립과정에서 건립 주체 세력이었던 박돈검과 신석필은 "색목은 우리 고장의 하나의 큰 고질이니 진실로 애석하다"[161]라고 말한 점으로 보아 분명 도동사 건립과정에서처럼 당색의 차이가 지역의 대소사에 영향을 미치는 것으로 확인할 수 있다.

이에 재지사족들의 향촌활동이 당색과 관련되었다는 대표적인 사례로 정조 5년(1781) 건립되어지는 경상도 영양의 雲谷影堂의 경우이다. 이 영당의 건립 주체는 '新鄕孼屬輩' 또는 '賤孼軍校輩', '冒稱儒士'로 지목되는 층들로 陞班을 도모하던 서얼들이 주축을 이루었다. 당시에는 오로지 구향들이 교원을 관장하고 신향들의 참가를 허락하지 않았기 때문에 신향들이 그들의 교원을 따로 세울 필요성을 느껴 운곡영당을 창설하게

---

161) 『五峯書院實記』, 「鄕校儒會三儒生 朴敦儉 · 辛錫珌 · 金伕單」 "色目者 此鄕之大痼疾 誠可痛惜矣"

되었다.

그러나 운곡영당은 그해 12월 경상도관찰사 조시준이 경상도내의 10가지 폐를 상소하면서 훼철되었다가 정조 10년(1786) 중건되었으며, 또다시 훼철되었다가 순조 3년(1803)에 冒設되었다. 그런데 이처럼 중건과 모설이 진행되면서 京外의 縉紳과 章甫들이 그 役을 도왔고, 당시 예조판서 韓用龜와 경상도관찰사 南公轍(1760~1840)도 關文을 보내어 권장하기도 하였다.[162]

위의 사례에서처럼 도동사의 건립 과정에서 재지사족들 간에 당색과 관련된 논의가 진행되었다. 우선 이 사우의 창건인물들의 인적사항을 확인해 보면, 各面 차지로 임명되어 재원 충당에 참여했던 沈之簡의 경우는 沈普永[163]의 아들이며 蔭仕로 通德郞을 지냈던 사람이다. 이밖에도 權星機, 權星佑, 崔夏鉉, 鄭鴻久, 金源玉, 柳吉源,[164] 崔匡敎, 崔守衡, 金啓灃 등의 인물들이 참여자로 나타나는데 구체적인 인적사항을 확인하기는 어렵다.

한편 이들이 『강릉청금록』에 등재된 시기를 보면, 沈之簡과 金源玉은 정조 14년(1790), 崔夏鉉·鄭鴻久·金啓灃은 순조 11년(1811), 權星機·權星佑는 순조 19년(1819)이다. 반면에 도동사의 이건을 추진하였던 三儒生(鄭煥謨·朴敦儉·辛錫珌) 중 신석필은 순조 1년(1801), 박돈검은 순조 19년(1819)에 등재되었다.[165]

---

162) 고석규, 『19세기 조선의 향촌사회연구―지배와 저항의 구조―』, 서울대학교 출판부, 1998, pp.35~47.

163) 본관 삼척, 거주지 강릉, 父 秀箕, 生父 秀翼, 祖 光運, 曾 必行, 外祖 李彙謙, 정조 18년(1794) 문과급제(『文科榜目』), 오봉서원 우암 추배 사건시 추배 반대를 주장하여 定配되었다.(『五峯書院實記』)

164) 柳吉源의 신분은 學生이었으며, 그의 아들 柳日奕은 고종 13년(1876) 式年進士試에 입격하였다.(『CDROM司馬榜目』 참조)

165) 『江陵靑衿錄』 참조

3유생은 사우 건립 위치의 재선정을 촉구하면서 여러번 呈單을 제출하였는데, 그 내용에 의하면, '色目에 연유하지 않는다' 란 표현을 쓰고 있는 점은 역설적으로 보면, 색목에 따른 견해 차이가 부분적으로 나타났음을 알 수 있다. 즉 사우 건립 위치 재선정을 주장했던 3유생 중에서 主簿 辛聖河의 玄孫인 신석필[166]은 宋煥箕[167]의 弟子로 전해진다. 여기서 배향인물인 정경세가 남인계 인물임을 고려한다면 당연히 노론계인 신석필의 입장에서는 사우 건립을 만족스러워하지는 않았을 것으로 보인다.[168]

그러나 전적으로 사우 건립을 부정했던 것이 아니라 읍치지역과의 거리, 사림들의 祭享 참석 불편 그리고 정경세에 대한 평가에 있어서 '江陵再造之恩' 이라고 한 점 등으로 보아 강릉지방 재지사족들은 사우건립에 있어서 붕당적 갈등의 요소라기보다는 사우건립을 위한 합리적 대책을 모색하기 위한 차원에서 調劑保合의 인식이 있었던 것으로 보인다.

여기서 심지간과 신석필이 대표성을 가지고 있다고는 전제할 수 없지만, 입장 차이를 보였던 두 사람을 비교해 보면, 심지간은 삼척심씨인데, 이 성씨는 조선전기부터 강릉지방에 정착하면서 토착적인 기반을 구축했었던 씨족이다. 그러나 앞서 설명한 '하남재시비' 과정에서 문중서원화를 추진하였던 심씨가문의 경우 향촌 내에서 매우 위축된 상태였다.[169]

---

166) 호는 逸圃, 정성과 사랑을 다하여 어버이를 섬겼고 아버지가 병석에 있을 때에 손가락을 잘라 피를 입에 넣어 며칠을 더 살았고 3년상을 지냈다. 또 장끼와 참새가 墓幕에 진을 친 기사가 있었다. 또 山火가 묘에 미치자 묘를 돌면서 곡을 했더니 순식간에 山火가 꺼졌다. 사림에서 그 효행을 감탄하여 營府에 報하여 表題가 있었다.(『臨瀛誌』참조)

167) 송환기는 李珥→金長生→宋時烈→權尙夏→韓元震→宋能相으로 이어지는 계보에 포함되었던 인물이다.(『典故大方』참조)

168) 신석필은 순조 6년(1806)부터 순조 13년(1813)까지 오봉서원에 우암영정추배 논의가 활발할 때 宋煥箕의 제자로서 처음에는 獨奉論을 펼치다가 朝令을 따라야 한다는 원칙에 입각하여 同配論으로 선회한 후 우암추배에 참여하였다.(『五峯書院實記』)

169) 『江陵靑衿錄』에 의하면 하남재시비를 전후한 시기인 정조 3년(1779)과 정조 6년(1782) 좌목에 심씨는 한명도 포함되지 않았다.

반면 영월신씨인 신석필의 경우는 조선후기 그것도 18세기경에 가서야 점차 지역적 기반을 형성했던 씨족이다. 영월신씨가 지역적 기반을 형성하는 과정은 강릉김씨 김몽호계의 성장과정과 그 궤를 같이 하고 있다. 즉 영월신씨는 김몽호의 아들 得憲과의 혼인관계를 통해 강릉지방 사족과 연결되었고, 신씨가문 역시 17세기 이후부터 사마시 입격자들을 배출하기 시작하였다.[170]

따라서 도동사 건립과정에서 표출되었던 위치 재선정에 대한 논란은 3유생의 입장에서 보면, 읍치와의 원거리와 통행의 불편 등으로 인해 발생될 수 있는 사족의 무관심 그리고 색목의 차이로 인한 재지사족간의 갈등을 사전에 차단함과 동시에 사족간의 결속을 분열시키지 않으려는 목적도 내포하고 있던 것이다.

다음으로 호정사 즉, 삼연영당 창건에 관여하였던 사족들의 활동이나 향촌 내에서의 지위를 살펴보면, 우선 김창흡이 강릉에 왔을 때 그로부터 易書 강론을 받았던 인물들인 辛重東 · 高達明 · 辛正復 · 於鳴海 · 辛雲洪 · 閔載文 · 李萬肇 · 金益鏡 · 辛碩東 · 崔海甲 · 辛甲東 중에서 사마시에 입격한 사람은 신정복과 민재문 두 사람이다.

우선 신정복은 본관이 영월이고, 숙종 30년(1704) 출생하였으며, 부는 함께 易書 강론에 참여하였던 유학 신중동이다. 그리고 博士 辛應命의 6세손이며 주부 신성하의 증손이다. 신정복은 영조 14년(1738) 식년사마시에 입격하였으며,[171] 정호의 문인이었다.[172] 그리고 민재문은 자는 厚

---

170) 『世宗實錄』 地理志와 『新增東國輿地勝覽』의 姓氏條를 보면, 이미 삼척을 본으로 하는 심씨는 江陵大都護府 羽溪縣(지금의 玉溪)에 정착하였으며, 반면에 寧越辛氏는 18세기경에 편찬된 『臨瀛誌』에는 수록되지 않았으며, 『輿地圖書』 姓氏條에 처음으로 新增이라 하여 기록되어 있다.
171) 『CDROM司馬榜目』
172) 『臨瀛誌』 司馬條

叔, 여흥민씨로 영조 9년(1733) 식년사마시 진사에 입격하였으며, 효종 5
년(1654) 문과에 합격하여 감찰을 지낸 閔思謙의 손자, 父는 幼學 閔三老
이며,[173] 정호의 문인이었다.[174]

이외에도 신중동은 영월인으로 신응명의 5세손이고 신성하의 아들로
김창흡의 문인이며, 영조 11년(1735) 증광사마시 진사에 입격한 유학 이
만조는 李義明[175]의 아버지로 거주지는 강릉이고, 본관은 전주이다. 최해
갑은 영조 37년(1761) 오봉서원 齋任이었다.[176]

호정사 건립에 참여하였던 인물들은 대체로 첫째, 김창흡으로부터 易
學을 배웠던 사람들이며, 특히 11명의 修學生 중 5명이 영월신씨로 친족
관계였다. 둘째, 이들 중 일부는 사마시에 입격하였거나 또는 향촌 내 사
우의 직임을 역임하였다. 셋째는 송시열의 문인인 김창흡·정호[177]와 학
맥을 맺고 있는 노론이었다.

소론계인 약천 남구만을 모신 노곡서원 건립에 참여하는 인사들의
인적사항을 살펴보면, 김만겸은 자는 士豪, 강릉인, 호참 德璋의 현손, 塾
의 아들로 현종 13년(1672)에 진사에 입격하였다.[178] 최재태는 강릉인으
로 최치운의 후손, 현감 壽江의 5세손, 通德郎 柱溟의 아들로 숙종 37년

---

173) 『CDROM司馬榜目』
174) 『臨瀛誌』司馬條
175) 『CDROM司馬榜目』 참조
176) 『五峯書院實記』
177) 한국인명대사전편찬실편, 『한국인명대사전』, 신구문화사, 1992, 朝鮮儒學者系譜를 참
　　고로 金昌翕과 鄭澔의 系譜를 살펴보면 다음과 같다.
```
宋時烈 ┬ 李端夏 ─ 金昌翕 ─ 金元行 ─ 朴胤源 ─ 洪直弼 ─ 任憲晦 ─ 田愚
       ├ 權尙夏 ─ 韓元震 ─ 宋能相 ─ 李宜朝              ↑
       ├ 鄭  澔 ─ 金偉材 ─────────────── 金正默 ─ 宋穉圭
       └ 金昌協 ─ 李  縡 ┬ 金鍾厚
                         ├ 朴聖源
                         └ 金元行
```
178) 『臨瀛誌』人物條

(1711) 진사에 올랐으며 시를 잘 지었으며, 경종 1년(1721) 강릉향교 도유사를 역임했다.[179] 아들 昌鼎은 영조 17년(1741)에 진사에 올랐다.[180]

또 이건을 주장했던 사람들 중에서 趙瑞年은 철종 1년(1850) 증광사마시 진사에 입격하였다. 풍양조씨로 거주지는 강릉이며, 아버지는 通德郎을 지낸 趙萬會이다.[181] 이외에 유생들은 두 차례에 걸쳐서 이건을 주장하였으며, 그리고 부사에게 이건 시 역의 동원을 요청하여 재가를 받았다.[182]

이상에서와 같이 사우 건립과정에 참여하였던 사족들의 入仕活動과 건립과정에서 발생되었던 이건 문제 등에 대한 향촌 내 사족들의 동향을 분석해 본 결과, 분명 도동사나 노곡서원의 경우 노론일색이었던 당시 정황으로 보아 배향인물이 노론과는 색목에 차이가 있었던 인물들이었다. 그러나 건립과정에서 향촌 내 사림들의 색목의 차이가 반영되지는 않았다. 오히려 건립자체에 대해서는 다른 이의를 제기하고 있지 않는 점으로 미루어 보아 향촌 내 사족들의 색목의 구분은 뚜렷하지 않았거나 아니면 구분이 있었다 할지라도 노론이 우세했던 지역이기에 당색에 의한 분열로 간주하기는 어렵다. 오히려 색목을 달리하는 일부 인물들의 입장에서는 이런 쟁단 과정에서 향촌사에 일정부분 영향력을 행사하기 위한 방편으로 지역의 중대사에 적극적으로 관여하게 되었던 것으로 보인다.

---

179) 『臨瀛誌』人物條, 『江陵鄕校誌』 鄕校歷代任員 참조
180) 『CDROM司馬榜目』
181) 『臨瀛誌』人物條
182) 순조 19년(1819) 을묘년 7월 유생 曺和振 等은 府使 柳厚祚에게 역동원을 요청함

6) 맺음말

17세기 강릉 지역사회는 지역 내적으로는 이이를 배향하는 송담서원 건립을 추진함과 외적으로는 이이를 문묘에 종사하기 위한 상소활동을 활발히 추진하였다. 이 두 가지 일은 첫째, 서인의 영수로 상징되는 인물을 추존함으로써 지역의 학문적, 정치적 위상을 제고하고자 함이었고, 둘째는 양란을 겪으면서 피폐해진 지역사회를 재조함과 동시에 정치적, 사회적 측면에서는 지역사회를 성리학적 질서가 구축된 양난 이전상태로 복구하고자 함이었다. 따라서 17세기 강릉지방 사족들은 송담서원 건립과 이건 그리고 사액 요청과정에서 다져진 결속력을 바탕으로 해서 율곡과 우계의 종향과 관련된 사안에 반대 없이 공동으로 대처하는 모습을 보여주고 있다. 또한 강릉 인근지역 사족들과도 종향에 대한 공론이 형성됨으로서 양란이후 약화되었던 향촌사회에서 사족의 역할과 결속력이 강화되는 양상을 보여주고 있다.

그러므로 17세기 강릉지역 사회는 사족간의 응집력이 강하게 나타났고, 그것으로 인해 결국 중앙정치권이 서인과 남인으로 나누어져 붕당의 폐해가 극심하였음에도 불구하고 강릉지역 사족들은 율곡 이이의 학문적·도덕적 체계를 따르면서 서인계 지역으로서 색목을 확고히 하게 되었다.

18세기 지역사회는 심씨가문에 의해 하남영당의 서원화가 추진되면서 재지사족과 심씨가문간의 갈등인 소위 '하남재시비'가 발생되었고, 동시에 오봉서원에 우암을 추배하는 과정에서 同配論과 獨奉論에 따른 사족간의 異見이 나타났다. 정조 1년(1777)부터 약 6년 동안 전개된 하남재시비는 지역내적으로 보면, 재지사족과 심씨가문의 갈등과 대립양상으로 인식할 수 있지만 지역외적인 측면으로 확대해 보면, 중앙정치세력의 변화, 강원도관찰사 또는 강릉부사의 정치적 성향과 친인척 관계 등과 밀접하게 연관되어 있음을 알 수 있다.

우선 지역내적인 측면에서 보면, 심씨가문이 지속적으로 영당의 서원화를 추진하려했던 배경은 성리학적 명분론에 근거하여 私廟 성격의 영당에 程顥·程頤를 배향함으로써 심씨가문의 적통의식을 대내적으로 과시함과 동시에 사족가문으로서의 위상을 격상시키고자 함이었다. 이에 지역내 사족의 입장에서는 일차적으로 향중공론을 수렴하는 과정을 거치지 않고 서원화를 추진한 것에 대해 지적하였고, 이 점은 공론을 중시하려는 사족의 성향임과 동시에 일개 문중 중심의 서원이 건립됨에 따라 발생될 수 있는 향론의 분열을 우려했기 때문이다.

결국 우려했던 바대로 하남재시비는 사림과 심씨가문간의 명분론에 대한 입장의 차이로 표면화 되었고, 따라서 양측 간의 분열은 鄕戰 또는 儒戰으로 묘사되었다. 이와 같은 향전은 명분의 시시비비를 가려 공론을 형성하고자 함이었다. 향전의 결론은 재지사족의 주장이 최종적으로 반영되면서 향촌 내에서 사족과 심씨가문 간에 빚어진 갈등은 일단락되었다.

그러나 시비는 중앙정치세력과의 관계, 그리고 이와 연계된 족척들의 지방관 부임에 따른 혼미한 상황으로 인해 6년 동안 지속되었다. 정조로부터 두터운 신임을 받았던 강릉 출신 李澤徵의 경우 초기과정에서는 영당의 서원화 추진에 참여하였다가 洪國榮의 실각에 따라 宋德相 등 산림세력이 파직되자 입장을 선회하여 향촌 내 분열을 중재하는 역할을 수행하였다.

이러한 과정에서 새로 부임하는 관찰사의 영향도 적지 않게 작용하였다. 서원화 반대 입장이었던 金衡鎭의 족척인 金尙集 등은 강원도관찰사로 부임하여 하남재시비의 재조사를 지시하였고 이로 인해 양자간의 대립구도가 더 한층 심화되었다. 이후 강원도관찰사로 부임한 金熹(1729~1800)는 송덕상과의 인척관계를 이유로 시비에 대한 조사내용을 공개하지 않고 상부에 재조사 상황을 보고하는 한편 강릉부사 柳義養의 1

차 조사 내용을 누락시키는 등 편파적인 조치를 취하였다.

　따라서 하남재시비는 초기에는 송시열 후손들과 연계된 삼척심씨 가문과 지역 내 사림간의 갈등양상에서 송덕상의 정치적 영향력을 배경으로 삼척심씨 가문에 유리하게 전개되었지만 그가 실각하자 상황은 반전되었다. 또한 지방관의 성향에 따라 재지사족과 관의 갈등이 심화되거나 또는 상호협조체계에 영향을 미쳤지만, 향촌 중대사를 공론화를 통해 처리하고자 했던 사족의 명분론이 결국은 우위를 점하게 되었다.

　하남재 시비 이후인 18세기 후반 오봉서원에 우암추배를 추진하면서 향전의 양상이 다시 전개되기에 이른다. 우암추배사건의 핵심은 공자와 주자의 영정이 이미 배향된 오봉서원에 우암영정을 同配할 것이냐 아니면 獨奉할 것이냐에 대한 문제와 추진하는 과정에서 이를 공론화시키지 않고 독단적으로 추진하였다는 것이 쟁단의 소지가 되었다. 결론적으로 이 시비는 서원 운영의 주도권을 위한 원임 선정과 밀접한 관련이 있으며, 결국 우암영정 추배에 따른 사족 공론의 분열로 나타나게 되었다.

　이러한 사족 분열의 원인으로는 재지사족내의 결속력이 부족했던 점도 있었지만 중앙정부의 정책도 영향을 준 바도 있다. 즉 숙종조부터 활발하게 제기되었던 서원·사묘의 私建 금지와 私建時 해당 유생, 수령, 감사의 처벌과 같은 강력한 조치가 내려졌던 점 등이 향론분열로 작용하였던 것으로 생각된다.

　이와 같은 분열로 인해 문중중심의 비공식적인 사우와 재실 건립이 일반화되었고, 재지사족들은 향중공론화 과정을 거치지 않은 채 가문과 선조의 선양만을 위한 향촌활동을 전개하기에 이른다.

　한편 삼사 건립과정에서 표출되었던 이견들을 보면, 분명 도동사나 노곡서원의 경우 노론일색이었던 당시 정황으로 보아 배향인물이 노론과는 색목에 차이가 있었던 인물들이었다. 그러나 건립과정에서 향촌 내 사림들의 색목의 차이가 반영되지는 않았다. 오히려 건립자체에 대해서는 다른 이의를 제기하지 않았다는 점에서 당색에 의한 분열로 간주하기 보다는 추진 주체들의 입장에서는 지역 내에서의 영향력 확장을 위한 차원이었고, 따라서 이견을 보였지만 상호간 합의점을 찾고 있음을 확인할 수 있다.

그러므로 삼사 건립 주체들은 특정 성현의 봉사를 추진하다는 명분을 갖고 있지만 실질적으로는 쟁단 과정에서 일정부분 영향력을 행사하기 위한 방편으로 향촌의 중대사에 적극적으로 관여하고자 함이었다. 이것이 가능하였던 것은 향촌 내에서의 구휼활동을 통한 관과의 유대 강화, 사마시 입격을 통한 신분의 상승, 향촌 내 거족 가문과의 통혼관계 형성 그리고 관이 중심이 되어 만들어지는 「신구유통행절목」의 傳敎는 이들의 활동영역 확대로 이어졌다. 따라서 기득권을 확보하고 있는 입장에서는 도전으로 인한 갈등과 분열로 이해할 수 있지만 사회적 변화 및 발전이라고 하는 관점에서 이해하고자 한다면, 지역 사회의 구조적 변화상으로 사료된다.

VI. 인물 자료를 통해 살펴 본 지역사

1. 士族으로 成長한 江陵崔氏 三賢

1) 머리말

여말선초는 경외를 막론하고 모든 지역에서 많은 변화의 모습들이 잉태되기 시작하였다. 정치적으로는 여말의 많은 문제점들이 노출되면서 정치세력의 재편 현상이, 지방에서는 그에 따른 지방 통치의 부재현상이 나타났다. 사회적으로는 신분제의 동요, 새로운 가치관의 등장이 나타났던 시기이다. 특히 주목할 점은 고려의 전통적인 불교적 가치관이 신흥사대부들이 중심이 된 성리학적인 체계로의 변화를 들 수 있다. 이러한 변화는 고려후기 향리층의 신분 변화가 대표적이라 할 수 있다.

향리의 중앙관인으로의 진출이 법제적으로 보장된 과거, 서리직, 군직, 잡직 등을 통한 신분상승, 즉 토착 중간 지배계층인 향리신분에서 양반관료신분으로의 상승을 말하는 이른 바 재지이족의 사족화,[1] 사대부화 현상을 들 수 있고, 다른 하나는 유력 향리층이 중앙으로 진출하거나 유향품관층으로 전이함에 따라 나타난 역의 공백을 대신 담당해야 했던 잔존

향리층이 역의 고역화와 이를 제도적으로 편제시키는 방향에서 상대적인 자기 신분 상승의 도태화를 겪는 변화의 모습을 볼 수 있다.[2]

위의 준거를 근거로 강릉지역 사례를 대략 살펴보면 다음과 같다. 강릉지방 토성들은 강릉을 본관으로 하는 김씨, 최씨, 박씨, 곽씨, 함씨, 왕씨 등 6개의 토성이다.[3] 고려후기 강릉김씨의 사족화 경향이 활발해지는 시기에 주목되는 성씨로는 최씨를 들 수 있다. 당시 族勢는 김씨가 월등하였으나 점차 최씨의 경우도 등제와 통혼의 확대를 통해 신분의 상승을 추진하였다.[4]

강릉최씨 일부 가문은 유사한 방법을 통해 신분 상승의 토대를 마련하면서 점차 이족, 재지사족, 재경사족으로 분화되었는데, 이는 여말선초의 사회적 격변현상과도 관련되지만 일차적으로는 최씨가문의 몇몇 인사들의 상경종사를 통한 세의 확대에 기인하였다고 볼 수 있다.

강릉최씨 일부 가문이 강릉지방에서 어느 시기에 어떤 형태로 재지사족으로 발전하였을까? 신분의 변화에는 여러 가지 이유가 있을 텐데, 대체로 통혼과 등제를 통한 상경종사, 성리학적인 학연관계의 형성, 그리고 경제력의 성장 등에서 찾을 수 있을 것이다. 조선조 강릉지방 사림형성에 큰 공헌을 한 최씨 삼현, 즉 조은 최치운, 수헌 최응현, 원정 최수성 등의 성리학적 지배질서에 대한 인식, 그리고 그와 같은 질서를 향촌사회에 일반화시키기 위해 어떤 활동들을 전개하였을까? 이런 두가지 측면에서의

---

1) 김성우, 『조선중기 국가와 사족』, 역사비평사, 2001.
2) 『한국사』20, 국사편찬위원회, 1994, p.28.
3) 『世宗實錄』地理志, 江陵大都護府條.
4) 『東國輿地勝覽』강릉대도호부 인물조에 등재된 고려조 인물 중에서 강릉 김씨는 金上琦, 金沽[活], 金續[績], 金遷, 金光乙 등 6명이고, 강릉최씨는 崔守璜, 崔濡, 崔安沼 등 3명이다. 『臨瀛誌』인물조에는 강릉김씨가 金正茹, 金陽, 金上琦, 金仁存, 金活[沽], 金續[績], 金遷, 金光乙 등 9명이고, 강릉최씨는 崔守璜, 崔濡 등 2명이다.

고찰은 조선전기 강릉지방 사회변화의 모습을 부분적으로나마 짐작해 볼 수 있는 잣대가 되며, 또 한편으로는 이족에서 사족으로의 변화과정은 재지사족들의 지방사회 발전을 위한 노력의 일면으로도 여겨진다.

2) 上系에 대한 檢討

대체로 국내의 몇몇 거성들을 제외하고는 씨족의 상계에 대한 내용이 명확하지 않다. 강릉최씨의 경우 시조를 필달이라고 한다. 최필달에 관한 기록을 『고려사』나 『고려사절요』에서 찾아볼 수 없다. 다만 읍지나 족보 그리고 문집에서나 그 기록을 확인할 수 있다.

강릉최씨의 연원에 대해서 『臨瀛誌』에 附姓氏條에 "崔·咸·朴·郭 四姓從周元以來"[5]라고 기록되어 있다. 그러나 최근 간행된 강릉최씨 족보에는 입강시기가 정확하지 않다고 되어 있다.[6] 다른 기록에 의하면 "강릉을 본관으로 하는 최씨는 세 개인데 첫 번째는 경흥부원군 최필달로 경주로부터 강릉에 입강하였고, 두 번째는 고려 부마 최문한으로 강화로부터 강릉에 입강하였고, 세 번째는 전주최씨에서 분파된 최씨이다"[7]라고 되어 있다.

『강릉최씨대동보』에 의하면, 최필달의 경우 고려초에 三韓壁上三重大匡開國贊化功臣領僉議左政承慶興府院君이며 諡號는 忠武이다. 그러나 족보이외의 기록에서는 그의 행적에 관한 내용을 확인 할 수 없다. 족보에 기록된 필달계 후손들에 대한 기록 역시 그 근거를 찾기는 매우 어렵다.

---

5) 『臨瀛誌』附姓氏條.
6) 『江陵崔氏大同譜』始祖 必達條.
7) 『江陵崔氏世譜』先系源流辨疑條에 "惟江陵爲籍者亦有三 其一慶興府院君崔必達 自慶州入江陵 其一高麗駙馬崔文漢 自江華入江陵 其一卽我崔氏"

입지계와 문한계 역시 족보 이외의 자료로는 그 상계에 대한 정확한 사료를 찾을 수 없다.

이처럼 상계에 대한 근거를 확보하기 어려운 상황에서 李樹健의 주장은 매우 타당성이 있어 보인다. 이수건은 강릉최씨가 세 개의 본관으로 분파되는 이유를 17세기 이후에 편찬된 족보를 근거해서 다음과 같이 설명하고 있다. 즉 선대의 동성혼과 향리직역을 은폐하기 위하여 선조의 향관을 조작한 결과 三貫으로 나누어졌다고 주장하였다.[8] 이를 뒷받침 해주는 사료로는 『增補文獻備考』에 수록된 내용을 들 수 있다. 기록에 의하면, 강릉최씨 시조는 필달이고 증손은 숭언이며, 숭언의 13대손인 치운과 천유가 한 파, 고려 충렬왕때 관직에 오른 최수황이 한 파, 고려부마인 최문한이 한 파, 최입지가 한 파, 최지충이 한 파[9]를 이루고 있어 강릉최씨 내에는 5개 파가 존재했던 것으로 보인다.

이 논거에 근거해 고려와 조선을 거치는 시기에 강릉최씨가 사족화 하는 과정에서 족세가 확장되었으며, 또 각각의 중앙정계 진출시기가 상이하기에 후손들에 의해 향촌 내에서 통혼이 자유스럽게 이루어 질 수 있었다. 그러나 임란이후를 지나면서 동성동본의 통혼이 규제되자 각각의 분파는 통혼현상의 합리화를 위한 방안이 모색되었던 것이다.

어쨋든 강릉최씨 중에 고려말에 사족으로 발전되는 파는 崔濡, 崔守璜, 崔迤 등의 활동을 통해 살펴지며, 조선초에는 최치운의 출사와 후손들의 지속적인 과거합격 그리고 상경종사의 과정을 통해 확인 할 수 있다. 고려후기부터 사족화 경향이 강했던 강릉최씨의 경우 가장 먼저 중앙관계에 진출했던 가계로는 崔濡를 들 수 있다. 그 다음은 崔守璜 그리고 崔迤이다. 조선초에는 崔致雲 가문의 사족화 경향을 확인 할 수 있다.

---

8) 李樹健, 『韓國中世社會史硏究』, 一潮閣, 1985, p.296.
9) 『增補文獻備考』卷 48, 帝系考 9 江陵崔氏條.

崔濡는 고려 인종 6년(1128) 同知貢擧를 통해 進士에 합격하였다.[10]
그런데 최유의 출사전의 신분은 원래 명주지방 이족이었던 것으로 확인된
다. 그리고 나이 19세에 과거에 합격하여 校書校勘에 보임되었으며 中書
舍人을 거쳐 인종조에 翰林學士承旨御史大夫參知政事, 中書門下平章事
를 지냈으며 시호는 莊敬公이다.[11]

다음으로 최수황 가계의 경우는 『국조문과방목』에서 확인할 수 있는
데, 그의 아들 崔斯立은 충렬왕 16년(1290) 近侍判官令同正의 직함으로
진사에 합격하여 選部典書를 지냈으며 能詩善書하였다고 한다. 부는 崔
守璜인데 충렬왕 11년(1285) 진사시에 합격하였다.[12] 최수황은 명주인으
로 성품이 정직하고 근검하였으며, 집이 가난하여도 의식에는 개의치 않
았으며 고종조에 등제하여 군부정랑을 지냈으며 여러번 사인으로 있다가
찬성을 역임하였다.[13]

崔迪에 대해서는 『국조문과방목』崔濆 條에 다음과 같이 기록되어 있
다. 최지는 홍무 21년(1388) 문과 병과에 생원으로 급제하였으며, 이후 관
직은 司城[成]·府使를 지냈다. 그리고 부가 崔迪로 기록되어 있으며, 현
감을 지낸 英陽 南鳳羽의 딸과 결혼을 하였다.[14]

『臨瀛誌』문과조에 보면 崔濆는 강릉인으로 경흥부원군 필달의 후손
이고 명주군 한주의 5세손이며, 龜年의 아들로 1392년 태조 임신년에 문

---

10) 『高麗史』選擧志 27.
11) 『高麗史』列傳 卷 11, 崔濡條 "崔濡字元澤 本溟州吏 少敏悟善屬文 年十九中第補校書校勘
累遷中書舍人 仁宗朝歷翰林學士承旨御史大夫參知政事進門下侍郎同中書門下平章事 卒
年六十七 諡莊敬 爲人魁梧 有風標歷 任中外以公清 聞晚有疾 步履甚艱 猶不退 時人譏之"
12) 『國朝文科榜目』;『增補文獻備考』卷185 選擧考 二.
13) 『高麗史』列傳 卷 19, 崔守璜條 "崔守璜溟州人 性正直勤儉 家貧不能衣食 不以介意 高宗
朝登第累歷起居舍人軍簿正郎 忠烈王時 以左承旨同知貢擧取士守璜 …… 其晚子斯立 能
詩能善 官至選部典書"
14) 『國朝文科榜目』卷1.

과에 급제하여 대사성에 이르렀다고 기록되어 있다.[15]

한편 금란반월회 세계도를 보면 최이는 최입지의 후손으로 기록되어 있다.[16] 앞서 주장했던 것 처럼 강릉부 읍지의 경우는 필달계로 기록한 반면에 금반반월회 세계도에서는 입지계로 기록되어 있어 그 연유는 자세히 알 수 없다. 그러나 분명한 것은 최이가 강릉부 사람이며, 원래 이름은 崔遠이며, 강릉군 崔有璉의 아들이다. 최유연의 아버지인 崔安沼는 공민왕조에 純誠輔理功臣江陵君에 봉해졌다.[17] 그리고 최이가 임종할 때 모든 자손들을 불러 모아 놓고 이르기를 "우리 가문은 州吏로서 지금에 이른 것은 廉謹小心하였기 때문이다"라고 하였다.[18] 따라서 이족이었던 최이 가계의 경우 여말에 이미 상경종사하여 중앙관직에 진출하면서 사족화하였으며. 선초로 접어들면서 지속적으로 중앙관직에 종사하면서 재경사족화하였다.

3) 出仕과 通婚關係

(1) 崔致雲

최치운 가문이 사족으로 성장한 시기는 대체로 조선초기에 해당된다. 우선 이들 선대의 관직과 통혼관계를 살펴보면 다음과 같다.

---

15) 『臨瀛誌』文科條.
16) 『金蘭半月會世系圖』.
17) 『東國與地勝覽』江陵大都護府 人物條.
18) 『世宗實錄』卷 33, 世宗8年 丙午 七月 壬寅條 "壬寅 前判府事崔迤卒 迤舊名遠 字惟明 江陵府人, 江陵君有璉之子 出身都評議知印, 庚申 拜郎將兼糾正 出知旌善郡 又爲交州道按廉使 …… 臨終 召諸子姪曰 吾家本以州吏至于今日者 以廉謹小心耳"

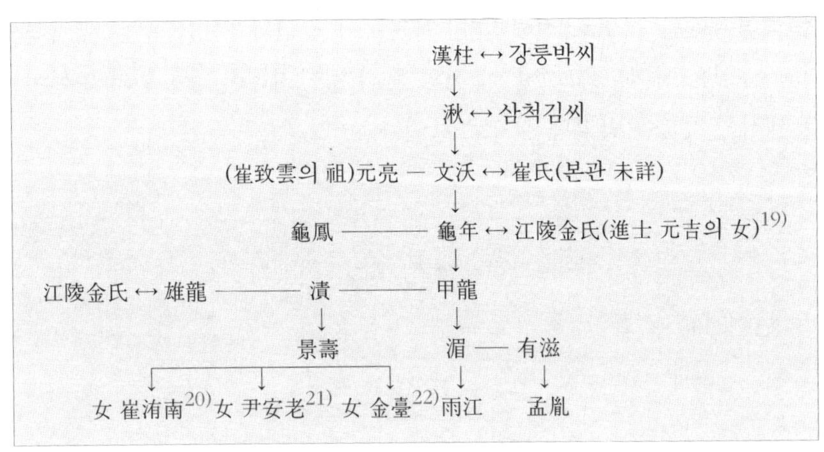

위의 가계도는 최치운의 상대에 대한 기록이다. 이 가계의 경우 대체로 강릉과 그 인근지역을 본관으로 하는 성씨와의 통혼 관계가 설정되는 것이 특징이다.

그리고 구년의 둘째 아들 최지의 경우 경수와 두 딸이 있었으며, 경수는 아들이 없고 딸만 셋인데 그 중 둘은 강릉최씨[입지계]와 강릉김씨 가문으로 출가하였다. 또 최지의 경우 앞서 설명하였던 것처럼 고려말에 과거에 급제한 것으로 보아 출사를 통해 사족으로 진출하였던 것으로 보인다.

다음은 崔元亮 이하 최치운 가계를 살펴보면 다음과 같다. 최원량은 최치운의 祖로 족보의 기록으로 보아 生進俱中하였으며 정선과 영월군수

---

19) 고려조 누대에 걸쳐 戶長을 지낸 金端叔系 德麟(令史)의 딸이 進士 金元吉과 通婚함(李樹健, 『韓國中世社會史研究』, 一潮閣, 1985, p.295 高麗後期 江陵金氏의 世系表, 〈표6-1〉 참조).

20) 崔洧南은 進士 郡守 仁浩의 아들로 江陵君 立之의 後孫이고 아들 崔希藻가 生員에, 딸은 訓導를 지낸 金遲의 아들인 生員 金盤石과 통혼하였다.(『江陵崔氏大同譜』 참조)

21) 進士, 玄風人, 부는 虞侯 貴德. 아들 尹弼殷은 進士로 江陵人 主簿 金坤의 아들 生員 金世公과 통혼함.(『江陵崔氏大同譜』 卷 1 참조)

22) 進士 獻納 贈參議 金匹陽의 子.(『江陵崔氏大同譜』 卷 1 참조)

를 역임하였던 것으로 전해진다. 최원량이 정선과 영월군수를 역임하였다는 사실은 아마도 고려말 이 지역 특히 정선지역이 강릉부의 영현이므로 향직의 직품을 받았던 것으로 보인다.

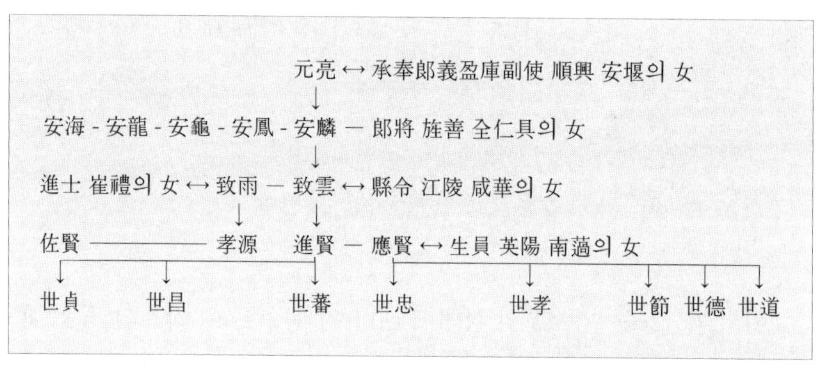

그리고 순흥안씨 安堰의 딸과 통혼하였다. 또 父인 崔安麟의 경우는 고려 국자생원이었으며 병조참판에 증직되었으며 정선전씨 전인구의 딸과 통혼하였다. 정선전씨는 강릉대도호부의 속성이며, 정선군의 경우는 토성에 해당된다. 정선전씨는 고려말 全偶和·全五倫[23] 이 출사하면서 족세가 번성하였다.[24] 강릉과 정선이 지리적으로 인접하고, 또 고려조 강릉의 영현이었던 점[25] 그리고 원량이 정선군수에 재임했던 점 등으로 미루어 보아 그는 정치적, 혈연적으로 정선전씨 인사들과 매우 밀접하였던 것으로 보인다.

崔致雲(고려 공양왕 2년 ; 1390~세종 22년 ; 1440)은 태종 정유년

---

23) 『新增東國輿地勝覽』卷 46 旌善郡 人物條에 보면, 全遇和는 고려 공민왕때 御史大夫였고, 全五倫은 典法判書였다고 기록되어 있다.

24) 李樹健,『韓國中世社會史研究』, 一潮閣, 1985, p.297.

25) 『新增東國輿地勝覽』卷 46, 旌善郡 建置沿革條 "本高句麗仍買縣 新羅景德王改今名 爲溟州領縣 高麗顯宗九年仍屬後陞爲郡 本朝因之".

(1417)에 생원으로 진사시에 합격하였으며, 字 伯卿, 父는 安獜[麟], 祖는 元亮, 曾祖는 湫, 外祖는 全仁具, 妻父는 咸華, 吏參을 지냈으며, 子는 應賢, 孫은 世節이며 모두 參判을 지냈다.[26]

釣隱 崔致雲 年譜

- 1390년(恭讓王 2); 출생
- 1408년(태종 8); 司馬試 급제(19세)
- 1417년(태종 17); 文科 급제(27세)
- 1433년(세종 15) 4월; 經歷 때 平安道都節制使 崔潤德의 從事官으로서 婆猪江 野人 李滿住를 征討
- 1433년(세종 15) 6월; 通訓知承政院事에 임명
- 1433년(세종 15) 10월; 兀狄哈이 斡木河를 치고 童猛哥帖木兒 父子를 죽임
- 1434년(세종 16) 5월; 斡木河에 鎭將을 두고 會寧鎭이라 함
- 1434년(세종 16) 3월; 從事官 崔致雲 등이 시연
- 1434년(세종 16) 9월; 선위별감 崔致雲을 알목하에 보내어 禹指揮를 위로.
- 1435년(세종 17) 8월; 工曹參議에 임명
- 1435년(세종 17) 12월; 吏曹參議에 임명
- 1436년(세종 18) 1월; 최치운을 원접사로 삼아 舍人 魏亨을 의주에서 영접 위로
- 1437년(세종 19) 9월; 李蕆 등이 婆猪江 野人을 征討함
- 1438년(세종 20) 11월; 최치운이 『新註無冤錄』 완성
- 1439년(세종 21) 정월; 최치운의 건의로 4孟朔 頒祿 시행
- 1439년(세종 21) 3월; 工曹參判에 임명
- 1439년(세종 21) 3월; 工曹參判 崔致雲을 啓稟使으로 삼아 北京에 파견
- 1439년(세종 21) 5월; 參判 崔致雲에게 田50結 하사
- 1439년(세종 21) 7월; 藝文館提學에 임명
- 1439년(세종 21) 9월; 刑曹參判에 임명
- 1439년(세종 21) 10월; 吏曹參判에 임명
- 1440년(세종 22) 7월; 최치운을 啓稟使로 삼아 北京에 보내어 여진의 童倉과 凡察 등이 도망한 사유를 보고

---

26) 『國朝文科榜目』

최치운은 세종으로부터 두터운 신임을 받았던 인물로 왕이 직접 禁酒와 관련하여 御札을 내려주었으며, 또 세종 15년(1433) 최윤덕이 만주를 정벌할 때 종사관으로 가서 승전하였다. 이때 야인이 다시 조선을 침공한다는 정보가 있자 국가에서는 어찌할 바를 모르고 있었는데 최치운이 이르기를 "천자에 아뢰어 해결하는 것과 같은 방법이 없다"라고 하니 왕이 이르기를 "그러면 보낼 사신을 결의하라 하나 갈만한 사신을 정하지 못하고 있는지"라 왕이 이르기를 "경[崔致雲]만한 사람이 없다"라고 하면서 이어 공조참판에 제수하고 이튿날 떠나보냈다. 이때 황제의 윤가를 얻고 칙서를 가지고 오니 그 공로로 전토 50결과 노비 30명을 하사 하였는데 노비는 사양하고 받지 않았다고 한다.[27] 그리고 혼인은 고려 후기 강릉지방 이족이었다가 사족으로 발전하였던 강릉함씨 咸華의 딸과 통혼하였다.

최치운의 동생인 최치우의 경우 세종조에 생원에 급제하였으며, 관직은 府丞을 지냈다.[28] 그런데 치우에게는 두딸이 있었는데 둘째딸의 남편이 문과에 급제하여 승지를 지낸 朴始亨이었다.[29] 참고로 강릉박씨는 가정 이곡과 같은 시기에 출사한 朴澄이 대표적인 인물인데, 박징은 어머니 묘를 강릉에 모시고 폐찰 염양사를 중건하고 토지와 노비를 희사하여 願刹로 삼았다고 한다.[30]

이후 박징의 후손 중에는 조선초에 문과에 급제하여 도사를 지낸 朴自儉, 현령을 지낸 朴中信, 그리고 박중신의 세아들인 박시형, 박시행, 박시문 모두가 문과에 급제하여 현달하게 된다. 또 시행의 아들인 朴公達은 稟性이 醇謹하고 孝友가 篤至하여 현량과에 입격하였다. 이들은 조선전

---

27) 『大東野乘』8卷 許筠 撰「海東野言」.

28) 『臨瀛誌』；『江陵崔氏大同譜』.

29) 『國朝文科榜目』.

30) 『東文選』卷 70,「江陵艶陽禪寺中興記」에 "朴君名澄 江陵人, 始以才 名貢有司 登科第 暨仕 有廉能聲 累官至三品"(이수건, 『韓國中世社會史研究』, 一潮閣, 1985, p.296 참조)

기 강릉지방 사림형성에 큰 기여를 하였던 인물들이다. 이처럼 강릉박씨의 경우 박자검 이후 3대가 문과에 급제하여 출사함으로써 가문의 위세가 매우 높아졌다고 보아진다. 이 가문처럼 지속적으로 과거에 급제함은 외형적으로도 족세의 번성 내지는 향촌 내에서의 위상 강화로 이어지지만 전체적으로 보아서는 조선전기 강릉지방 사족으로 발돋움하는 확고한 기반이 되었던 것이다. 따라서 이 가문과 최치우 딸과의 통혼관계는 향촌 내에서 사족가문간의 혈연적 결속 강화를 통해 재지적 기반을 확고히 하는 과정으로 이해된다.

그러므로 최원량 가계는 최치운이 과거를 통해 관직에 진출하여 중앙정계 진출한 후 세종으로부터 두터운 신임을 받으면서 급성장하였다. 특히 세종대에 하사받았던 전 50결의 경우는 이 가계가 재지사족으로 성장할 수 있었던 중요한 경제적 계기가 되었던 것이다.

(2) 崔應賢

최치운의 아들로는 진현과 응현은 있는데 進賢은 문종조에 생원에 입격하였고,[31] 응현(세종 10년 ; 1428~중종 2년 ; 1507)은 단종 2년(1454)에 생원으로 문과 진사시에 합격하였다.[32]

睡軒 崔應賢 年譜
- 1428년(세종 10); 출생.
- 1448년(세종 30); 生員ㆍ進士 兩試에 합격
- 1454년(단종 2); 別試文科에 급제
- 1463년(세조 9); 高城ㆍ寧越 군수 역임.
- 1483년(성종 14) 윤3월; 사헌부 執義에 임명.
- 1483년(성종 14) 8월; 承文院參校 崔應賢을 지방으로 보내어 수령의 불법과 학

---

31) 『江陵崔氏大同譜』
32) 『國朝文科榜目』 "生員崔應賢 寶臣, 戊申 父致雲 祖安潾 曾元亮 外咸華妻父南藹"

교를 살피게 하다

- 1483년(성종 14) 8월; 通訓大夫 司憲府執義에 임명.
- 1483년(성종 14) 9월; 지방관 부적격자와 수리도감 부당함 논의
- 1484년(성종 15) 7월; 봉금의 옥사 발생하자 成均館司成 崔應賢을 보내어 추국
- 1484년(성종 15) 8월; 敬差官 崔應賢이 봉금의 옥사 보고
- 1484년(성종 15) 11월; 봉금의 옥사를 추국해 실정을 밝힌 成均館司成 崔應賢 포상
- 1484년(성종 15) 12월; 최응현을 안성에 보내어 수령의 불법 적발
- 1484년(성종 15) 12월; 안성군수가 공물을 作者로 하여금 直納하는 것을 적발.
- 1485년(성종 16) 5월; 정희왕후 부묘 때의 공을 논하여 禮賓寺正 崔應賢에게 포상
- 1486년(성종 17) 5월; 奉常寺正 崔應賢 등 5인 輪對(장송하는 예의 상하 분별)
- 1486년(성종 17) 12월; 전라도에 침입한 水賊을 막지 못한 수군절도사와 나주 목사를 국문하기 위해 奉常寺正 崔應賢 파견
- 1487년(성종 18) 9월; 通政大夫 吏曹參議에 임명
- 1488년(성종 18) 2월; 吏曹判書 許琮 · 參議 최응현이 사명을 받들고 평안 도에 행차하여 사행무역 짐바리수 점검
- 1489년(성종 19) 2월; 통정대부 호조참의에 임명.
- 1489년(성종 19) 2월; 통정대부 승문원 동부승지에 임명.
- 1489년(성종 19) 9월; 通政大夫 戶曹參議에 임명.
- 1489년(성종 19) 10월; 충청도 관찰사에 임명.
- 1492년(성종 22) 7월; 嘉善大夫 同知中樞府事에 임명.
- 1492년(성종 22) 9월; 嘉善大夫 慶州府尹에 임명.
- 1495년(성종 25) 8월; 同知中樞府事에 임명.
- 1495년(연산군 1) 1월; 겸부총관에 임명.
- 1495년(연산군 1) 6월; 대사헌에 임명.
- 1495년(연산군 1) 6월; 왕비의 지친인 윤탕로를 비판한 대간을 국문하자, 최응 현이 이에 대해 항의
- 1495년(연산군 1) 7월; 대사헌 최응현이 윤탕로 치죄건의, 원각사에서의 불경 간행 정파 건의
- 1495년(연산군 1) 7월; 윤탕로 파직
- 1499년(연산군 4); 成均館同知事에 임명.

- 1502년(연산군 8) 12월; 漢城府左尹에 임명.
- 1504년(연산군 10) 5월; 공조참판에 임명.
- 1505년(연산군 11) 1월; 병조참판에 임명.

연산군 때 대사헌에 임명되었던 최응현은 왕이 조정의 권력이 모두 대간의 손에 달려 있다고 하자 이에 대해 그는 권력은 대간의 손에 달려 있는 것이 아니라고 하면서 왕과 조정 신하들의 잘못을 바로잡는 것이 대간의 고유 직무임을 강조하였다.[33] 이 기사를 통해 그의 대쪽같은 강직한 성품을 확인할 수 있다.

그리고 진현은 世蕃·世昌·世貞 등 세아들을 두었고, 응현은 世忠·世孝·世節·世德·世道 등 5명의 아들과 6명의 딸을 낳았다. 이들 자손들에 대한 출사, 관력 및 통혼관계를 정리한 것이 다음 표와 같다.

〈표 1〉 최진현 · 최응현 아들들의 출사 및 통혼현황

姓名	生沒年	科擧 登第	官歷	通婚關係	子 現況
世蕃	세종 28(1446~?)	무과급제	砥平 咸昌縣監	陽城 李著 女	壽沂 · 壽源
世昌	단종 즉위년 (1452~?)	성종 8년 (1477) 생원입격		江陵金氏 主簿 金坤 女, 金坤은 태종 14년(1414) 생원아고 아들 金世公도 생원 中宗 13年(1518) 烈女旌閭, 妻 曾祖는 縣監 金輕	萬齡 · 千齡 · 德齡 · 彭齡 · 益齡
世貞	세조 1년(1452~?)		展力副尉	羽溪李氏	壽儉 · 興達
世忠	단종 1년(1453)~ 중종 26년(1531)	성종 23년 (1492) 생원	蔚珍 · 金 溝縣令	江陵金氏 金石堅 (文科, 察訪) 女	壽嶂 · 壽崝 · 壽嵤 · 碩
世孝		성종 23년 (1492) 생원	孝廉司憲府 持平不就	鐵原崔氏 承旨 哲寬 女	壽峨 · 壽暢
世節	?~중종 30년 (1535)	연산 10년 (1504) 별시 문과 장원	刑 · 戶判書	平山申氏 申叔檜 女	壽嶒 · 壽巘

<hr>

33) 『燕山君日記』卷5, 元年 5月 丙申條

世德		연산군 7년 (1501) 진사	縣監	密陽朴氏 朴元溫 女 朴元溫은 睿宗 1年(1469) 生員	壽嵵 · 壽崿
世道		중종 8年 (1513)生員		善山金氏 金光弼 女	壽岷 · 壽嵋 · 壽崙 · 承貴
女 崔孝良				父 完山人 司直正 郡守 崔承正	
女 李思溫				父 龍仁人 虞侯 李貴達, 李思溫 의 女는 進士 申命和와 通婚	
女 愼敦義			僉樞	父 居昌人 縣監 愼承命	
女 李馮			參奉	陽城李氏 子 李達亨은 猿亭門人으로 중종 23년(1528) 진사가 됨	
女 申守禮			副司猛	掌令 申叔禎의 子	
女 柳世卿			直長		

　　진현과 응현의 8명의 아들 중에서 6명이 생원시 1명이 무과에 급제한 것으로 조사되었다. 그러나 이 통계는 족보를 근간으로 작성된 것이라 약간은 미흡하다. 그러나 족보와 사마방목을 대비해 본 결과 응현의 아들인 世節, 世德, 世道는 각각 진사와 생원시에 입격한 것으로 확인되었다. 그리고 진사인 世節은 연산군 10년(1504)에 별시문과에 장원으로 급제하였다.[34]

　　그리고 응현은 6명의 딸을 두었는데, 이들의 통혼내력을 보면 모두 강릉지방과 관련 없는 성씨들과 혼사가 이루어 졌다. 물론 이와 같은 현상은 진현의 아들 세창과 응현의 아들 세충을 제외하고는 모두 마찬가지이다. 이것은 상경종사한 후 점차 통혼권이 확대되었음을 나타내는 것이며, 더 나아가서는 재지적 기반 하에서 성장했던 사족가문이 점차 재경사족화 했던 것으로 판단된다.

---

34) 『國朝文科榜目』

⑶ **崔壽峸**

　　최수성의 字는 可鎭, 號는 猿亭, 江陵 사람으로 절개 고상한 처사였다. 그는 대표적인 기묘명현인 趙光祖와 함께 寒暄堂 金宏弼에게서 수업을 받았으면서 경전을 공부하였으며, 수학에 조예가 있었다고 한다.[35]

　　세효의 아들인 猿亭 최수성은 金宏弼의 문인이면서 조광조·김정 등과도 교류하였다.[36] 또한 金宏弼은 최수성에 대해 "己卯人才之盛 必以崔壽峸爲第一"[37]이라고 했으며, 成守琛 역시 그를 "己卯人才 以先生爲首"[38]라고 하여 높이 평가하였다. 최수성이 이런 문인관계를 형성할 수 있었던 것은 그의 성품과 학식이 뛰어났기도 했지만 그의 祖父인 崔應賢이 金宗直, 金宏弼과 교류관계를 맺고 있었기 때문이기도 하다.[39] 최수성과 관련되어 전해지는 일화를 소개하면 다음과 같다.

　　金老泉(金湜)이 孝直(趙光祖)·元冲(金淨)·大柔(金絿) 등과 더불어 이야기하고 있을 때에 최수성이 별안간 밖에서 들어오더니 인사도 아니하고 한참 섰다가 갑자기 노천을 부르면서 술 한 그릇을 달라 하므로 곧 주니, 진한 술을 단숨에 들이키고 나서 하는 말이 "내가 파선되는 배에 탔다가 하마터면 물에 빠질 뻔 하였다. 놀라서 가슴이 두근거리더니 이제 술을 마시니 풀린다" 하고, 간다는 말도 없이 바로 가버렸다. 좌중이 괴상하게 여기니 孝直이 말하기를, "파선되는 배라고 한 것은 우리들을 가리킨 것인데, 자네들이 알아듣지 못한 것이네" 하였다.[40]

　　南袞이 일찍이 山水圖 한 폭을 가지고 冲庵 金淨에게 題詩를 써 달라고 부탁하였다. 公[최수성]이 충암의 집을 방문하여 마침 이것을 보고, 드디어 그 위에다 제를

---

35) 『東儒師友錄』卷8, 行蹟.
36) 崔壽峸…九歲文藝已成 受業於寒暄堂金先生之門"(『己卯名賢錄』)
　　受業於金宏弼之門"(『江陵崔氏三賢遺稿』屏山書院建院疏)
37) 『江陵崔氏三賢遺稿』
38) 『江陵鄕賢行錄』
39) 『嶺東地方金石文資料集』2. 崔汝霖墓表 參考.
40) 『大東野乘』卷3, 丙辰丁巳錄.

써 이르기를, "떨어지는 해는 서산으로 내리고, 외로운 연기는 먼 수풀에서 일도
다. 福巾을 쓴 3·4 인이 있으니, 누가 輞川[당나라 시인 王維의 별장이 있던 명
승지의 주인인고" 하였다. 남곤이 이것을 보고 원한을 품었다.[41]

최수성은 기묘사화가 지난 2년 후인 중종 16년(1521) 南袞一派가 기
묘사화 이후 정권을 잡고 있을 때 그의 叔父인 崔世節이 고위관직인 승지
에 재임하였는데, 원정은 숙부에게 "南袞과 같이 어지러운 무리와 어찌 정
사를 논할 수 있겠는가" 라고 하면서 관직에서 물러날 것을 권유하였는데,
결국 이 언사가 남곤에게 발각되어 원정은 사형되었다.[42]

따라서 원정은 行實이나 志操面에서 사림으로서 충분한 자격을 갖추
고 있었던 인물이었으며, 더욱이 선대부터 맺어왔던 영남사림들과의 교류
관계를 통해 당대 영남사림들의 巨儒들과 더욱 친분한 관계를 맺을 수 있
었다.

이처럼 최치운계의 경우 이후부터 대를 이어 사마시와 문과에 합격
했던 것으로 조사되었다. 그리고 향촌내에서 입사자를 배출한 가문간의
연대형태는 통혼관계를 통해 나타났다. 그리고 이런 통혼 관계는 각 가문
의 정치적·사회적 지위를 상승시켜 줄 뿐만아니라 경제력의 확대로 이어
졌다.

경제력 확대의 방편은 여러 가지 형태로 진행되었다. 예를 들면, 읍치
외곽지역으로 거주지가 옮겨지면서 신전의 개간을 활발히 추진한다던
지,[43] 최치운처럼 중앙관직으로 진출하면서 사전을 지급받는다던지, 또
지역 내 다른 사족과의 통혼관계를 구축함으로써 외가나 처가로부터 재산
을 물려받는 경우 등을 통해서 경제적 토대를 구축하였던 것으로 보인다.

---

41) 『大東野乘』卷19, 海東雜錄1 己卯錄 崔壽峸.
42) 『江陵崔氏三賢遺稿』

4) 崔氏三賢의 鄕村活動

여말선초 강릉지역 재지세력들은 크게 두 부류로 구분할 수 있다. 첫째 부류는 고려조부터 이미 중앙관직에 진출하였던 사족가문이 있고, 둘째로는 선초에 들어와서 조선 개국에 공을 세웠던 인물들의 낙향과 함께 강릉을 본관으로 하는 가문의 등장으로 나눌 수 있다. 대체로 첫 번째에 해당되는 가문은 대대로 강릉지역에 세거하였던 토성사족으로 볼 수 있으며, 두 번째 부류에 해당되는 세력은 강릉의 세거씨족과의 인척관계를 형성하였던 가문들이다.

이들은 대체로 앞서 최치운 가문의 경우처럼 사족으로 발전하면서 상경종사한 부류와 세거씨족으로 잔존하는 경우가 있을 수 있다. 이와 같은 현상 속에서 재지사족들은 상경종사한 동족들과의 긴밀한 유대관계 유지를 통해서 재지적 기반을 다질 수 있었다. 이런 기반을 토대로 재지사족들은 향촌 내에서 다양한 활동들을 전개하였다. 이런 활동들의 궁극적 목적은 내적 결속의 강화이며, 외적으로는 사림정치의 보편화 현상 속에서 향촌 내에 성리학적 질서를 형성하고자 함이었다.

강릉의 경우 고려말부터 향교가 건립됨으로써 과업교육은 물론이거니와 향촌사회의 풍속 진작에 큰 기여를 하였다. 충선왕 5년(1313) 강릉도 존무사 金承印이 향교 학생들을 위해 지은 長句律詩 11韻에 향교를 건립

---

43) 강릉사족의 경우는 아니지만 강릉과 관련된 新田개간의 내용을 살펴보면, 중종 26년 (1531) 8월에 義城 거주 金璡 소유 노비 玉龍이 上典 소유인 江陵府 소재 金光坪 墾田에 대해 江陵大都護府使로부터 立案을 成給받아 농장을 개설한 경우가 주목된다. 토지의 규모는 90結 69負 2束이었다.(『古文書集成』5(義城金氏川上各派篇(Ⅰ), 韓國精神文化研究院刊, 1989, pp.339~345 ; 李樹健, 『嶺南學派의 形成과 展開』一潮閣, 1995 재인용) 즉 강릉 사족이 토지개간을 한 경우는 아니지만 멀리 경상도 지역 사족들에 의해 강릉 소재 토지가 개간되었던 점으로 미루어 보아 강릉지역내 사족들의 경우도 적극적으로 토지개간을 추진하였던 것으로 추측된다.

하고 고을에 학덕이 높은 長老를 스승으로 모셔 학생들을 가르쳤다는 기록이 전하고 있다.[44]

그러나 99년 후인 태종 11년(1411) 화재로 강릉향교가 소실되자 태종 13년(1413) 중건논의가 있었다. 이때 강릉대도호부 판관 李孟常과 김승인의 후손인 歙谷 縣令 金輕 그리고 郭居完, 崔致雲, 崔致雨 등 재지유림 67명이 함께 향교 중건을 도와 조정에 건의하여 일을 성사시켰다. 상소에 참여하였던 인물들을 보면 대체로 과거에 입격하여 관직에 진출했던 인물들이며, 성씨로는 金, 崔, 朴, 咸, 全, 魚, 沈, 李氏 등이다. 즉 당시 강릉지방의 사족이었던 성씨들이 주축이 되었음 알 수 있다.[45]

이처럼 다수의 강릉지방 유림들이 향교 중건에 참여하고 있는 점으로 미루어 보아 후학교육 및 양성에 매우 의지가 강했던 것으로 보이며, 또한 향교가 과거 준비 기능을 하였던 곳이라는 점에서 당시 강릉지방에 성리학이 빠르게 보급 확산되었음을 시사한다. 이 일은 여말선초 지방관들의 홍학활동과 재지사족들의 적극적인 참여를 통한 공교육 체제 확립, 그리고 지방 학문의 진작은 물론이거니와 재지사족들에게 있어서는 후학을 양성할 수 있는 토대가 되었다고 할 수 있다.

최치운의 경우 성리학의 기본 덕목이라고 할 수 있는 忠과 孝에 대한 인식이 매우 깊었던 것으로 사료된다. 세종 17년(1435) 최치운은 승문원사로서 請士大夫敦倫重祿疏란 상소를 제출하였다. 상소의 내용을 보면, 부부는 인륜의 근본이나 지금 사대부들은 왕왕 창기에 빠져들어서 처를 소박맞게 하니 敗常亂俗이 이보다 심한 것이 없다. 이에 바라옵건데 유사에게 명하여 推劾하고 이조에 이문하여 파직시키도록 청하였다.[46]

<hr>

44) 『江陵鄕校實記』文類條.
45) 『嶺東地方鄕土史研究資料叢書(II)』, 「江陵校院沿革」

또 부모를 생각하며 「慈母石」이란 시를 지으며 부모에게 효행을 행하지 못한 것을 대신해서 임금을 잘 섬기는 것이 부모의 은덕에 보답하는 길이라 하였다.[47] 이밖에도 최치운의 죽음을 애도하는 많은 祭文들이 전해지고 있는데, 東宮致祭文에서는 "그를 성품이 明敏하고 행실이 端雅하며 經史에 능통하였다"[48]고 표현하면서 그의 능통한 성리학적 행실을 높이 평가하였다.

따라서 최치운은 어려서부터 소학을 비롯한 性理書를 탐독하여 능통하였다. 그리고 중앙 고위관직으로 진출한 후에도 인륜의 중요성을 강조하고, 충효를 중요시하였으며, 강릉향교 중건에 참여함으로써 후학 교육에 상당히 기여하였던 것으로 보인다. 이런 몇 가지 행적을 보더라도 최치운은 강릉지방 유림들에게 있어서 매우 귀감이 되었던 인물이었다. 이에 인조 23년(1645) 강릉지방 사림들에 의해 향현들의 유업을 계승하고 추앙하기 위해 세워진 향현사에 배향되었다.

최치운의 아들인 최응현 역시 인조 23년(1645)에 향현사에 배행되었다. 그가 향현사의 배향될 수 있었던 이유는 여러 방면에서 찾을 수 있다. 강릉 향현사 배향 사유는 첫째는 벽불자, 둘째는 효행자, 셋째는 哲人으로 나눌 수 있다.[49]

최응현의 행적을 보면, 당시 지역 유림의 결사체인 금란반월회의 스승으로 역할하면서 영남사림들과의 교유관계를 맺어 금란반월회원인 崔

---

46) 『江陵崔氏三賢遺稿』,「請士大夫敦倫重祿疏」"判承文院事崔致雲上疏言夫婦人倫之本　而今之士大夫　往往溺於娼妓　疎薄其妻　敗常亂俗　莫甚於此願令攸司推劾移文　吏曹悉幷罷黜……"

47) 『江陵崔氏三賢遺稿』,「慈母石」"…… 嗚呼罔極之恩　眞難報　而今賴有移忠孝行　當竭力事明君　展可揚名　酬二親"

48) 『江陵崔氏三賢遺稿』,「東宮致祭文」

49) 金東燦,「江陵 鄉賢祠 研究」,『嶺東文化』5, 관동대학교 영동문화연구소, 1994.

汝霖을 金宗直 門人으로 배출하기도 하였다. 김굉필 등과도 교류를 보이고 있다.[50] 또한 김종직은 최응현이 충청도관찰사로 부임할 때 시를 지어주면서 이르기를 "그는 어려서부터 性情이 뛰어났다고 칭찬하면서 그가 부임하면 마을에 武斷이 없어지고 백성들의 뇌물이 끊어져서 미풍양속이 돈독해 질 것이다"라고 하였다.[51]

한편 율곡 이이는 최응현의 신도비를 찬하였다. 율곡과 최응현은 족친관계이다. 즉 응현의 딸이 우후 이귀달의 아들 이사온과 통혼하고, 이사온의 딸은 신명화와 통혼관계를 형성하였다. 비문에 보면, 공은 어려서부터 총민하여 다른 아이들과 차이가 있었는데 13살 때 이미 상을 당하자 극진히 예를 다하여 상례를 치루었는데 이에 고을에서 그 효성에 감복하였다고 한다. 또 과거에 급제하여 承文院副正字에 부임하였으나 부임하지 않고 강릉훈도를 역임하였다. 이후에도 京職에 선뜻 부임하지 않고 강릉부 교수직을 지냈다. 이처럼 최응현은 과거에 급제한 후 중앙관직으로 앞다투어 진출하지 않고 향촌에 있으면서 후학 양성에 전념하였다.

또 성종 11년(1480) 상을 당했을 때에도 삼년간 여묘살이를 극진하게 하여 대신들이 모두 그의 어진 행실을 천거하였다고 한다. 또 충청관찰사로 부임할 때 왕이 교서하기를 "옛 말에 충신을 얻을려면 효자 가문에서 구하였는데 오직 卿은 蓄財하려 하지 않고 20여년간 효행을 극진히 하였는데 능히 충성을 다하지 않겠는가"라고 하였다. 이에 대해 율곡은 "공은 성품이 아름답고 집에 있을 때에는 효우를 행하고 관직에 나아가서는 精明·淸儉·自律하고, 母夫人을 극진히 섬겼다"고 하였다. 아울러 비명에서도 그의 효행과 관직생활에서의 청렴함을 극찬하였다.[52]

---

50) 『嶺東地方金石文資料集』2. 崔汝霖墓表參考.
51) 『佔畢齋集』詩集 卷 23, 送崔觀察使應賢巡忠淸道
52) 『江陵崔氏三賢遺稿』, 「神道碑」

최수성의 경우 향촌활동과 직접적인 관련이 있는 경우는 적다. 그러나 그가 강릉부사를 지냈던 한급의 사위이고 당대 재지사림인 박수량·박공달과 교유하고 있었다는 측면에서는 매우 의미있다. 왜냐하면 이 시기에 지방사회에서 사림들의 영향력이 점차 확산되고 또 향촌에서의 성리학적인 지배질서를 구축하려는 노력들의 일면이 보이고 있기 때문이다.

그리고 최수성의 선대는 효우가 돈독하였고, 성품 또한 강직한 면을 보이고 있으며, 영남사림들과 교우관계를 맺고 있었기 때문에 猿亭 崔壽峸은 더욱 자연스럽게 영남사림들과 학맥관계를 맺을 수 있었다. 이러한 문인관계가 형성될 수 있었던 까닭은 그의 성품과 학식이 뛰어났기도 했지만 그의 증조부인 최치운의 중앙정계에서의 활동과 祖父인 崔應賢이 金宗直, 金宏弼과 교류관계를 맺고 있었기 때문이기도 하다. 즉 여타 지역 사림들과 학연관계를 형성하면서 나름대로 향촌사회 인사들과 교류하였기에 貫鄕에 많은 영향을 주었다.

이처럼 최씨삼현의 경우 향촌 내에서는 효행과 후학 양성에 많은 기여를 하였으며, 관직 생활에서는 청렴하고 고결한 관료적 인품을 보여줌으로써 성품을 대내외적으로 인정받았다. 그리고 이런 성품과 학식으로 인해 영남사림들과 절친한 교우관계를 맺었다고 할 수 있다. 특히 효와 충으로 그 명성을 인정받았다는 점에서 후대에 향현사에 자연스럽게 배향될 수 있었으며, 더 나아가서는 성리학적인 면에 있어서 최치운 → 최응현 → 최수성으로 이어지는 가학과 학문적 맥이 이어졌다고 보여진다. 특히 최수성대에 이르러 박공달, 박수량 등과 같은 명현들을 배출할 수 있었던 것도 최치운과 최응현을 중심으로 한 당대 재지인사들의 성리학적 인식의 확산에서 비롯되었다고 해도 과언은 아닐 것이다.

5) 맺음말

　강릉최씨의 경우 이미 고려조에 출사를 통해 상경종사한 일부 가문들을 볼 수 있다. 이들 가문 역시 강릉지방 이족이었으며, 과거를 통해 관직에 진출함으로써 사족화의 길을 걸었다고 할 수 있다, 그 대표적인 가계는 崔濡, 崔守璜, 崔迤 가계라고 할 수 있다. 이들 가문에 이어 여말선초 유사한 형태로 사족화하였던 가계가 최치운 가문이라 할 수 있다.

　최치운 가계의 경우, 그가 과거를 통해 재경관인으로 진출하였으며, 그 후 아들 최응현, 손자, 증손자로 이어지는 지속적인 관료진출은 향촌 내에서 다수의 출사자를 배출한 가문으로서 그 명망을 유지할 수 있었다. 특히 이들은 과거를 통한 출사와 동시에 주로 고려말 선초에는 강릉지역 토성 내지는 이미 사족화하였던 가문들과 통혼관계를 형성하였다. 즉 초기단계에 있어서 주로 같은 지역 내 토성이족 또는 사족화의 길을 걷고 있는 가문과의 통혼을 통해 인척관계를 형성하고 있다. 이점은 각각은 출사를 통해 입신양명을 도모하고 있으며, 지역 내에서는 출사자들을 중심으로 한 인척망을 형성함으로써 점차 향촌에서의 혈연중심의 공동체 의식이 강화되었다.

　향촌 내에서의 혈연적 공동체 의식의 강화는 대외적으로 지연공동체 의식의 강화로 이어진다고 보여진다. 이점은 점차 후대로 갈수록 그 통혼권이 대외로 확대되면서 혈연을 기반으로 한 지연의 강화, 즉 가문이 지역성에서 탈피하여 전체성을 갖는 것으로 의미부여 할 수 있다. 지역성에서 전체성으로의 인식확대는 재지적 기반과 출사기반을 갖고 있던 사족들에게 있어서 지역공동체와 관련된 대소사에 직접 영향을 주거나 그렇지 않으면 사족들이 공동으로 鄕村事에 가담하는 경우로 발전되었다고 보여진다.

　예를 들자면 강릉향교 중건 과정에서 최치운·최치우 형제의 참여, 그리고 다른 여타 토성들의 적극적인 가담은 이와 같은 현상으로 보아야 한다. 더 발전한 경우는 최응현이 師席으로 참여하였던 금란반월회의 경우를 예로 들 수 있을 것이다. 금란반월회는 강릉지역 내 사족들의 재지적 및 정치적 기반 형성을 위한 지역 공동체로 이해되며, 더욱이 성리학적인 규범을 강조하고 있는 점으로 보아 참여 인물들은 향촌 내에 성리학적인 체계를 확산시키는 핵심인사들이었다.

그리고 최응현과 그의 문인, 최수성 등의 경우 孝와 忠으로 대변할 수 있는 성리학을 일상생활에서 실천궁행하였던 인물들이다. 특히 이 둘에 대한 당시 巨儒들의 평가에 있어서도 그들의 효행과 충절 그리고 관료로서의 청렴성을 높이 평가하고 있다. 그러므로 이들의 행실과 활동은 강릉지방 재지사림 형성의 초기단계에서부터 적지 않은 영향을 주었으며, 이후 강릉지방에서의 서원 건립, 향약의 시행 등이 활발히 추진될 수 있었던 것도 이들의 향촌사회 발전을 위한 노력의 결과로 사료된다.

2. 효행을 몸소 실천한 기묘명현 박수량과 박공달

1) 머리말

기묘명현이라 함은 중종 때 발생한 기묘사회에 연루되었던 신진사람들을 지칭한다. 강릉의 경우도 박수량, 박공달, 최수성 등이 기묘명현에 포함된다. 기묘명현에는 영남 사림들이 다수를 차지하고 있는데, 이들의 출신성분에 대한 분석을 보면, 대체로 세가지 부류로 구분할 수 있다. 첫째, 여말선초에 걸쳐 토성 이족에서 사족으로 성장한 부류(金宗直, 金馹孫, 鄭汝昌, 朴漢柱, 鄭誠謹, 洪遺達, 曹偉, 李滉, 李賢輔, 金淡, 柳成龍, 孫仲暾 가문), 둘째, 15세기 이전 재경사족으로 성장하였다가 15세기 이후 다시 본관으로 낙향한 부류(姜淮伯, 河崙·河演, 李原, 金得雨, 權軫·權橃, 昌寧曹氏, 慶州李氏, 尙州金氏), 셋째, 영남을 본관으로 하지 않고 타도 출신사족으로서 각기 연고지를 따라 영남으로 이주한 경우(崔善門, 金宏弼, 楊熙止, 李彦迪, 金緣, 魚孝瞻, 盧叔仝, 盧守愼, 鄭琢, 鄭逑, 李玄逸, 李元禎 가문) 등 이다.[1] 첫번째와 두번째의 경우는 동일부류로 볼 수 있을 것 같다. 왜냐하면 두번째에 해당하는 가문들의 경우 거의가 토성들이었으며, 상경종사를 계기로 재경관인화하고 있었기 때문이다.

이에 『己卯名賢錄』에 등재되어 있는 강릉출신 인사, 즉 江陵朴氏 朴遂良과 朴公達은 강릉지역 토성으로서 누대에 걸쳐 재지세력으로서 군림했던 세력이다. 이 가문은 관직진출자를 배출함과 동시에 재지세력으로서 역할을 수행하고 있었다. 이는 선초 강릉지역 품관들의 동향에서도 살필 수 있는데, 우선 강릉부 백성 백여인은 전 부사 한급이 부사로 재직할

---

1) 李樹健, 『嶺南士林派의 形成』嶺南大學校 民族文化硏究所, 1979, p.142.

시 불의의 일을 많이 행했다는 이유에서 치죄되었을 때 그에 탄원서를 상언하였으며,[2] 중종 9년(1514) 9월 20일에는 江陵 儒生 박수량 등도 같은건으로 상소하였다.[3] 이처럼 강릉지역 기묘명현 역시 향촌사회에서 공론을 주도하는 등의 역할을 통해 지역 내 역량을 강화하였다. 이에 본고에서는 효행을 몸소 실천한 박수량과 박공달의 주요 행적을 통해 조선전기 강릉 지역 신진사림들의 사회적 역할을 조명하고자 한다.

2) 교유관계와 관직진출

강릉출신 기묘명현들은 과거를 통해서 중앙관직에 진출하였으며, 또한 선대부터 영남의 사림들과의 교유관계를 보이고 있다. 특히 관동 사람인 趙太虛는 성종 7년(1471) 여름 영남으로 김종직을 찾아가 그와 함께 禮記를 읽고, 가을이 되자 귀향하면서 두류산을 기행한 기사를 남기고 있다.[4]

한편 이보다 앞서 여말부터 강릉에는 많은 문인들이 찾아와 경치에 탐복하면서 시와 문장을 남기고 있다.[5] 그리고 세조 2년(1456) 생원·진사시에 俱中했던 朴始亨[6]의 雲錦樓 記文에 보면, "진신으로 풍류를 좋아하는 사대부 그 누구나 그 지역에 한번 가서 평소 소원을 이루고자 하였다. 인걸은 지령으로 말미암고 물화는 하늘이 내린 보배인 것으로 그 절묘

---

2) 『中宗實錄』中宗 9年 5月 6日 戊辰條.
3) 『中宗實錄』中宗 9年 9月 20日 己卯條.
4) "…今年夏 曹大虛自關東來 從余讀禮 及秋將返于庭闈而求遊玆山…"(『續東文選』21卷, 頭流記行錄條)
5) 『新增東國輿地勝覽』을 비롯하여 읍지들에서 쉽게 접할 수 있는 여말의 인물로는 安軸, 成倪, 李穀 등이 대표적인데, 다수의 詩와 記文들이 전해지고 있다.
6) 『臨瀛誌』人物編 司馬條.

하고 장함이 대관령 동쪽에서는 집대성하여 유독 으뜸이 되게 한 것이로다"[7]라 하여 이 지방의 산자수명한 자연경치가 사대부들에게 있어서 수양을 하기에 좋은 곳이라고 알려졌었던 것이다.

이 점 역시 이 지방에 많은 文客들이 찾아오는 배경이 되었을 것이며, 아울러 향촌사회의 학문발전에도 크게 영향을 미쳤다. 특히 영남 士類들의 빈번한 내방은 이 지역 사류들에게 있어서 영남과 교류할 수 있는 교두보가 되었다.

조선전기 영남과의 교류는 문인관계에서도 쉽게 살필 수 있는데, 위의 강릉출신 기묘명현 역시 영남사림들과 교유관계를 맺고 있었다. 우선 박수량과 박공달이 官界에 진출하는 과정을 보면, 중종반정으로 연산군이 축출되고 중종이 즉위하면서 성균관·사학 및 지방관이나 지방민으로 하여금 遺逸을 천거하라는 전교[8]에 따라 일시 정지되었던 천거제가 부활[9]되었다. 이에 조광조 사림파가 천거제를 세력강화의 방편으로 이용하면서[10] 박공달은 己卯諸賢 중 丙科로, 박수량은 別科에 被薦되었다.[11]

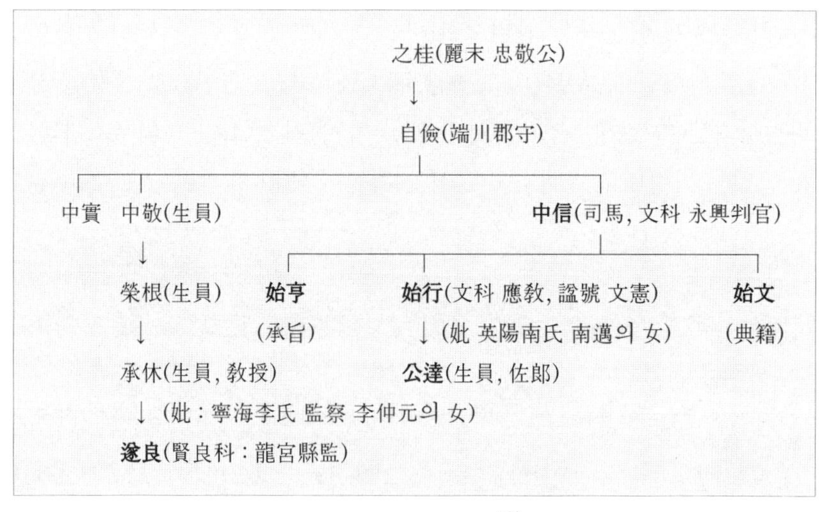

朴公達 · 朴遂良 家系圖[12]

이 가문의 가계 분석은 『江陵朴氏大同譜』·『江陵鄕賢行錄』·『己卯名賢錄』·『臨瀛誌』 등을 참고하였으며, 관직의 경우 『朝鮮王朝實錄』과 방목류들을 참고하여 정리하였다.

위 가계도에 의하면, 박수량과 박공달 가문은 조선초에 문과에 급제하여 도사를 지낸 朴自儉, 현령을 지낸 朴中信, 그리고 박중신의 세아들인 朴始亨, 朴始行, 朴始文 모두가 문과에 급제하여 현달하게 된다. 또 시행의 아들인 朴公達은 稟性이 醇謹하고 孝友가 篤至하여 현량과에 입격되기도 하였다. 조선전기 강릉지방 사림형성에 큰 기여를 하였던 인물들이다. 이처럼 강릉박씨의 경우 박자검 이후 3대가 문과에 급제하여 출사함으로써 가문의 위세가 매우 높아졌다고 보아진다.

都事를 지낸 自儉은 조선조에 문과에 급제하여 端川郡守를 지냈으며, 自儉의 아들 中敬은 生員이며 崔應賢과 交流를 하였다. 中敬의 아들 榮根은 생원이었으며, 영근의 아들 承休는 영해이씨 감찰 이중원의 딸을 아내로 맞이하여 遂良을 낳았다.

박수량은 성종 6년(1475) 출생하였는데, 어려서부터 孝友하였으며, 학문을 좋아했다고 하며 장성해서는 고결하였다고 한다. 그리고 연산군 10년(1504) 생원진사시에 俱中하였다. 이후 문과에 응시하지 않았으며, 母喪을 당해서는 短喪法을 시행해야 함에도 불구하고 차라리 철퇴를 당할지언정 先王之制를 어기지는 않을 것이라고 하면서 廬墓하면서 三年喪을

---

7) 『新增東國輿地勝覽』江陵大都護府編 雲錦樓條.
8) 『中宗實錄』卷1, 元年 10月 辛亥條.
9) 『中宗實錄』卷4, 2年 10月 戊戌條.
10) 鄭求先, 「中宗朝 薦擧制의 施行과 士林의 成長」, 『東國史學』第24輯, 1990, p.4.
11) 『己卯名賢錄』丙科·別科被薦條.
12) 이 가문의 가계 분석은 『江陵朴氏大同譜』·『江陵鄕賢行錄』·『己卯名賢錄』·『臨瀛誌』 등을 참고하였으며, 관직의 경우 『朝鮮王朝實錄』과 방목류들을 참고하여 정리하였다.

치루었으며,[13] 중종 3년(1508) 정려를 받았다. 그리고 중종 11년(1516) 가을 冲菴 金淨이 박수량을 방문하여 금강산에서 가지고 온 躑躅杖을 건네주면서 시로 서로 회답하였다.[14] 박수량은 이 詩에서 金淨에게 말하기를 "곧은 성품이 있음에도 불구하고 시세에 따라 굴복하였는데 그 강직함은 항상 마음속에 있는 것이니 조심하라"[15]는 충고의 내용을 담고 있다.

박수량은 중종 13년(1518) 金淨·趙光祖·金湜 등 당시 사림정치를 주도했던 인물들로 부터 遺逸薦擧되었으며, 그해 7월 龍宮縣監에 특별히 제수되었다. 이때 임금이 친견하면서 "요순의 다스림을 회복할 수 있겠는가"라고 물으니 대답하기를 "신이 초야에서 태어나 자라면서 본초와 방초의 성질을 보았는데, 옛날에 달던 것은 지금도 또한 달고 옛날에 쓰던 것은 지금도 또한 쓰니 하물며 사람의 성질이 고금과 다름이 있겠습니까? 만약 요순의 다스림으로서 다스린다면 그 다스림에 이르는 것은 어렵지 않을 것입니다"라고 하였다.[16] 이후 박수량은 사림세력이 기묘사화로 就獄되자 화가 미칠 것을 염려하여 관직을 버리고 귀향하여 鄕村社會運營에 참여하였다.

박공달은 성종 1년(1470) 박시행과 英陽南氏 進士 南邁의 딸 사이에서 출생하였으며, 어려서부터 효와 우애가 돈독하였으며 말을 가려서 하였다 하며, 향당에서는 그를 善士라 칭하였다. 燕山君 1년(1495) 생원에 입격하였는데 이때 나이 16세였으며 심신을 수양하고 행실이 곧았으며

---

13) "朴遂良江陵府人 燕山朝 短喪制 遂良時遭母喪 猶服衰廬墓三年 恭僖大王朝旌閭"(『三綱行實圖』)

14) 金淨은 "萬玉層崖裏 九秋霜雪枝 指來贈君子 歲晩是心期"라는 시를 지었으며, 遂良은 "似嫌直先伐 故欲曲其身 直性猶存內 那能免斧斤"이라는 시를 答하였다.(『江陵鄕賢行錄』三可朴先生編)

15) 金東燦,「江陵鄕賢祠硏究」,『嶺東文化』5輯, 關東大學校 嶺東文化硏究所, 1994.

16) 『江陵鄕賢行錄』三可朴先生編.

독서에 심취하였다고 한다.[17]

이후 중종이 계속해서 遺逸薦擧에 대한 傳敎를 내림에 따라 중종 14
년(1519) 4월 13일 각도에서 천거한 사람 중 120인을 선발하여 시험을 치
르게 하였다. 이 시험에서 합격된 자는 己卯八賢의 한사람인 金湜을 비롯
하여 모두 28명이었다.[18]

박공달은 중종 14년(1519) 金淨에 의해 7개 항목의 薦擧名目 중 성품
과 행실이 돈독하였기 때문에 발탁되어 현량과에 천거되었다.[19] 이보다
앞서 김정과 박공달의 교유는 중종 11년(1516) 가을 김정이 금강산에 왔
다가 공달의 소식을 듣고 방문한 후 數日동안 시를 주고 받는 친분을 나눈
데서 비롯된다. 이들이 주고받은 시의 내용을 보면, 김정은 박공달이 신선
이 사는 곳에서 자연을 벗하며 마음 편히 사는데 아직 자리를 못 잡고 떠
도는 본인의 신세를 한탄하였다.[20]

또한 賢良科에 被薦되었다가 文科를 거쳐 영의정까지 오른 尙震[성종
24년(1493)~명종 19년(1564)]은 관동지방에 와 박공달을 방문하고서는 사
람들에게 이르기를 "이 사람은 옥항아리 속에 담겨져 있는 가을 물과 같
다"[21]고 비유하면서 박공달의 고결한 성품을 평가하였다.

己卯士禍 직전에 박공달은 현량과에 피천되어 과거에 합격한 후 홍
문관 저작을 비롯하여 병조좌랑을 역임하였으며, 기묘사화가 일어났을
때, 천거인들이 파직당하자 강릉으로 퇴거하여 沙月[지금 강릉시 사천면

---

17) 『江陵鄉賢行錄』·『己卯名賢錄』
18) 『中宗實錄』卷35, 中宗 14年 4月 丙子條 "上御勤政殿 策薦擧士 取掌令金湜等二十八人"
19) 李秉烋, 「賢良科 及第者의 性分 ―賢良科研究 添補-」, 『大丘史學』12·13合輯, 1997.
20) 『三可集』"相逢捷隱處 此地卽蓬瀛 江海扁舟月 飄浮一客星 趣添皆骨遠眼入鏡湖靑 分手
    又千里 馬前霜葉零" 참고로 이 책은 박수량의 문집으로 정확한 간행시기는 알수 없으나
    18세기 경으로 추정된다. 그 근거는 책의 내용에 '己卯距今 幾三百年矣'라 되어 있다.
21) 『己卯錄』, "泛虛翁尙震 按關東 嘗就訪先生 語人曰 斯人如玉壺秋水"

일대]에서 종숙질 박수량과 더불어 경서를 강독하였다.

　이상에서 살펴 보았듯이 從姪 사이인 박수량과 박공달은 모두 金淨의 문인으로서 당시 사림의 핵심세력들과 교유하면서 현량과를 통해 관직에 진출하였는데, 기묘사화가 발생하여 사림에 화가 미치자 퇴거하였다. 현량과에 피천되어 사림정치에 참여할 수 있었던 것은 우선적으로 그들의 품성이나 행실이 향촌사회에서 뿐만 아니라 사림세력들에게 알려졌기 때문이었다. 그들의 행실은 『소학』강독이나 향약의 보급을 통해서 향촌사회를 성리학적 질서로의 확립을 주도했던 사림세력들의 정치적 성향과도 부합되었다. 따라서 영남사림들과의 지속적인 교분은 그들의 효행이나 행실이 향촌사회에서 본보기가 되었으므로 사림정치의 개혁방향인 성리학적 지배질서를 향촌사회에 정착시키는데 크게 작용하였다.

3) 지역사회에서의 역할

　그들의 학문이나 사림으로서의 행동은 재지사회의 학문을 진작시키거나 유생들의 학문적 분위기를 고조시키는데 기여하였다. 그의 정치활동은 그다지 두각을 나타내고 있지는 않지만 지역 현안과 관련된 몇몇 사안에 대해서는 당시 공론정치의 한 방편을 통해서 그들 나름대로의 입장을 피력하고 있으며, 또한 그러한 현안문제를 중앙정부에 상소하면서까지 해결하려는 노력을 보이고 있다. 이것은 강릉부 수령인 부사 한급의 부정에 대한 지역 사림들의 공론형성의 실태를 통해서 살필 수 있다.

　이 사건은 강원도관찰사 안윤손이 한급이 부사로 재직하면서 관의 면포 150필을 곡식과 바꾸어 착복한 사실을 발각하고 그의 파출을 조정에 요청하면서 부터 시작되었다.[22] 그러나 방백과 중앙에서 파견된 조관의 두 차례의 심문에도 불구하고 불복함으로써 조정에서는 그를 중앙으로 압송해 다시 추고하자는 논의가 대두되었다. 그러자 지평 金協 · 獻納 崔昌

命 등 사림계 대간들은 이미 관찰사가 상세히 추고한 것이기에 다시 추고하는 것은 방백을 불신하는 것이라 하여 반대하였으나 중종은 이를 받아들이지 않았다.[23] 그러자 사림들은 자신들의 의견이 반영되지 않자 대간들은 이 사건을 재심없이 바로 刑推하자고 요청했다.[24]

대간의 요구가 계속되자 중종은 추고여부를 삼공들이 의논토록 지시했는데 金壽童·柳順汀·成希顔 등 대신들은 사건의 중대성에 비추어 다시 推鞫해 미진한 부분이 없도록 한 후 定罪하는 것이 타당하다는 의견을 제시했다. 이에 대해 언관들은 "이것은 반드시 대신들이 한급을 비호하는 것에 연유된 것"이라 하고 대신들의 의견에 승복하기를 거부하고 刑推를 촉구했으나 중종은 역시 이를 받아들이지 않았다.[25] 이 사건은 끈질긴 대간들의 요구에도 불구하고 2개월 이상 지속되었으며 결국은 중종 5년(1511) 5월 義禁府에서 한급의 유죄가 확정하면서 일단 마무리 되었다.[26]

그러나 4년 뒤인 중종 9년(1515) 5월 강릉부민 100여명은 그의 錄案으로 자손들이 금고된 일을 억울해 하면서 상언하였는데, 중종은 이 사건을 대신들에게 다시 의논하도록 지시하였다.[27] 이에 대신들이 재론의 기미를 보이지 않자 동년 9월 강릉유생 박수량은 다시 유소를 올려 한급의 억울함을 호소하였다.[28]

한편 한급은 당시 사림으로부터 주목을 받고 있던 원정 최수성을 사위로 맞이하면서 사림세력들과도 유대관계를 맺었다고 볼 수 있으며, 또

---

22) 『中宗實錄』卷10, 5年 正月 癸酉條.
23) 『中宗實錄』卷10, 5年 3月 辛未條.
24) 『中宗實錄』卷10, 5年 3月 壬申·甲戌·丁丑·己卯·庚辰·辛巳條.
25) 『中宗實錄』卷10 5年 3月 辛巳條.
26) 『中宗實錄』卷11 5年 5月 壬申條.
27) 『中宗實錄』卷20 9年 5月 戊辰條.
28) 『中宗實錄』卷20 9年 9月 己卯條.

한 박수량도 한급과의 관계보다는 최수성과의 관계로 유소에 참여하게 되었던 것으로 판단된다.

결국 이 사건은 명쾌하게 마무리되지는 않았지만 부민들의 집단 상소가 이루어졌다는 점과 아울러 지역 사람들의 적극적인 유소활동은 당시 정치적 성향인 공론 형성의 한 형태로 볼 수 있다. 따라서 이는 재지 사림들의 세력이 단순히 한 개인의 역량에 의한 것 이라기 보다는 지역민들의 의식을 반영하는 사림정치의 형태인 공론화 과정으로 이해 할 수 있으며, 이 과정을 통해 재지사림들은 영남을 비롯한 중앙 정계의 사림들과 정치적 성향을 함께 할 수 있었다.

4) 맺음말

이상에서 살핀 바와 같이 강릉지역 출신으로서 『기묘명현록』에 등재되었던 박수량과 박공달의 족적기반이나 향촌 내에서의 중요 사안에 적극 참여할 수 있었던 배경은 주로 대대손손 이어 온 토성세력들 이었다는 점이 일차적이다. 여말선초에 주로 문과 합격자를 배출하면서 상경종사하였던 여건을 가지고 있는데, 이 역시 중요한 작용을 하였다. 그리고 그들은 성리학적 품성이 있고, 우애와 효도가 돈독하였으며 강직한 성격을 소유하였던 인물이었기 때문이다.

이러한 성격과 가문의 배경 그리고 향촌 내에서 성리학을 수용하려는 적극적인 태도, 즉 영남사류들과의 빈번한 교류는 기묘명현에 오를 수 있었던 배경이라 할 수 있으며 결국은 현량과나 천거에 의해 관직에 나갈 수 있게 되었던 것이다.

정계 진출과정은 사람들과의 교유관계를 통해서 이루어지고 있다. 이에 박수량과 박공달은 충암 김정에 의한 천거로 피천되었는데, 특히 박수량은 용궁현감을 지냈고, 박공달은 홍문관 저작을 역임하였다. 그러나 기묘사화 직후 파직당하고 낙향하여 경서 강독을 통해 성리학에 심취했다.

정치활동은 당시 사림들과 공통된 행보를 취하고 있었는데, 특히 부사 한급에 관한 상소의 건은 당시 부민들의 입장을 어느 정도 반영하고 있었으며 아울러 중앙정계에서 훈구와 사림과의 갈등을 빚게 하였다. 그러므로 강릉지역 기묘명현인 박수량은 지역 내에서의 활동에 그치지 않고 선대부터 맺어 왔던 영남사림과의 교분을 두텁게 하였으며, 또한 박공달과는 서로 인척관계를 맺고 있어 향촌 내에서 더욱 친밀하게 교유할 수 있었다. 따라서 지역 현안문제에 공동 대응하였으며, 이들의 품행에서 나타난 귀감은 결국 향촌민들이 성리학적 풍속을 갖게하는 데 중요하게 작용하였다.

3. 역사시인 김삿갓의 현실인식

1) 머리말

1930년대 문학 평론가였으며, 시인이었던 이응수는 김삿갓 연구의
선구자이다. 그는 김삿갓의 시 세계를 정리·분석하였고, 논평을 통해서
그를 통속시인·민중시인·인생시인·생활시인·걸인시인·빈궁시인·
방랑시인·풍류시인·초탈시인·풍자시인·골계시인·강개시인·파격
시인·언문시인·과체시인·역사시인 등으로 분류하였다.[1] 김삿갓에 대
한 인물 평가는 매우 다양한 특성으로 표현되고 있다. 그러나 그의 인물평
에 공통으로 붙은 표현은 '시인' 이다.

그렇지만 공통의 표현인 '시인' 앞의 접두어와 같은 여러 가지 표현들
은 그의 문학관의 다양성을 대변한다고 할 수 있다. 이처럼 그의 시에 대
해 다양한 성격을 부여할 수 있는 것은 다음 몇 가지 이유 때문일 것이다.

첫째, 그가 몸소 체험하고 실천했던 당시의 사회상에 대한 비판적인
의도를 다분히 갖고 있는 차원에서의 현실사회에 대한 해학과 풍자 의식
을 들 수 있다.

둘째, 불합리한 현실에 대한 불만과 비판의식이다. 즉 할아버지의 불
우한 사정으로 인해 가정생활이 원만하지 못했고 이로 인해 떠돌아 다녔
던 내적 이유와 학문과 현실사회에 대한 안목을 충분히 갖고 있음에도 불
구하고 신분 차별로 인한 사회적 한계에 대한 비판의식이 넘쳤다.

셋째, 19세기 이후 조선의 신분구조가 와해되는 과정에서 비현실적

---

[1] 이응수, 「김립연구」, 『김립시집』, 한성도서주식회사, 1941, pp.14~35.
정대구, 『김삿갓연구』, 문학아카데미, 1990, p.60 참조.

신분제로 인한 비사회적 관습과 이에 대한 비판의식 등을 담은 시를 남김으로써 오늘날에 와서도 많은 사람들에게 회자되고 있다.

이러한 세가지 이유들 때문에 김립에 대한 문학적·역사적 평가는 매우 다양하다. 위와 같은 이유들을 명쾌하게 증명할 수 있는 김삿갓의 문학 작품들을 예시하면서 19세기 조선사회 지배층인 양반과 피지배층인 백성들의 생활상을 검토함과 동시에 19세기 조선사회의 모순점들에 대한 풍자적 현실인식의 일면을 이해해 보고자 한다.

2) 현실에 대한 비판의식

김삿갓은 19세기 조선 사회 전반에 만연되었던 서울과 지방 양반들의 작폐, 그들의 권위주의적 사고와 철저한 자기 보호의식, 그리고 관권 주도의 지배층에 대한 비호와 관권을 갖고 있지는 않지만 중앙과 지방의 지배층임을 과시하면서 관권과 밀착하여 온갖 부조리를 저지르는 다수의 지배층들에 대직설적이면서도 우회적인 시적 문구를 사용한 비판적 시들을 많이 남겼다. 현재 전해지고 있는 김삿갓의 여러 시들을 대상으로 앞서 지적한 유형의 비판적 시들을 주제별로 분류하면 대체로 다음과 같다.

첫째, 조선사회의 지배층이라고 할 수 있는 양반층을 대상으로 한 비판적 작품

둘째, 조선조 선비들의 경우 가문을 일으킴과 동시에 자신의 명예와 지위 상승을 위해서는 열심히 학문에 정진한 후 과거에 합격하여 관직으로 진출하여야 했다. 중앙의 선비들은 정보 획득의 용이함과 풍부한 인적 자원으로 인해 쉽게 과거에 응시하거나 공부할 수 있는 반면에 지방 선비들의 경우는 정보획득의 어려움, 후학을 양성할 수 있는 교수 자원의 부족, 도서 마련 등과 같이 공부를 위한 부교재 획득의 불편성, 그리고 별 볼일 없음에도 불구하고 약간의 소양과 지식을 갖고 있다는 평계로 권위주

의적 형태를 갖고 있는 훈장들의 모습 등 향촌사회의 교육 현실의 조악함을 우회적으로 비판한 작품

셋째, 지방통치를 책임져야 할 수령들의 수탈형태와 이들과 결탁한 지방 토호들의 권력 밀착형 부조리를 비판한 작품

넷째, 향촌의 백성들은 신분적 제한과 경제적 조건이 열악하여 쉽게 입신출세를 위한 과거 공부를 할 수 없었을 뿐만 아니라 관주도의 교육 여건 역시 매우 좋지 않아 글공부하기에는 매우 곤란한 것이 향촌의 실상이었다. 또한 과거 준비에만 열중한 나머지 성리학적 소양 교육 즉 도덕적 덕목 배양을 목적으로 한 교육을 통해 향촌 사회 전체가 성리학적 사회이념에 잘 조화되도록 함이 중요하나 그러하지 못한 모습들을 지적하는 작품들이 다수가 전해지고 있다.

우선 첫째와 둘째 주제인 양반층의 권위적 작태와 과거의 부정을 비난하는 시들은 매우 많이 전한다. 「양반을 시비함」, 「양반의 아들을 조롱함」, 「원생원」, 「온종일 머리를 수그리고 있던 나그네」, 「자탄」, 「강좌수가 객을 쫓아내다」 등이 이에 해당되는 시라고 할 수 있는데, 이 중에서 몇 수를 열거하면 다음과 같다.

「양반을 시비함」
네가 양반이면 나도 양반이다
반이란 대체 무언지 모르겠는데 묻노니 무엇을 班이라 하느냐

내가 김가이니 조선 3대 姓 중에서 반에 속하며
일찍이 가락국에서는 상반이었단다

천리길을 걸어 온 이 달에는 나그네 반에 속한 셈이며
지금 팔자 좋게 지내니 부반에 속해있다 할 것이다

지금 양반 무리가 인간의 진짜 무리를 싫어하는 것을 보니

나그네 반이 가히 너 주인 반의 진가를 알 수 있다.

이 시에서는 진정 양반의 모습이 무엇인지를 묻고 있으며, 본인의 신세에 빗대어 양반들 중에서 그저 조상 중에서 이름을 떨쳤던 인물들과의 친족성만을 강조하는 허울 좋은 양반들의 실상을 풍자하였다. 한편으로는 본인은 외형상 초췌한 나그네 양반이지만 내심 식견을 갖춘 양반임을 자부하면서 명색만 반듯한 양반의 모습은 보잘 것 없이 여기고 있다. 이러한 비판적 사고는 조선후기 양반의 숫적 증대로 인해 진정한 의미의 양반은 매우 드물다는 사회상을 반영한 것이다.

조선시대 양반은 지배계층이라고 할 수 있다. 조선조 신분제적 질서 속에서 양반은 상위계층으로 정치적·경제적·사회적 지위에 있어서 우위를 차지한 신분층이다. 고려·조선시대에 있어서 양반은 두 가지 개념으로 쓰였다. 하나는 관제상 문반과 무반을 지칭하는 개념이고, 다른 하나는 고려·조선시대의 지배신분층을 지칭하는 개념이다.[2] 조선 초기 집권세력인 양반들은 자신들의 기득권을 확고히 유지하기 위해 향리, 서리, 기술관 이외에 서얼까지 차대 또는 금고하게 되었다.

또 양반의 지위를 보면, 관직 진출에 있어서 문음의 특전이 부여되었으며,[3] 과거 응시에 있어서도 여타 신분층보다 유리하였다. 예를 들면, 응시자격에 있어서 국가 관료가 될 자격을 박탈당한 범죄자, 국가재정을 횡령한 자의 아들, 再嫁·失行婦女의 자손은 과거 응시 자체가 금지되었고, 또 서얼 자손 역시 생원진사시와 문과에 응시할 수 없었다.[4]

---

2) 李成茂,『朝鮮初期 兩班研究』, 一潮閣, 1980, p.5.

3) 功臣二品以上官의 子·孫·婿·弟·姪과(原從功臣은 子·孫) 實職 3品以上官의 子·孫, 吏曹·兵曹·都總府·司憲府·司諫院·弘文館·部將·宣傳官 등 청요직을 역임한 자의 자는 20살이 되면 父祖의 官品에 따라 從9品에서 正7品에 이르는 蔭職을 받을 수 있었으며, 문음자제는 陞補試 거치지 않고도 성균관에 입학할 수 있었다.

대체로 조선전기에는 생원진사시에 입격하여야만 문과에 응시할 수 있었다. 조선조 태조~성종(1392~1494)까지의 문과급제자 1,796명을 대상으로 분석한 결과를 보면, 생원진사시 입격생이 85%인 1,526명이고, 유학은 15%인 270명에 불과하였다.[5]

한편 조선조 지방의 양반이라고 할 수 있는 사족들은 본인과 후손들의 출세를 위해서는 반드시 과거 합격 이후 관직으로 진출하여야 했다. 그리하여 조선후기에 이르러서는 관직으로 진출한 사람과 같은 가문이거나 친족이라는 명분으로 사족의 범주에 포함되었다. 따라서 조선후기 양반의 범주는 첫째, 과거에 합격한 자와 4조 내외의 가족 그리고 지속적으로 사마시와 문과 합격자를 배출한 가문의 구성원, 둘째, 과거합격자 중 중앙과 지방의 관직에 진출한 후 다시 고향에 돌아 왔거나 돌아 와 그 지역에 정착한 이후의 후손들까지 사족이라 하였다. 셋째, 사회·경제적으로 지방의 지배세력으로서의 지위를 유지하였던 가문의 후손들 중에서 고을에서 충·효로 행실이 모범이 되었거나 학식이 뛰어난 경우 등도 포함되었다. 특히 사족의 지위를 갖고 있던 가문들 중에서 다른 지역에 살다가 삶의 터전을 옮겨 새로운 지역에 정착한 일부 성씨의 경우 낙향 후 과거에 합격하였거나 이미 기반을 다졌던 다른 가문과 통혼관계를 형성하면서 그 터전을 더욱 공고히 하였다.[6]

그러나 조선후기의 이러한 양상은 외형상 양반의 숫적 증가로 설명되어지지만, 다른 한 측면에서는 군자적 자질, 청빈성, 도덕성, 지역민들에 대한 교화성 등과 같은 양반의 원론적 자세를 견지하지 못할 경우에 있

---

4) 『經國大典』卷 3, 禮典 諸科條 "犯罪永不叙用者·贓吏之子·再嫁失行婦女之子孫·庶孼子孫·勿許赴文科生員進士試"
5) 宋俊浩, 「李朝 生員進士試의 研究」, 國會圖書館, 1970, p.37.
6) 林鎬敏, 「朝鮮後期 江陵地方 士族의 鄕村活動研究」, 韓國精神文化研究院 韓國學大學院 博士學位論文, 2004.

어서는 명목상 지배 신분으로서의 지위를 유지할 따름이지, 지역민들로부터는 지탄의 대상이 되었고, 심지어는 경제력을 갖고 있는 일부 서민들보다도 못한 신세가 되었다.

다음의 시 역시 실리적이지 못한 양반들의 권위적 자세와 의리와 명분만을 강조하는 악습을 지적하고 있다.

「온종일 머리를 수그리고 있던 나그네」
당나라 가죽신에 송나라 버선 신고서
찬서리 밟고 나와 해 저물어 돌아가더라

푸른 두루마기를 땅에 길게 끌고
진붉은 부채로 푸른 하늘 가리네

시 한권을 읽고서도 시율을 떠들며
돈은 천금을 쓰면서도 오히려 부족해 하더라

붉은 문 앞에 가서는 온종일 머리를 숙이고 서 있던 자
문득 고향사람 만나자 그 의기 하늘을 찌를 듯하더라

이 시에는 조선후기 양반들의 권위적 일상생활 모습을 잘 반영하였다. 글 읽는 체하는 것으로서 양반의 권위를 유지하려 하고, 사치스러운 생활을 통해 마치 실질적인 지배층인 것처럼 착각하면서 생활하는 양반을 비유하였다. 그리고 항상 관에는 종속적 관행을 표출하면서도 민중들에게는 상반되는 행동을 하고 있음을 시사하고 있다.

조선조 지방의 양반은 관과 길항관계를 유지하면서 나름대로 자신의 권위를 유지하였다고 할 수 있다. 조선전기 국가는 지방의 향리들이 부세와 노동력을 균등하게 부과하지 못하거나, 세금 착복을 위한 의도적 호구 감소 행위 등의 폐단을 일으키는 주범[7]으로 인식하고 지방사회 통제 측면에서 지방행정 담당층의 변화를 주도하였다. 이에 국가는 지방 통치를 원

활하게 하기 위하여 왕권을 대행자로 파견된 각 지방의 수령을 능욕·구타·무고·모살하는 등 불법적인 방법을 행한 향리세력 대신 향약의 시행, 나쁜 짓 하는 향리들에 대한 처벌 등과 같이 조직적이고 적극적인 방법으로 향촌사회에서 우위를 확보하고자 재지사족과 밀고 당기는 관계를 유지하였다.

재지사족들은 토호적 기반을 토대로 그들 나름의 향촌질서를 모색하면서 군현단위의 자치조직으로 유향소를 설치하였으며, 16세기 중엽이후 조선 사회를 성리학적 지배 질서로 확립시키고자 하였던 사림파가 중앙과 지방에서 자리 잡으면서 재지사족들은 향리를 배제하면서도 관권에는 배타적이지 않은 차원에서 향촌사회 운영을 도모하였다.

그러나 위의 시에서는 지방 사회에서 우위를 확보하였던 지방의 양반들이 19세기에 와서는 부패와 타락, 그리고 시대변화에 순응하지 못한 탈권위적 행동 등을 일삼으면서 사회구성 상 지배세력임에도 불구하고 그 역할을 제대로 수행하지 못하게 됨을 신랄히 지적하고 있다.[8]

다음의 시는 양반 자제의 도도한 모습과 권위적인 위엄 그리고 그래도 양반자제이기에 갖은 방법을 동원하여 과거에 합격할 것이라는 내용으로 시를 읊었다. 즉 이 시에서는 과거제의 구조적 모순을 지적하고 있다.

「양반의 아들을 조롱함」
모난 관에 긴 담뱃대를 문 양반의 자식
맹자 책을 금방 사들고 소리쳐 읽고

---

7) 李成茂,「朝鮮初期의 鄕史」,『韓國史硏究』5, 1970, pp.71~76.
　　李樹健,「高麗後期土姓硏究」,『東洋文化』, 20·21, 1981.
8) 김인걸,「조선 건국과 지방지배구조의 재편」,『조선은 지방을 어떻게 지배했는가』, 대우학술총서 477, 아카넷, 2000. pp.27~41.

그 모양 천연 대낮에 갓 생긴 원숭이 새끼 같고
그 목소리 흡사 황혼에 와글거리는 개구리소리다

그래도 늙은 중에게서 위엄 뽑는 법을 배워 때때로 호령을 치나
글에 있어서는 겨우 목동 앞에서 억지로 선생이라 뽐낼 정도다

그러니 만약 금년에 과거가 있게 된다면
저자를 내놓고 누가 급제를 할까

　　조선조 과거제는 본질적으로 능력본위의 관리 선발 제도이다. 따라서 과거에 응시할 수 있는 모든 사람들은 한결같이 과거에 합격하여 입신출세를 도모하였다. 과거는 정기시험인 식년시와 비정기시험인 증광시 즉, 특별시험인 별시가 있다. 식년시는 3년에 한번씩 실시하는데 子·午·卯·酉年을 식년이라 한다. 상식년(上式年-식년 전해-)의 가을에 초시를 보고 식년에 복시를 보았다. 식년시에는 문과와 무과, 생원진사시, 잡과가 함께 설행되었다.이와 같은 능력본위를 중시함에도 불구하고 조선조에서는 과거의 폐단이 적지 않게 발생되었다. 과거의 폐해와 부정의 사례는 여러 가지 형태로 나타나고 있었다.[9]

　　그 실례를 살펴보면, 과거시험장에 많은 수종을 데리고 들어가는 것, 시험지를 빨리 내려는 협잡, 책이나 커닝 페이퍼 등을 가지고 들어가는 것[挾書], 남의 글을 빌리거나 대신 시험을 치르는 일, 시험관과 결탁하여 특정인의 시험지를 알아보게 하거나 시험문제를 미리 가르쳐 주는 행위, 易書할 때 서리를 매수하여 시험지 내용을 고치는 일, 봉미관이나 서리를 매

---

[9] 과거부정의 사례와 폐해에 대한 연구성과는 아래와 같다.
　李洪烈, 「文科設行과 疑獄事件 -己卯科獄을 中心으로-」, 『白山學報』第 8號, 1970.
　李元浩, 「朝鮮時代 科擧 物議에 關하여」, 『현상과 인식』제3권 제1호, 1979.
　李成茂, 「試驗節次와 科擧不正」, 『韓國의 科擧制度』, 集文堂, 1994, pp.222~227.

수하여 勘合할 때 합격자의 시험지에 자기의 皮封을 바꿔치기하는 일, 시
험장을 습격하고 시관을 구타하는 일 등의 형태로 부정이 만연되었다.[10]
특히 순조 18년(1818) 성균관 사성 李澄夏는『科場抹弊節目』을 통해서 과
거 시험의 폐단을 여덟 가지 사례를 들어 지적하기도 하였다.[11]

이러한 폐해가 발생되었던 까닭으로는 정규시험 외에 별시가 자주
실시되면서 시험의 관리와 운영을 효율적으로 행하지 못하였기 때문이었
다.[12] 그리고 당쟁이 심화되면서 정권을 장악하고 있는 당파에서 측근 세
력의 확보를 위하여 친인척뿐만 아니라 학통을 같이하는 부류를 대거 과
거에 합격시켜 권력을 독점하려는 목적에 기인하였다.[13] 게다가 신분상
승의 기회로서 과거가 차지하는 비중이 절대적이라는 면에서 과거응시자
의 증가 또한 과거 부정을 낳게 하였던 한 요인이라 할 수 있다.

이와 같은 과거부정들은 그에 대한 처벌 규정들에서도 살필 수 있는
데,『續大典』禮曹 諸科條에 借述, 代述, 科場挾册, 符同易書, 潛擦他人已
入格之秘封, 講經學標抽性時用奸 등의 예에서도 살필 수 있다.

한편 실학자인 반계 유형원은 과거제 실정에 관한 의견을 다음과 같
이 주장하였다.

우리나라는 한낱 문지만 숭상하여 풍속이 구차하게 이루어 져서 오직 족벌과 세
대의 영화로움만을 논하고 행의의 수양은 묻지 아니하여 만약 문벌세족의 자손

---

10) 李成茂,「試驗節次와 科擧不正」,『韓國의 科擧制度』, 集文堂, 1994, pp.222~223.
11) 『備邊司謄錄』207册, 純祖 18年 5月 25日條. "〈前略〉… 若言其爲弊之目 則曰借述借書之無
   已也 隨從挾册之狼籍也 入門之蹂躪也 呈券之紛還也外場之書入也 赫蹄之公行也 吏卒之
   換面出入也 字軸之恣意幻弄也 …〈下略〉"
12) 원창애,「16~17세기 과거제도의 추이」,『淸溪史學』第9輯, 한국정신문화연구원, 청계사학
   회, 1992, p.48에 문과설행 횟수에 대한 표를 참고하면 태조~성종 년간에 식년시 35회, 별
   시 44회인 반면에 연산군~현종(179년 동안)때까지는 식년시 56회, 별시 202회로 별시의
   실시가 급격히 증가하고 있었다.
13) 曺佐鎬,「學制와 科擧制」,『韓國史』10, 國史編纂委員會, 1974. pp 175~176.

이라면 비록 庸才 鄙夫라도 그 지위가 정승·판서를 통하고 가문이 한미하면 비록 큰 덕과 뛰어난 학식을 가진 사람이라도 사류에 반열치 못하니 세도가 높지 못하고 인재가 나오지 못하며 정형이 어지러움은 모두 이 까닭이다.[14]

이처럼 記誦詞章 중심의 과거 실시로 현실적인 적용성이 없으며, 신분간의 차대 심화, 族閥家나 形勢家들의 과거독점과 같은 현상의 공공연화 등이 있음을 지적하고 있다. 그리고 정기 시험 외에 빈번한 별시의 실시[15]와 무계획적인 관리 선발로 과거의 본의를 상실하였으며, 응시자들은 충분한 노력을 기울이지 않고 관직진출의 기회인 과거에 무분별하게 응시하여 요행을 바라는 무리가 있다고 하였다.

庭試 및 謁聖試 또한 有司에게 명하였거늘 촉각을 다투어 시험을 실시하였는 바 문장을 짜 맞추는데 지나지 않으며 별안간 取捨를 정하였다. …… 이에 졲내 나는 어린 아이마저도 다투어 시험에 응시하니 그 취사한 바 모두 경솔하고 천박하여 요행을 바라는 무리이다.[16]

이와 같이 반계 유형원은 과거의 폐단은 문벌만을 숭상하고, 권세가들에 의해 관직이 독점되면서 발생되었다고 지적하면서 과거 본연의 의미는 퇴색되고, 요행을 바라는 무리나 과거에 대한 충분한 준비가 갖추어지지 않은 사람들까지도 과거에 응시하는 부조리를 낳고 있다고 하였다. 이에 그는 과거제를 폐지하고 과거의 근원이 되는 교육제도의 개선을 통한

---

14) 『磻溪隨錄』, 「貢擧事目條」 "本國徒尙門地 俗成苟且 唯論族世之莘莘楚楚 不問行義之修否 若世閥子孫 則雖庸才鄙夫 分通於卿相 門係寒素 則雖碩德茂學 不齒於士類 世道之不升 人才之不興 政刑之紊亂 皆以此也"

15) 韓㳓劤, 「星湖李瀷 硏究의 一端 -그의 科擧制 是非를 中心하여-」, 『歷史學報』 第7輯, 歷史學會, 1954.

16) 『磻溪隨錄』 敎選之制(下) "所謂庭試·謁聖 亦命有司 燭刻試之 其所試 不過對偶之文 而瞥眼之間 定其取捨 是以 乳臭小兒 亦皆爭試 而其所取 率皆輕佻僥倖之輩"

단계적인 천거제의 실시를 주장하였다.

　　한편 鄕試의 경우 시관과 지방 유력자의 결탁 사례가 종종 있다. 예를 들면, 효종 임진년(1651) 9월 13일 대사헌 홍무적은 장계를 통해 영천군수 崔繼勳이 시험관으로서 영천읍 출신 자제들을 사사로이 등용하였고 또한 洪州敎授 郭天成은 경기사람인데도 불구하고 충청도 監試에 응시하여 입격함에 따라 이들의 파직을 조정에 요청하였다.[17)]

　　셋째 유형에 해당되는 시로는 〈낙민루〉라는 시를 들 수 있다. 그 시를 살펴보면 다음과 같다.

「樂民樓」

선정을 펴야 할 선화당에서 화적 같은 정치를 펴니	宣化堂上宣火黨
낙민루 아래에서 백성들이 눈물 흘리네.	樂民樓下落民淚
함경도 백성들이 다 놀라 달아나니	咸鏡道民咸驚逃
조기영의 집안이 어찌 오래 가랴.	趙岐泳家兆豈永

　　이 시는 지방관아의 학정을 비난했던 대표적인 글이다. 시제에서도 확인할 수 있듯이 「낙민루」의 의미는 백성을 즐겁게 하는 정자라는 뜻이다. 이 정자는 관아에 있던 건물로 이해되는데, 이 곳이 선정을 베풀기 위한 회합의 장소라기보다는 수탈을 위한 장소로 이용되고 있는 극단적인 현실을 반영하였다고 할 수 있다. 또 선화당이라는 건물의 의미는 다산 정약용의 『목민심서』奉公六條를 통해 살펴보면 "군수·현령은 본래 承流·宣化하는 것이 직분"이라고 되어 있다. 여기서 승류는 임금의 은덕 등을 받들어 잘 행하는 일을 말하고, 선화는 德化·德治를 널리 행한다는 의미이다. 그

---

17)『科擧謄錄』1, 各司謄錄 83卷 國史編纂委員會 p143. 孝宗 壬辰年(1651) 9月 13日 "一, 十三日引見時 大司憲洪茂績所啓 榮川郡守崔繼勳以左道守令 仍爲左道試官 公然用私 於邑子 事極駭愕 請先罷後推 洪州敎授郭天成之子 以畿邑之人 冒赴本道監試 至於入格 事極駭愕 郭天成請命罷職 其子亦令拔去何如 上曰依啓"

런데 위의 詩語 중에서 선화당의 관리를 火黨에 비유하고 있음은 지방에서
의 수탈이 얼마나 심각한 상태였음을 반증하는 것이라 할 수 있다.

한편 동중서의 현량대책에 의하면, 오늘날의 군수·현령은 백성의 스
승이요 통솔자이므로 승류·선화하는 일을 맡게 한 것이다. 때문에 수령
이 어질지 못하면 임금의 덕이 선양되지 못하고 그 은택이 선명하지 못하
다. 지금의 수령은 아랫사람으로서 교훈을 잊어버려 그중에는 임금의 법
을 받들지 않고 백성에게 포학하며 간사한 자들과 더불어 거래를 일삼는
다. 빈궁하고 외로운 사람들이 억울하고 고통스럽게 생업마저 잃으니 매
우 폐하의 뜻에 맞지 않는다. 이 때문에 음양이 뒤엉키고 나쁜 기운이 꽉
차고 막히게 되어 모든 생물이 제대로 성장하지 못하고 백성이 번성하지
못하니 이는 모두 수령이 밝지 못하여 이 지경에 이르게 한 것이라고 하였
다.[18)

다산 정약용이 동중서의 글을 인용하여 승류와 선화가 제대로 이루
어 지지 않고 있음을 지적하였는데, 그 실상은 어떠하였을까? 19세기 백성
들에게 있어서 가장 힘들었던 부분은 관의 합법적인 수탈행위라고 할 수
있다.

19세기의 부세체계는 대체로 전정, 군정, 환곡 그리고 잡역세인 民庫
등을 들 수 있다. 전정에서의 중요한 폐단은 방납의 폐이다. 國典收稅의
양은 20여두에 지나지 않으나 列邑私增條 등을 포함하면 30여두에 이르
고 計版 -계판이란 田結稅斂의 대강으로서 都吏와 여러 아전들이 금년 세
액의 대략을 의논하여 산출하는 것이다. 稅斂의 대강은 본래 늘상 사용하
고 있는 관례가 있어 8도 모두가 같고 관례 외에는 마땅히 조금도 더하지
못하게 되어 있다. 그러나 군현에서 사사로이 대강을 정하여 그것을 계판

---

18) 丁若鏞 著 茶山研究會 譯註, 『譯註牧民心書』, 創作과 批評社, 1994, pp.214~215 ; 賢良對
策은 中國 前漢의 董仲舒가 武帝의 策問에 대하여 답한 문장의 篇名이다.

이라 하였다- 외에 결역까지 포함하면 1결당 거두는 계판 내외의 세미는 거의 100두에 이르게 된다.[19]

이처럼 결역이 번중하기 때문에 '計版旣出 防納乃生' 하게 된다는 것이다. 이에 이속들은 隱結, 僞結, 復戶, 宮房結 등 무릇 관아의 징세 대장에 기재되지 않은 토지를 이용하여 그것을 팔고 백성들은 그것을 받아 돈이나 쌀로 대신 납부하였다. 또한 민고는 민의 부담을 더욱 가중시키는 부세 체계였다. 민고는 법으로 통제되는 것이 아니라 지방관의 재량에 따라 자유로이 설치될 수 있었으므로 쉽게 확산되었다.

다산 정약용은 민고에 대하여 "民庫者 鄕吏自發其例 守令自作其法" 이라고 하였다. 즉, 민고는 "향리들이 자발적으로 만든 것이거나 수령이 스스로 그 법을 만든 것이다"라고 하였다. 이처럼 지방관의 재량에 의해 설치된 민고를 통한 수탈행위는 지출측면에서 남용이고, 이에 따라 발생되는 수입 측면에서는 加斂 현상으로 나타났다.[20]

넷째, 향촌사회의 교육 현실에 대한 비판을 한 시는 다음과 같다.

「훈장을 훈계함」
완고한 백성에게 괴이한 버릇이 남아 있어
문장 대가를 불평하고 허풍을 치는구나

조개로 어찌 바닷물을 측량할 수 있으며
소귀에 경 읽기라 어찌 글을 깨달으랴

---

19) 計版이란 田結稅斂의 대강으로서 都吏와 여러 아전들이 금년 세액의 대략을 의논하여 산출하는 것이다. 稅斂의 대강은 본래 恒典이 있어 8道 모두가 같고 恒典 외에는 마땅히 조금도 더하지 못하게 되어 있다. 그러나 군현에서 사사로이 대강을 정하여 그것을 計版이라 하였다.(고석규, 『19세기 조선의 향촌사회연구 -지배와 저항의 구조-』, 서울대학교 출판부, 1998, p.183)

20) 고석규, 『19세기 조선의 향촌사회연구 -지배와 저항의 구조-』, 서울대학교 출판부, 1998, p.179.

기장 먹는 산간의 간사한 쥐새끼가 너라면
구름을 찌를 듯한 붓 끝에 뛰는 용이 나로구나

죄는 태형하여 죽일 죄로되 잠시 용서하노니
감희 어린에게 말을 겨루느냐

「훈장」
세상에 누가 훈장을 좋다하느뇨
연기없는 심화가 자연히 생긴다

하늘천 따지 하는 동안 청춘만 가고
부다 시다 하는 사이에 머리만 희어진다

비록 성심이나 칭도하는 말 듣기 어렵고
잠깐만 떠나면 시비하는 소리 듣기 쉽구나

장중 보옥 천금같은 자식을
종아리 쳐 가르쳐 달라는 건 진정이구나

「산촌 훈장을 조롱함」
산촌 훈장이 그 위엄이 대단하여
먼지 낀 관을 높이 쓰고서 가래침을 요란히 뱉는다

크게 천황씨를 읽는 애가 제일 높은 수제자나
풍헌님이라고 불러주면 좋은 친구라 좋아한다

매양 모르는 글자를 만나면 눈이 어둡다 핑계를 대다가도
문득 술잔이 돌 때면 나이가 많다고 먼저 먹으면서

한갓 보잘 것 없는 공방에 앉아 크게 생색을 내어 말하기를
금년에 우리 집을 찾는 손님은 모두다 서울양반이었다 삐긴다.

위 셋 편의 시는 모두 훈장의 조악함과 학풍 진작에 있어서 근본에서 벗어남을 지적한 시들이라 할 수 있다. 무릇 학교는 風化의 근원이고 首善之地이다. 그러나 풍화는 뒷전이고 글귀나 암송하고 뜻을 새기지 않는 출세지향적 자세를 비난하였다고 할 수 있다.

「慶州鄕校鄕令」에 의하면, 오륜의 죄를 범하는 자와 절행을 잃어 오명을 입은 자는 가장 무겁게 처벌하고, 그 다음으로는 재주를 믿고 스스로 교만한 자, 세력을 믿고 스스로 귀한 척 하는 자, 집안이 부유함을 믿고 뽐내는 자, 나이 적은 자가 나이 많은 사람을 능멸하는 자, 아랫사람이 윗사람을 능멸하는 자, 사치를 하여 뭇 사람과 달리 옷을 사치스럽게 입는 자, 싸우거나 소송하여 남의 물건을 빼앗아 가지는 자, 말을 꾸미고 좋은 얼굴빛으로 나에게 호감을 사려고 노력하는 자, 창녀를 끌어 들이거나 가무나 큰 소리로 기숙사를 소란스럽게 하여 예교를 어지럽혀 학궁을 더럽게 하는 자 등은 두 번째로 무거운 처벌을 받았으며, 강경 수업을 받을 때 졸거나 수업태도가 나쁜 자, 성현을 숭상하지 않는 자, 高談異論을 즐기는 자, 전에 배운 것을 비난하거나 헐뜯는 자, 조정과 군·현의 정사를 비방하고 욕하는 자, 돈벌이에 관한 이야기를 나누는 자, 주색을 이야기 하는 자, 게을러서 학문을 할 뜻이 없거나 수업을 받지 않거나 글짓기를 하지 않거나 독서를 즐기지 않는 자, 길에서 수령이나 선생, 향노, 선달에게 공손하게 인사를 하지 않는 자, 수령, 선생, 향노, 선달이 말을 타고 지나갈 때 숨어서 인사를 하지 않는 자, 기침에서부터 수업, 식사에 이르기까지 소란을 피우거나 차례를 어기는 자 등은 처벌을 받게 하였다.[21]

이처럼 「경주향교향령」의 대부분은 윤리적 측면에 많이 치중하고 있음을 확인 할 수 있다. 이에 김삿갓은 각지의 서당을 방문하면서 윤리적

---

21) 정구복, 『고문서와 양반사회』, 일조각, 2002, pp.176~177.

소양 교육이 제대로 이루어 지지 않고 있음을 비판하였고 그 원인은 서당 훈장의 도덕적 결함과 자만심에서 비롯되었던 것으로 파악하고 있다.

한편 서당 생도들에 대해서는 "하늘천 따지 하는 동안 청춘만 가고 부다 시다 하는 사이에 머리만 희어진다"라고 하면서 출세를 위해 오로지 과거만을 준비하는 그들의 학문적 자세를 지적하였다. 현실적으로 과거 합격자들의 상당수는 30~40대에 이르러 합격하는 경우가 많았다. 참고로 조선조 최고령 과거 합격자는 정순교로 1805년 을축년에 태어났으며 본관은 羅州이다. 그는 그의 나이 만 85세가 되는 고종 27년(1890) 기로응제 시에 입격하여 조선시대 문과 합격자 15,151명 중에서 최고령 합격의 기록을 남겼다.[22] 이처럼 교육에 대한 인식에서 김삿갓은 교육자와 피교육자 모두에 대한 문제점을 지적하면서, 인륜적 측면에서의 교육을 강조하였다.

3) 맺음말

김삿갓은 19세기 당대 사회 현상을 풍자하거나 때로는 해학적으로 묘사하면서도 사회적 모순들 적나라하게 지적하고 비판하였던 시사성이 강하면서도 비판적 현실 인식에 충실하였던 문학인이자 역사 시인이라 할 수 있다. 이에 이러한 현실에 대한 비판이 가능하였던 배경이 무엇일까?

우선 그의 가문적 배경에서 그 연유을 찾을 수 있다. 조선 순조 11년(1811) 홍경래(1780~1812)가 西北人을 관직에 등용하지 않는 조정의 정책에 대한 반감과 탐관오리들의 행악에 분개가 폭발하여 평안도 용강에서 반란을 일으켰을 때, 할아버지 金益淳이 그들에게 잡혀서 항복하자 조종

---

22) 『國朝文科榜目』

에서는 그를 사형에 처했고, 가족들은 폐족에 이르렀다. 이러한 참담한 현실이 김삿갓에게는 반대 급부로 심리적으로 매우 강한 저항의식을 불러일으키게 하였다고 할 수 있다.

둘째, 폐족이라는 암담한 처지에서 신분 상승의 기회를 엿보던 차에 과거를 보기 위해 상경한 후 복경 안응수의 문객으로 있으면서 후에 예조판서를 지낸 신석우와 이조판서를 지낸 신석희 등 권문자제와 교유하면서 출세의 길을 모색[23]하였으나 그것이 뜻대로 이루어 지지 않은 것이 그를 방랑의 길로 이르게 하였을 뿐만 아니라 당시 지배층이라고 할 수 있는 양반들을 적나라하게 풍자하거나 비판하는 의식을 갖게 하였던 것으로 보인다. 특히 「논정가산충절사탄김익순죄통우천」이란 시의 작자가 노진이라는 사람이었다는 점에서 그가 조부를 비난하는 시를 짓고 난 후 조부의 행적을 알게 되었고 이를 계기로 처절한 방랑생활을 시작하면서 비판의식을 갖게 되었던 것이다.

김삿갓은 5살의 어린 나이에 홍경래의 난을 겪었으며, 이듬해에 조부 김익순이 처형당하였는데, 그는 조부가 부당하게 처형당했던 사실을 충분히 인지하고 있었을 것이다. 그리하여 그는 젊은 시절 할아버지의 불명예스러운 죽음과 폐족이라는 처절한 처지를 회복하고자 하였다. 그러나 청년기에 처절한 가문의 처지를 회복하고자 하였음에도 불구하고 당시 사회에 표출되었던 여러 모순점들로 인한 현실적 한계를 극복하지 못하고, 오히려 장년기에 이르러 그간 몸소 느꼈던 사회적 모순, 양반 지배층의 부패와 작폐, 그리고 백성들의 참담한 생활상의 고착화 등을 풍자적이면서도 비판적이며 저항적인 시로 표현하였던 것이다.

따라서 홍경래의 난이 민중들의 저항정신에서 비롯된 힘과 척박한

---

23) 정대구, 『김삿갓연구』, 문학아카데미, 1990, p.47

 지역사 자원의 교육자료 활용방안 탐색

환경으로 인한 서북지방의 특성이 결합되어 일어났고, 또 홍경래를 비롯한 많은 저항지식인들과 상인들이 봉기를 조직하고 이끌었다고 하는 측면에서 홍경래의 난을 겪었던 김삿갓은 본인의 사회적 한계를 극복하지 못한 것에 대한 심리적 비판의식과 난의 실상을 알고 있었던 상황에서 민중에게 저항의식을 불러일으키고자 했던 역사시인이라고 할 수 있다.

4. 심연수와 그 가족들의 항일활동

1) 머리말

민족시인 심연수는 3.1만세운동이 일어났던 1918년 5월 20일 강릉군 경포면 난곡리 399번지에서 출생하였다. 출생 이후 그가 강릉에 머물렀던 기간은 6년 정도에 불과하다. 그리고 독립운동가 였던 삼촌 沈雨澤을 따라서 블라디보스톡으로 이주하여 소년기와 청년기를 보냈다. 이에 심연수는 고향 강릉에서 약 6년간의 유년기만을 보냈을 따름이다. 이처럼 짧은 기간 동안, 그는 고향 강릉으로부터 심성적으로 어떤 것들을 인지하였을까?

6년간의 유년기 동안 저항시인 심연수가 고향 강릉으로부터 받은 인문·자연 환경적 영향은 그저 타지에 나가 성장하면서 고향에 대한 향수 정도로만 이해되었다. 그렇지만 심연수와 관련된 시와 그에 대한 연구 성과물들을 하나하나 살펴보면서 앞서의 이해가 너무나도 성급했음을 깨닫게 되었다. 즉 강릉 경포면 일대에서 유년기를 보냈던 심연수에게는 머나먼 타향에서의 소년기와 청년기는 고향에 대한 그리움 단계를 넘어서서 언제 독립된 나의 그리운 고향 강릉 경포로 돌아갈 수 있을까를 생각하게 하는 단초가 되었고, 이러한 심정은 고향을 떠나 타향에서 갖은 고초를 겪으며 살았던 동포들에게 조국이 일제식민지 지배로부터 벗어나기를 갈망하는 민족정신으로 승화되었다고 할 수 있다.

이에 본고에서는 단지 강릉이 민족시인 심연수의 출생지라는 생태적 이유만이 아닌 지역사적인 측면에서 시인 심연수와 지역과의 연관성을 짚어 보고자 한다. 따라서 그가 출생한 강릉군 전체 또는 경포면 일대를 배경으로 한 1920년대를 전후한 시기 그의 가족들의 생활상, 역사적, 문학적 사실과 관련된 지역 내 여러 사회상, 그리고 그의 가족이 극동지역으로 이

주할 수밖에 없었던 한 까닭 등을 인문적 관계성을 통해 유추해 봄으로써 민족의 자주독립을 갈망하는 민족시인, 또는 저항시인으로 성장할 수 있었던 지역사적 배경과 그 의의를 되 새겨 보고자 한다.

2) 上系 및 家系

심연수는 삼척심씨 檢校公派이다. 검교공파는 조선 중종조 이조·공조판서를 지낸 어촌 심언광을 파조로 모시고 있다. 『삼척심씨세보』를 참고로 그의 가계도를 작성하면 아래와 같다.

가계도에 의하면 심연수 집안은 검교공파 중에서도 白川宅에 속한다. 백천댁이란 택호는 그의 8대조인 沈渭 이후에 사용되었다. 심위는 司僕寺正에 증직되었으며, 성품은 소탈하고 하찮은 세상사에 부화뇌동하지 않았으며 효우충신에 힘쓰고, 清議堂을 중수하였는데, 이때 우암이 제액을 지었다. 7대조 世繽 역시 효우를 중요시하고 종형 世綱과 함께 삼연 김창흡의 문인으로 활약하였다. 6대조 유 역시 청렴한 인사로 향평이 자자하였다. 5대조 尙頫는 1791년 수원부산성감찰관을 지냈으며 가선대부동지중추부사에 추증되었다. 상기 이후 후손들의 행적에 있어서 특이점이 발견되지 않는다. 아마도 심연수 집안은 5대조 이후 가세가 기울기 시작했던 것으로 보인다. 또 특히 심연수 집안은 상기 이후부터 모두 서열상 막내 집안에 포함되었는데, 이 점 역시 그 집안의 가세와 무관하지 않은 것으로 여겨진다.

그래서 인지 심연수의 증조 沈璣祖의 다섯 자식 중 막내 즉 심연수의 조부인 심집규[심대규]는 1864년 출생하여 1939년 9월 만주 용정에서 향년 76세로 생을 마감하였는데, 이때 왜놈의 총에 맞아 객사한 것으로 심연수의 시[1]에 묘사되어 있다.

따라서 심연수 가족이 강릉을 떠난 1924년 이전의 경우 강릉에서는

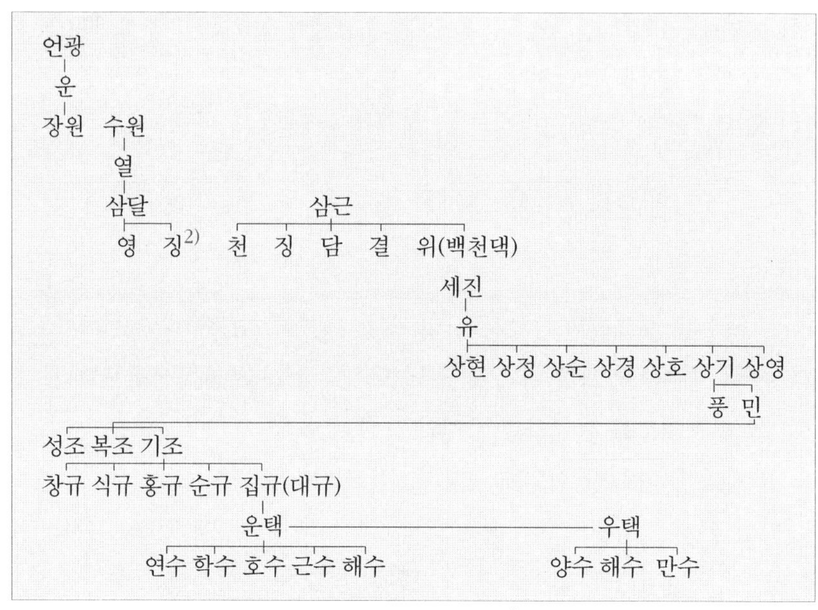

심연수의 상계 및 가계도3)

어촌공 후손이라고 하는 사회적 명분은 갖고 있었으나 점차 그 가세가 쇠락하여 경제적으로 상당히 어려운 상태였던 것으로 보이며, 이런 연유로 연해주 블라디보스톡으로 이주를 단행하였던 것이다.

---

1) 돌아기신 그날 식전까지
   수고를 모르시고 도우시다가
   자손을 위하여 길바닥에서
   놈들의 총에 맞아
   객사하신 나의 할아버지시여
   〈하략〉
   엄창섭, 「심연수 시인의 문학과 시적층위 -민족시인 심연수의 시사적 의미-」, 『민족시인 심연수 학술세미나 논문총서』, 심연수선양사업위원회, 2007, pp.29~30참조.
2) 澄은 三近에게 양자감.
3) 『삼척심씨세보』을유보(乙酉譜, 2005년) 권 3 pp.276~286, 권 4, pp.38~50 참조.

3) 불라디보스톡으로의 이주배경

(1) 이주 직전의 생활상태

　민족시인 심연수가 불라디보스톡으로 이주한 시기는 그의 나이 6살 때 이다. 따라서 그는 어린 나이였기에 심정적으로 왜 이주해야만 하는지 그리고 왜 그곳으로 가야만 하는지를 깨닫기는 좀 이른 나이였다. 그렇지만 그는 성인이 되었을 때 「경포대」, 「경포정」, 「새바위」 등 고향 강릉의 명승지, 특히 그가 살았던 경포면 난곡리와 가까운 지역인 경포와 관련된 주제의 시 작품을 지었다는 점은 고향 강릉에 대한 생각을 잊지 않은 것으로 판단된다. 그리고 「만주」[4]라는 제목의 시에서 심연수는 고향으로 떠나기 전인 1924년 이전 강릉에서의 궁핍한 생활상을 뼈저리게 기억하고 있는 듯하였다.

　심연수 가족이 강릉을 떠나기 직전의 생활상을 보면, 그 가족은 2,000여평의 정도의 밭을 소작했는데, 땅이 척박해 소출이 얼마 안되기에 소작료를 물고나면 온집 식구들이 석달 먹을 식량도 부족하였다. 할아버지와 할머니는 길쌈을 해서 가정살림에 보태며 근근득식으로 생활을 영위하였다고 한다.[5] 이에 그의 가족이 강릉을 떠난 후인 1926년과 1929년의 강릉지역 경제, 특히 농업부분의 실태를 살펴보면, 당시 소작농들의 생활상을 짐작할 수 있다.

---

[4] 「만주」
　서글퍼 가없던 부모 형제
　헐벗고 주림을 참던 일
　지금도 뼈아픈 눈물의 기록
　잊지 못할 척사(拓史) 혈혼이었다.
　　엄창섭, 「심연수 시인의 문학과 시적층위 -민족시인 심연수의 시사적 의미-」, 『민족시인 심연수 학술세미나 논문총서』, 심연수선양사업위원회, 2007, pp.29~30참조.

[5] 김인수, 「민족의 정과 대류의 정의 융합체」, 『민족시인 심연수 학술세미나 논문총서』, 심연수선양사업위원회, 2007, pp.75~76 참조.

1920년 후반 강릉군 농업인의 영농상태별 현황을 보면, 자작농이 20%, 자작겸소작농 40%, 소작농 약 40% 정도였다. 좀더 자세하게 분류하면, 강릉지방 농가호수는 지주(갑)과 지주(을), 자작, 자작겸 소작, 소작, 화전민으로 분류되며, 지주(갑)은 35호, 지주(을) 450호, 자작 2,084호로 모두 22.4%이고, 자작겸 소작 5,010호, 소작 3,881호, 화전민 82호로 77,6%에 달한다.[6]

경지소유자별 현황을 보면, 100정보 이상은 3호이고, 50정보 이상은 4호, 10정보 이상은 80호, 10정보 이하 1정보 이상은 7,230호였다. 그리고 정동면은 지주 갑 3호, 지주 을 39호, 자작 97호, 자작겸 소작, 282호, 소작 318호이다. 전체 739호 중 자작겸 소작과 소작의 비율은 81.19%이고, 순수 소작은 43.03%이다. 강릉군의 다른 읍면에 비해 소작인 비율인 높은 것으로 나타났다.[7] 특히 순수 소작 농가비율이 높은 지역일수록 상대적으로 지주(갑)과 지주(을)이 많은 지역이다.[8]

한편 1926년과 1929년 경지면적상황을 보면 점차 증가하고 있음을 볼 수 있다. 아래 표에 의하면 농업 경지 면적은 점차 증가하는 것으로 나타났다. 그렇지만 이와같은 경지면적의 증가에도 불구하고 영농형태별 실태를 보면, 지주를 포함한 순수 자작농은 전체 중 28.06%에 불과하며, 나머지는 소작농 또는 자작겸 소작농이다. 특히 순수 소작농의 비율이 25.39%에 이른다. 한편 심연수가 출생했던 경포면[정동면][9]의 경우 강릉

---

6) 『生活狀態調査』朝鮮總督府, 江陵篇, 1931.

7) 1928년 말 기준으로 작성된 강릉군 읍면별 소작농 비율을 보면, 강릉군 43.39%, 성덕면 34.34%, 성산면 19.92%, 왕산면 13.53%, 구정면 29.59%, 강동면 44.94%, 옥계면, 26.17%, 망상면 16.61%, 정동면 43.03% , 사천면 51.83%, 연곡면 43.92%, 신리면 46.42%이다.(『生活狀態調査』朝鮮總督府, 江陵篇, 1931 참조)

8) 1928년말 현재 강릉군의 지주(갑)과 지주(을)은 모두 485호인데, 이중 소작농 비율이 40% 이상인 지역의 지주(갑)과 지주(을)의 수를 보면, 294호로 본면 강릉군 전체에서 60.62%에 달한다.(『生活狀態調査』朝鮮總督府, 江陵篇, 1931 참조)

군 전체 농업 경지 면적 중 6.50%를 차지하고 있으며, 답 660정보 6단, 전
231정보 5단으로 답이 전보다 약 3배 가까이 많은 것으로 나타났다. 이는
경포천과 경포호 주변 특히 현재의 난곡동, 운정동 지역에 대한 개간 사업
때문으로 보인다.

<표 1> 경지면적 변동상황

지목 \ 연도	1926년	1929년
전	6,149정 9단	6,419정 7단
답	6,953정 2단	7,166정 5단
계	13,103정 1단	13,586정 2단

참고 : 『生活狀態調査』朝鮮總督府, 江陵篇, 1931.

정동면의 경지면적을 기준으로 한 영농형태별 실태를 보면, 지주를
포함한 순수 자작농은 30.09%로 당시 강릉군 전체와 비교했을 때 약간 높
은 것으로 나타났으며, 순수 소작농 역시 30.29%로 강릉군 전체 보다는 약
간 높은 것으로 조사되었다. 그리고 순수 자작농을 제외한 소작농들이
70%정도에 이른다. 이와 같은 현상은 이른바 조선 경제의 토대라 할 수 있
는 농업경제의 붕괴이고 더 나아가서는 지주와 자작농을 제외한 소작농들
의 몰락을 의미한다.

또 하나 중요한 요소는 소작인에 대한 극심한 착취를 들 수 있다. 특
히 이러한 착취 중에서도 핵심적인 요소는 지주의 강제적인 소작권 취소
나 이동과 같은 조치들이 소작인들을 괴롭혔던 것이다. 한 예로 1920~1924
년까지 조선에서 발생된 소작쟁의의 원인을 분석한 자료에 의하면, 소작
권의 취소 및 이동이 63.1%로 가장 많은 비중을 차지하고 있다.[10]

일제는 1934년 소작쟁의의 잦은 발생으로 인해 조선 내에서의 사회

9) 1920년 당시 정동면은 죽헌리, 운정리, 난곡리, 대전리, 지변리, 유천리, 안현리, 저동리 등
8개리(『동호승람』참조)

적 · 경제적 · 사상적 영향이 점차 심각하다고 판단하여 소작관계 법령을 일제히 정비하였다. 즉 1934년 이전 소작쟁의 발생 건수에 대한 현황은 파악되지 않지만 소작쟁의가 심각한 사회적 문제를 야기한 것으로 판단하였던 것이다. 참고로 1932년부터 1941년까지 10년간 강릉 지역에서 발생한 소작 쟁의 발생 건수를 확인 한 결과 그 수가 점차 증가하였다.[11] 한편 소작쟁의의 수리 상태를 보면, 아주 미약한 수준이다.[12]

이와 같은 현상은 1920년대 들어 일제의 대조선 농업정책 기조 변화에 기인하는 요소가 적지 않게 반영되었다. 농업정책에 있어서도 '문화적' 농정이 시작되었는데, 예를 들자면, 계통농회 설립을 통해 지주 주도에 의한 농촌의 재편성, 개별적으로 지주를 소집하는 지주간담회, 지주협의회, 지주강화회, 영농자대회, 독농가간담회 등의 개최를 통해 조선인 지주를 장악하고 농촌 구조를 재편성하였다.[13] 반면 대부분 영세 농민들인 소작인들에 대한 사회적 · 경제적 처우 개선을 위한 조치는 강압적인 통제 수준에 불과하였기에 이들의 생활상은 매우 빈곤하였을 뿐만 아니라 소작인 스스로 경제적 지위를 향상시키기에는 어려운 상황이었다. 그러므로 일본제국주의자들의 농정의 변화 정책은 결국 지주를 보호하는 반면, 소

---

10) 朝倉昇, 「조선의 소작문제와 그 대책」, 『농업경제연구』7-2, P.134(김영호 편, 「일본제국주의의 조선에서의 농업정책」, 『일제하 한국사회 구성체론 서설』, 청아신서 16, 1986, p.255 재인용) 한편 조선에서의 소작쟁의의 원인으로는 소작권의 취소와 이동(63.15%), 소작료의 감액요구(17.7%), 지조공과의 지주부담요구(5.7%), 소작권회복소송(0.2%), 부당 소작료의 반환요구(1.2%), 소작료 운반관계(0.7%), 지주소작인의 반감(0.7%), 소작료 사정방법의 관계(3.9%), 지세 반환요구(0.5%), 기타(6.2%) 등이었다.

11) 조선총독부, 『조선농지년보』에 의하면, 강릉군의 소작쟁의는 1935년까지는 파악되지 않았고, 1936년 13건, 1937년 141건, 1938년 318건, 1939년 236건, 1940년 139건, 1941년 97건, 1942년 97건으로 파악된다.

12) 조선총독부, 『조선농지년보』에 의하면, 1935년 33건, 1936년 64건, 1937년 52건, 1938년 139건, 1939년 98건이다.

13) 堀和生, 「일본 제국주의의 조선에서의 농업정책 -1920년대 식민지 지주제의 형성-」, 『일제하 한국사회 구성체론 서설』, 청아신서 16, 1986, pp.211~218.

작인들은 철저히 소외되었다. 따라서 소작인들은 지주의 專權에 의해 안정적인 농업경영을 영위하기가 어려운 상황이었다.

<표 2> 영농형태별 경지면적

「단위 : 町步. 段」

구분 지역	자작겸 소작의 자작		자작겸 소작의 소작		자작농(지주포함)		소작농	
	답	전	답	전	답	전	답	전
강릉	142	125	141	125	144	131.5	106	111.2
성덕	146	168.4	212.1	142	110.3	109.9	307	243.2
성산	150	138	160	129.1	105.1	86.2	100	80
왕산	50.4	309.5	33.1	201.5	51.5	853.8	33.8	341.2
구정	196.7	167.5	144	49.6	250.6	134.4	139	124.8
강동	156.7	108.2	171.9	103	142.5	96.9	150.2	116.1
옥계	256.7	204	55	8	45.5	445	102.5	45.2
망상	92.8	58.8	69.4	68.2	67.5	92.3	94.3	61
정동	148	53.5	94.3	57.7	218.3	50.1	200	70.2
정동면의 전답을 합한 면적 (892.1)	201.5		152		268.4		270.2	
사천	181.7	72.3	215	70.2	97.8	36	438.8	239
연곡	123.5	136.8	188.5	86.4	88.4	285.5	279.7	55.7
신리	290.8	149.5	103.8	28.8	138.2	67.1	125.8	24
계	2,035.3	1,691.5	1,588.1	1,069.5	1,459.7	2,388.7	2,071.1	1,411.5
전과 답을 합한 면적 계 (13,715.4)	3,726.8		2,657.6		3,848.4		3,482.6	

참고 : 『生活狀態調査』朝鮮總督府, 江陵篇, 1931.

강릉군내의 농업용경지면적은 답 7,000여정보, 전 6,400여정보로 합계 13,600정보였다. 농가 1호당 경지면적은 답 6段 6畝步였고, 전 5段 6畝步로 합계 1町 1段 8畝步[14]였다. 정동면 소작농들의 영농 규모를 보면, 1호당 경지면적은 8段 5畝로 坪을 기준으로 했을 때 약 2,500여평 정도로 추산된다.

앞서 심연수 집안이 강릉을 떠나기 전 약 2,000여평의 밭을 경작하였
다고 한 것과 비교했을 때 크게 차이를 보이지 않는 수치이다. 한편 심연
수 가문이 강릉을 떠나기 직전인 1924년까지 심대규를 호주로 했을 때 이
가호의 가족 수는 삼촌 심우택 부부와 심연수의 누이를 포함할 경우 6~10
명으로 추산된다. 이에 최대 10명의 가족이 약 2,000여평의 토지를 소작하
여 생활하기는 매우 어려웠던 것으로 판단된다.

1920년대 후반 강릉군과 정동면 지역에 대한 농업 경지 면적과 영농
형태별 실태로 보아 순수 자작농을 제외한 영농형태 주체들의 경우 대부
분 매우 열악한 경제적 기반을 소유하고 있었기에 생활상태 역시 매우 곤
궁한 상태였던 것으로 판단된다.

심연수 집안의 경우도 예외는 아닌 듯하다. 물론 심연수가 출생했던
이곳 정동면 운정리 일대에는 해운정 일대를 중심으로 삼척심씨 가문이
집성촌을 형성하였을 정도로 확고한 족적 기반을 가지고 있었다. 그러나
심연수 집안의 경우 이러한 족적 기반과는 약간 차이가 있는 것으로 보인
다. 즉 심연수 집안은 삼척심씨 검교공파 백천댁인데 그의 조부 심대규는
한량처럼 세월을 보냈다고 하고, 독립운동을 했던 삼촌 沈雨澤 등 그 가족
들의 단편적인 생활상, 그리고 그의 시 「만주」에서는 가족들의 매우 가엽
고 어려운 생활고에 대한 애절한 심정을 표현한 점 등으로 보아 심연수의
유년시절 그의 집안은 동족촌락과 같은 족적기반과는 무관하게 매우 힘든
생활을 했다.

심연수 집안은 매우 어려운 생활고에서 벗어나기 위해 머나먼 타향
으로 이주할 수밖에 없었던 것으로 여겨진다. 물론 그의 집안 식구 대부분

---

14) 평(坪)을 기준으로 환산했을 때 1정은 대략 3,000평, 1단은 300평, 1무는 30평 정도라 할
수 있다.

이 불라디보스톡으로 이주한 것은 위와 같은 생활고만은 아니었을 것이다. 그것은 앞서 제시한 그의 유년 시절 강릉의 다른 사회상과도 밀접한 관련이 있다고 할 수 있다.

⑵ 3.1만세운동과 문학계 동향

심연수가 태어날 즈음 강릉 지역 사회는 민족의 자주독립을 외치는 3.1만세 운동이 전개되었던 시기이다. 강릉 지역의 경우 몇 차례에 걸려 만세운동이 펼쳐져 많은 지역민들이 일경에 체포되어 시련을 겪었다.

1919년 강릉 지역에서 전개되었던 만세운동의 경과를 개략해 보면,[15] 강릉지역 3.1만세 운동은 지리적인 환경의 탓으로 서울에서 전개된 3.1 만세운동 보다 늦게 전개되었다. 3.1만세운동이 강릉에 전해진 것은 초당리 청년 崔燉玉이 高宗의 因山에 참여했다가 돌아오면서부터이다. 그는 당시 22세의 청년으로 탑골공원의 독립선언 식장에도 참여하였고, 돌아온 즉시 촌락의 협동조직체였던 창동회의 지도자이며 야학회의 교사였던 崔頤集(21세), 崔晋圭(31세), 崔善在, 曹大鉉, 崔善根, 金振淑, 鄭軾和, 崔善浩 등과 함께 만세운동을 계획하였다. 대체로 강릉지방의 3.1 만세운동은 서울에서 시작된 지 한 달 후인 4월 2일과 4일 5일 · 7일 · 8일 등 모두 다섯 차례에 걸쳐 최소한 6회 이상 일어났다.

4월 2일에 전개된 만세운동은 본래 강릉공립보통학교의 학생들과 당시 감리교회 목사였던 안경록을 비롯한 감리교회의 신도들, 그리고 안경록과 연결되어 항일 의식을 키워 오던 보통학교 졸업생의 모임인 강릉청년회가 함께 계획한 시위운동이었다. 강릉공립보통학교 4학년 졸업반 학생이던 李明儀(20세), 申守奉(22세), 權春萬(15세), 崔鳳圭(18세), 金榮斗, 李俊模 등이 독립선언서를 얻어 교내 학생을 중심으로 4월 2일에 독립 만

---

15) 『강릉시사』상권 제1편 역사 참조.

세운동을 전개하기로 은밀히 계획하였으나 발각되어 거사 하루 전인 4월 1일에 모두 체포되고 말았다.

한편, 감리교회와 강릉청년회에서는 예정대로 태극기를 교회에서 만들어 4월 2일에 장터에 나가 안경록 목사를 선두로 만세를 불렀다. 당시 강원도 장관의 보고문을 살펴보면, "昨日 江陵市場에서 八,九名이 舊韓國旗를 持하며 獨立萬才를 高唱하니 二十餘名 和唱하였으며 他群衆은 參加치 않고 解散 主謀者 取調中"이라 하여 주모자는 물론 감리교회의 안경록과 강릉청년회의 崔善在, 曺大鉉 등을 말하는 것이며, 20여 명이 만세를 부르며 호응하였다고 했으나 金正明의 『명치백년사』와 『조선독립운동(Ⅰ)』에는 4월 2일의 만세운동에 참여한 숫자가 50여명이라 했다.

『미일신보』1919년 4월 24일 3면 기사에 의하면, 강릉청년회의 중심 인물로 활약하던 崔善在, 曺大鉉, 崔善根, 崔燉玉, 金振淑 등이 2일 오후 4시에 있었던 만세운동의 주모자로 체포되어 각각 징역 10월에서 4월까지 언도받은 것으로 적고 있어 2일의 만세운동이 감리교회와 강릉청년회가 함께 전개하였으며 그 시간은 오후 4시경이었다.

4월 4일의 만세운동은 초당의 최돈옥과 최이집, 최진규, 朴章實, 崔永邦, 金鳳公 등 창동회의 지도자들이 야학 학생들을 동원하고, 역시 감리교회 교인이면서 강릉청년회 회원이던 초당리 최돈제를 통하여 교회에서 태극기를 제작하는 등 감리교회의 지원을 얻어 남대천 洑 공사날을 계기로 전개된 만세운동이었다. 이들 야학 학생들은 先唱部와 解散 防止部까지 조직하였으며, 농민들이−지금의 강릉의료원 앞−공사를 마치고 괭이와 삽, 그리고 가래를 들고 시위를 벌일 때 질서와 절도있는 만세운동이 되도록 이끌었다. 400명이 넘는 농민들의 질서 있는 시위에 대하여 당시 강릉에 주둔하고 있던 중대 병력의 일본군과 경찰은 무력으로 진압에 나섰고, 그 결과 부상자가 수십명 발생하였다. 다음날 일경은 주모자와 조직원 30여 명을 검거하여 심한 고문을 가하였고, 결국 주동자 최이집과 최진규는 이 일로 인해 재판을 받고 원산 감옥에서 4개월의 옥살이를 하였으며, 박 장실과 최영방, 김봉공은 각각 笞 90, 柳玉一은 기소유예를 선고받았다.

　4월 2일의 장날 만세시위와 4일의 남대천 농민시위로 인하여 3.1운동의 기운은 강릉군내 주변 마을로 들불처럼 번져갔다. 邱井, 注文津, 城山, 沙川, 旺山, 連谷, 江東, 玉溪, 縣南에서도 면소재지 촌락에 수백 또는 수십명이 모여 독립만세를 부르고 일부는 횃불시위를 하다가 해산당하였다.

　강릉에서 전개된 만세운동 가운데서 가장 규모가 크게 전개되었던 것이 4월 7일의 만세운동이다. 그 동안 몇 차례 만세운동의 전개로 자신감을 얻게 된 강릉의 만세운동 추진 세력들은 그동안의 경험을 바탕으로 장날인 7일의 만세운동을 강릉 모든 지역의 본격적 운동으로 전개하려고 계획하였다.

　4월 2일의 장날 만세시위와 4일의 남대천 농민시위, 주변 지역에서 일어났던 5일의 만세운동으로 조국 광복에 대한 민족의 열기가 충천하자 일제는 수비대와 경찰을 풀어 7일 장날을 撤市하고 장보러 오는 사람들을 장터에 들어오지 못하게 경계하였고 성내리 감리교회 옆에는 초소까지 설치하여 경찰이 밤낮 감시하였지만 계획은 예정대로 추진되었다.

　2일의 만세운동으로 몇몇 회원들이 체포되었던 강릉청년회에서는 만세운동 추진 본부를 옛 강릉시청 앞 교차로 부근에 있던 李允植의 상점으로 옮겨 창호지와 곶감꽂이로 태극기를 만들었다. 드디어 4월 6일에 태극기 500여 매를 만들어 놓고 일부 청년들은 군중을 동원하기 위하여 집으로 가고 나머지는 이윤식의 집과 감리교회에서 잠을 잤는데, 이날 밤에 경찰의 습격을 받았다. 이와 같은 사실을 모르고 이튿날 태극기를 가지러갔던 청년들은 비로소 경찰이 습격했다는 것을 알고, 崔善浩, 鄭軾和 등은 다시 장터 최선근 상점에 모여 급하게 태극기를 만들고 만세운동을 준비하였다. 이렇게 하여 만들어진 100여장의 태극기를 장터 군중들에게 뿌리며 젊은 청년들은 만세를 불렀고 이미 2일과 4일, 5일의 만세운동을 통해 그 의미를 비로소 알게 되었던 강릉 군중들은 이날 적극적으로 시위에 참여하여 모두 만세를 불렀다. 장터는 지금의 강릉 중앙로타리 광장이었는데 여기서 시작된 시위는 장터에서 불과 100m 떨어진 지금의 우체국자리에 있던 경찰서를 향하여 진행되었다. 경찰서로 향하던 군중은 5일 이후 대폭 증강된 수비대와 경찰에 의해서 제지되었고 그들에게 막힌 시위 군중들은 강릉청년회원의 대규모 체포로 인한 주동자의 不在와 경찰서장, 군수의 간곡한 설득으로 흩어지게 된다. 한편, 부근 마을에서 장꾼들을 계몽하여 군중을 모아 왔던 일부 청년들은 그들대로 갑작스런 계획을 마련하여 花浮山, 南山, 月帶山 등지에서 만세를 불렀다.

이 날 참여 인원은 일본측 기록에 의하면 200여명이라고 하나 산위의 시위 군중까지 합하면 실제로는 약 1,000여 명이 넘는 것으로 추정된다. 이 날의 시위 사실을 보고한 강원도 장관의 전화 보고문에 따르면, "七日 江陵市場의 閉時를 防止할 目的으로 五六十名의 群衆이 萬才를 唱함으로써 郡守, 警察署長 說諭 解散시키다"라고 전한다.

결국 강릉에서는 4일간에 걸쳐 최소한 6회의 만세운동이 있었고, 나흘 동안의 운동을 통해서 검거된 사람의 수는 142명이었고 부상자는 82명으로 나타나 있으나 실제의 수는 이보다 많았으며 검거자 중에는 시위에 직접 관계하지 않고 시국을 이야기하다가 잡혀간 사람도 있었다. 예를 들면 城南面 內谷里의 崔燉映같은 청년은 崔昇圭, 崔溶植 등과 손병희의 독립운동 취지에 찬동한다는 등 불온한 언동을 하였다 하여 보안법 위반으로 잡혀 경성 지방법원에서 쯤 90의 언도를 받기도 했다. 그리고 4일간의 강릉지방 3.1 만세운동을 주도한 대부분의 주동자들은 재판을 받고 복역하였다.

3.1만세운동을 계기는 일제의 조선지배 정책은 일본 독점자본의 이윤추구를 더욱 더 강화하고 민족적 계급적 모순의 격화를 회피하면서 성장하고 있던 조선 프롤레타리아의 반제투쟁과 민족주의자의 투쟁을 철저

히 탄압하였다. 한편 민족부르조아지의 상층부를 회유하여 민족을 분열·지배하는데 그 기본방침을 두었다.[16) 이러한 정책 기조는 이른바 '문화의 발달과 민력의 충실' 이라는 소위 기만적인 '문화정치' 라 일컫는다. 이러한 문화정치 하에 일본제국주의자들은 기존의 무력적 치안유지방식인 헌병경찰제를 경찰제로 전환하였고, 경찰력을 증강 배치하여 3.1만세 운동 이후 민족주의자의 독립투쟁을 더욱 철저히 탄압하였고, 한편 영세소작인들의 사회적·경제적 불만을 제압하는 데 있어서도 증강된 경찰력을 동원하여 저지하였다.

한편 문학적 측면에 있어서도 민족정신을 고양하는 활동들이 펼쳐졌다. 강릉지역에서는 걸출한 문인들이 배출되었으며, 또한 그들의 문학활동은 서정적 時感 외에도 민족적 비애를 표출하면서 우리 민족의 자주 독립을 염원하는 양태를 뛰었다.

1922년 무렵 朴琦遠(1908~1978)은 강릉에서 문학을 지망하는 젊은이들과 함께 시문학 동호회 모임을 조직하여 문학수업을 쌓으며 1929년에 『文藝公論』에 시 「洪水」로 데뷔한 뒤 洪民·安鐘和·丁洪敎·廉根洙·尹逢春과 꾸준히 교분을 나누어 왔다. 특히 그가 사상 문제로 일경에 쫓기며 월정사 등지를 방황하다 같은 처지에서 고뇌를 함께 하던 巴人 金東煥(1901~?)을 만나기도 하였다. 1923년 강릉군 사천면 노동리에서 태어난 超虛 金東鳴은 『開闢』이란 잡지를 통해 한국 시단에 데뷔하고 『나의 거문고(1930)』, 『芭蕉(1938)』 등의 시집을 펴냈다. 이 시집들은 전원적 서정과 민족적 비애를 시화한 강릉의 현대문학에 있어 지평을 여는 계기가 된다. 이 무렵 백담사에 은거한 萬海 韓龍雲(1879~1944)이 『님의 沈默(1926)』이

---

16) 박영식, 「1920년대의 민족분열정책」, 『일본제국주의의 조선지배』, 청아신서 19, 청아출판사, 1986, p.193.

라는 시집을 민족에게 받쳤다. 이 같은 사실들은 1920년대 강릉지방 현대
문학의 일반적 흐름이었다.[17)

이와 같은 문학적 흐름에 대해 1920년대 이후 일본제국주의자들은
'문화정치' 라는 명목으로 언론, 출판, 집회 등에 대해 고려하여 민의의 창
달을 도모하고, 교육, 산업, 교통, 경찰, 위생, 사회 등의 행정을 배려하여
국민생활의 안정과 복리를 도모한다는 내용의 기만적 善政을 표방하면서
더욱 철저한 규제와 검열을 강화하였고, 민족의식 앙양을 목적으로 한 다
양한 문화 행위에 대해서는 사전에 차단함으로써 대중적 항일의식의 싹을
제거하고자 하였다.

(3) 항일사회운동

1919년 3.1만세 운동이후 국내에서는 일제의 탄압으로 독립운동의
활동영역이 축소되었던 반면에 중국, 만주를 비롯한 연해주 지역에서는
더 원활하게 활동할 수 있었다. 실제로 심연수를 비롯해서 삼촌 심우택,
사촌동생 심양수[18) 등은 만주지역으로 이주한 이후 항일운동에 가담하였
다. 특히 심우택은 李東輝(1873~1935) 등과 함께 독립운동에 가담한 정황
이 있다.

이에 독립운동가 誠齋 이동휘의 활동상을 살펴보면, 그는 함경남도
端川 출생으로 구한국군 무관학교 졸업 후 육군 參領을 지냈고, 1902년(고
종 29) 李儁·閔泳煥 등과 개혁당을 조직하여 개화운동을 시작하였다.
1907년(순종 1) 군대해산의 기밀을 탐지하고 강화진위대의 延基羽·金東

---

17) 엄창섭, 「현대문학」, 『강릉시사』상권 제4편 문화예술 제2장 문학 제7절, 강릉시사편찬위
   원회, 1996.
18) 『삼척심씨세보』권 4, p.50에 의하면 심우택은 3남2녀를 두었는데, 맏아들 양수가 러시아
   일대에서 항일운동에 참여했다는 설을 기록하여 놓았다. 특히 심우택의 후손들은 현재
   우즈베키스탄과 카자흐스탄 지역에 거주하고 있는 것으로 기록되어 있다.

壽 등 군대 동지들과 江華島 傳燈寺에서 협의, 의병을 일으키기로 했으나, 연기우의 체포로 실패하자 李東寧·安昌浩 등과 신민회를 조직하여 개화운동과 항일투쟁을 벌였다. 또한, 문화교육조직인 독립협회의 지지자로 활동하면서 외국 식민지주의자들의 축출과 조선의 정치적 독립을 위한 운동에 참여하였다. 그는 무관 출신이었으나 교육문화사업에도 관심을 가져 강화도의 合一學校를 비롯해 開城·平壤·元山 등지에도 여러 학교를 설립하였다. 또한 민족계몽을 위한 단체로서 漢北興學會를 조직하였으며, 1908년에는 西友學會와 통합해 서북학회로 발전시켰다. 1912년 중국 만주로 망명하여 반일적 성격의 간민회에 가담하였고, 1915년에는 露領에서 한인사회당을 조직하였다. 1919년에는 상하이로 가서 대한민국임시정부 조직에 참여하여 군무총장을 거쳐 1920년에는 국무총리를 지냈다. 그러나 한인사회당을 고려공산당으로 개칭하는 등 공산주의 의식을 갖고 있던 그는 모스크바의 V.I. 레닌으로부터 받은 독립운동자금 중 일부를 고려공산당 조직기금으로 유용한 것이 임시정부에 발각되어 사임하였다. 그 뒤 1927년 일본이 국내 공산주의자들을 검거하자 이들을 돕기 위해 국제혁명자후원회에 참여하였고, 1927~1929년에는 블라디보스톡 국제혁명자후원회 책임자로 활동하였다.[19]

　　1915년 이후 이동휘의 활동상 특징은 블라디보스톡을 거점으로 사회운동을 전개하였던 점이다. 근본적으로 민족주의를 배격했던 볼세비키정권이 한인사회당을 원조했던 이유는 눈앞에 닥칠 일본군의 출병을 한인들의 항일민족운동으로써 막겠다는 계산이 깔려 있었다. 이 무렵 오랫동안 독립운동에 전념해 온 이동휘는 볼세비키정권의 정책방향을 감지하고 항일독립운동을 승리로 이끌기 위해 볼세비키정권의 원조가 꼭 필요하다고

---

19) 한국학중앙연구원, 『민족문화대백과사전』, 「이동휘」.

판단하였다. 그리하여 그레고리노프의 원조 아래 한인사회당을 결성하고, 연해주와 흑룡강 지방에 8개의 지부를 설치하였다.[20] 물론 이동휘가 이곳 블라디보스톡에서 한인사회당을 결성했던 까닭은 이곳에 많은 한인들이 거주하는 한인개척촌(일명 신한촌)이 존재하였고, 또 많은 독립운동가들이 이곳에 들어와 항일운동을 펼쳤기 때문으로 보인다.

심연수의 삼촌 심우택이 이동휘와 함께 독립운동을 전개하였다는 작은 단서만으로 그가 항일독립운동 차원에서 공산당에 가담하였다고 단정하기는 어렵다. 그러나 심우택이 항일운동에 가담한 시기가 블라디보스톡으로 이주한 이후라는 점[21]에서 심우택 역시 일제강점기 항일독립운동에 참여한 많은 민족지도자들이 사회주의 사상에 기반을 둔 경우와 같다고 할 수 있다. 따라서 일면 심연수의 삼촌 심우택 역시 사회주의 사상에 기반을 둔 항일운동에 가담하였던 것으로 보인다.

이는 심우택 뿐만 아니라 그의 아들, 그리고 심연수 등이 여운형과 교유관계를 하였던 사실을 통해서도 짐작이 가능하다. 심연수의 남동생 沈學洙는 연해주로 이주한 이후 성장하여 흑룡강성 벌리현으로 재차 이주하였는데 이때 김일성의 이종사촌인 항일투사 박관순과 친밀한 관계를 유지하였고 이후에는 서로 동서지간이 되기도 하였다.[22] 또 심연수는 23살 때인 1941년 일본 소재 대학 예술학원 창작과 유학생이었는데, 동창 이기형과 함께 그해 늦여름 어느 일요일 동경 스가모 유원지에서 몽양 여운형 선생과 반나절을 보낸 적도 있다. 이 짧은 만남이 심연수에게는 무슨 의미가 있을까마는 적어도 항일독립운동의 측면에서 동질성을 갖고 있다고 할 수

---

20) 한국학중앙연구원, 『민족문화대백과사전』, 「한인사회당」.
21) 김인수, 「민족시인 심연수 선양사업 소감」, 『민족시인 심연수 학술세미나 논문총서』, 심연수선양사업위원회, 2007, p.65.
22) 임헌영, 「심연수의 생애와 문학」, 『민족시인 심연수 학술세미나 논문총서』, 심연수선양사업위원회, 2007, p. 13.

있다.

한편 3.1만세 운동 이후 영동 지역에서 결성된 항일을 목적으로 한 청년 중심의 사회운동을 전개한 단체는 다음과 같다.

<표 3> 1920년대 강원 영동지방 청년사회운동 단체[23]

단체명	지역	조직년대	주요활동
변성청년회	고성군 간성면	1921	토론회, 강연회 개최 향촌의 개선과 풍속개화을 위한 동아일보 후원으로 금강청년회와 함께 순회극단 조직 보통속성학원 설립
금강청년회	고성군	1921	도서관 설치 추진
호산청년회	양양군	1920	
양양신청년회	양양군	1920	
물치노농동맹	양양군	1923	호산청년회와 양양신청년회의 활동인물이 중심이 되어 결성됨
양양신청년동맹	양양군	1925	무산청년의 계급의식을 각성하게 하는 수양기관 설치로 강습, 강연, 연구, 토론, 연극 활동, 소작운동, 노동연합 대회 개최
물치농민조합	양양군	1926	물치노농동맹이 농민운동 조직으로 성격 변동
관동청년대회	강원 영동	1925	고성의 변성청년회 주관으로 강원 영동지역 청년단체의 연합모임을 결성하려 하였으나 일경의 금지로 간담회 형식으로 변경 개최
강원청년연맹	강원도	1925	부괴청년회, 변성청년회, 철원청년회, 철원무산청년회 등이 중심이 되어 결성
영동기자단 (영동기자대회)	강릉군	1925	영동 6군의 조선문 각 신문, 잡지 기자들이 구성원이 됨 각 지역의 사회운동자들이 주로 동아일보, 조선일보 신문 지국을 중심으로 활동함 강릉 김재진, 정윤시, 최돈근, 김길인, 이명의, 양양 최용대, 최두집, 김병환, 김달규 울진 전영경, 전병민, 조훈석 삼척 정건화, 심부윤
을축신우회	강릉군	1925	농촌계몽, 청년운동의 통일 강릉청년회와 영동기자단을 중심으로 활동하던 인물들이 결성함

<hr>

23) 김점숙, 「1920~1930년대 영동지역 사회운동」, 『역사와 현실』제9호, 한국역사연구회, 1993, pp.279~287

강릉청년동맹	강릉군	1927	강릉청년회가 해체되도 강릉청년동맹이 결성됨 (정윤시, 김재진 집행위원)
조선공산당 및 고려공산청년회 강원도 도기관 결성	강원도	1927	전강원도사회운동단체대회 개최 강원청년동맹 혁신
신간회 양양 지회 결성	양양	1927	
강원도 청년연맹 혁신대회 및 영동 신문기자 대회 개최	강원도	1928	

1920년대 영동지방 사회운동은 강원 영동 북부지역에서부터 시작되었다. 특히 양양·고성 지역에서 먼저 시작되었는데, 이는 함경남도 함흥·원산 지역이 일찍이 산업화되면서 노동운동을 비롯한 사회운동이 활발히 전개된 것과 무관하지 않다. 특히 양양 지역의 경우 영동 다른 지역에 비해 농민운동이 활발히 전개되었다.

한편 1920년대 후반 국내 즉 강릉을 중심으로 한 영동지방의 사회운동은 노농 조직화가 활성화되었다. 농업경영의 영세성, 낮은 농업생산력, 일인의 어업 진출에 따른 조선인 어업의 몰락으로 특징지어진 영동지역은 중앙의 노농, 청년운동단체가 개최하는 전국적인 대회에 활발히 참여하였다.

그러나 1920년대 영동지역의 사회운동은 주로 청년운동을 중심으로 전개되었으나 대부분 노동·농민운동과의 연계가 부재한 상태에서 몇몇 선진적인 인물에 의해 주도되었다는 한계를 가지고 있다. 이처럼 영동지역 사회운동이 노동자, 농민과 결합될 수 없었던 까닭은 집약적인 대지주가 없기 때문에 소작운동이 맹렬하게 일어날 요소가 박약함과 동시에 일반 사회상태는 여전히 봉건성을 지니고 있고 또 도시와 멀리 떨어져 있는 관계상 자본가적 경제조직의 모순을 흡수하는 데는 요소가 매우 박약하기 때문이었다.[24]

강릉지역의 경우, 1920년대 중반부터 강릉청년회를 중심으로 한 항일운동이 활발히 전개되었는데, 강릉청년회는 강릉청년동맹으로 변경되었고, 신간회 강릉지회 설립, 강릉농업학교 독서회 사건 등을 주도하였다. 그리고 1931년 강릉청년동맹을 주도했던 이들에 의해 강릉공산청년동맹 준비위원회가 결성되었다. 또 강릉적노결성준비위원회를 조직하여 농민조합 조직운동을 비판하고, 농민의 불평 요소를 지적하여 소작 쟁의를 지도하는 한편 농민의 조직화를 꾀하였다.[25]

특히 1920년대 후반부터 1930년에 걸쳐 영동지역의 사회운동이 활성화된 까닭은 철도 개설 등으로 교통 불편이 다소 해소되면서 외부 인사의 왕래가 빈번해짐과 동시에 지리적으로 함경남도와 인접하고 또 그 지방 사람들로서 간도와 기타 만주 방면 등지에 다수가 나가 사는 관계로 말미암아 사상적으로 자연히 좌익적 색채를 주입받게 되어 함남일대와 같은 사상적 경향을 갖게 되었다.[26]

3.1만세 운동이 이후 영동지역을 비롯한 강릉지역에서의 위와 같은 항일사회운동은 심연수를 비롯한 그 가족에게 직접적인 사상적 영향을 미치지 않았지만 지역 내에서 전개된 이와 같은 사회적 분위기는 이들이 연해주 지역으로 이주한 후 사회주의적 성향의 항일운동에 가담하는데 적지 않은 기여를 하였다고 여겨진다. 특히 『동아일보』기사 내용과 같이 강원 영동지역 항일사회운동이 간도나 연해주 지역으로 이주한 지역민들과 관련이 있다는 보도내용이 이를 뒷받침한다고 할수 있다.

---

24) 심부윤, 「운동계획서」, 『江保司 제397호 중요범죄보고』(김점숙, 「1920~1930년대 영동지역 사회운동」, 『역사와 현실』제9호, 한국역사연구회, 1993, pp.286~287 재인용)

25) 『동아일보』1935. 8. 24호의 2쪽(김점숙, 「1920~1930년대 영동지역사회운동」, 『역사와 현실』제9호, 한국역사연구회, 1993, pp.288~290 재인용)

26) 『동아일보』1934. 11월 3일(김점숙, 「1920~1930년대 영동지역 사회운동」, 『역사와 현실』제9호, 한국역사연구회, 1993, p.303 재인용)

4) 맺음말

1920년대 전후 강릉지역 사회상태, 항일사회운동의 전개 흐름, 그리고 심연수 가문의 가족관계 등을 살펴본 결과를 간략히 요약하는 것으로 결론에 대신하고자 한다.

첫째, 심연수가 출생한 강릉군 난곡리는 조선조 1500년대 어촌 심언광 이후 그의 선대 조상들이 세거하였던 곳으로 확고한 족적 기반을 가지고 있던 곳이다. 그러나 오랜 세월이 경과되면서 같은 지역에 거주하는 동족이라 할지라도 경제적 격차가 나타났다. 따라서 심연수 가문의 경우 가문의 계보상 삼척심씨 검교공파 계열로서의 사회적 명분을 갖고 있었지만 경제적으로는 넉넉하지 않아 약 2000여평의 토지를 소작하는 형편이었다.

둘째, 1920년대를 전후한 시기의 강릉지역 농업경영 실태를 살펴보았는데, 심연수 가족의 농업경영 상태가 소작인이라는 측면에서 이 시기에 원만하게 가족 경제를 유지하기 곤란하였던 것으로 판단된다. 특히 이 시기 강릉지역 농업 실태의 특징을 보면, 자작겸 소작을 포함한 소작인의 비율이 70~80%에 달하였다는 점에서 소작인들의 경제는 매우 열악하였다고 할 수 있다. 특히 소작인들이 어려웠던 점은 자의가 아닌 지주의 의사에 의해 소작권이 자주 변경됨으로 인해 더욱 더 어려운 경제적 상황에 놓이게 되었다.

셋째, 심연수와 그 가족이 강릉을 떠난 1920년대 초반 강릉지역 사회상을 보면, 강릉 지역에서는 6회 이상 3.1만세 운동이 전개되면서 민중들의 자주독립의식이 고양되었고, 이를 계기로 지역 내 청년들이 중심이 되어 조직된 항일사회운동이 전개되었다. 특히 1920년대 후반을 지나면서 강릉지역의 항일사회운동은 사회주의적 성향으로 변화되었다. 이러한 변화는 교통 불편의 해소로 새로운 사상을 갖고 있는 외부 인사의 왕래가 원활하였고, 또 함경남도 일대와 인접한 관계로 그 지역의 사회적 성향에 영향을 받았음을 물론이거니와 지역 출신 인물 가운데 간도, 연해주, 북경 등에서 사회주의적 항일운동을 전개했던 인사들과 관계가 있음이 밝혀졌다.

이처럼 심연수와 그의 가족들이 강릉을 떠나 불라디보스톡으로 이주하였던 일차적 배경은 소작인으로서 누려야 했던 경제적 고초에서 탈피하고자 함이 목적이었다고 할 수 있다. 그리고 이주 이후 심연수와 그의 가족들이 항일운동에 가담하였던 것은 이주 이전 국내 특히 강원 영동지역에서 전개되었던 3.1만세운동과 청년 중심의 항일사회운동이 간접적인 영향을 미쳤을 것으로 사료된다. 이에 심연수, 그의 삼촌 심우택, 남동생 심학수, 사촌동생 심양수 등이 항일운동가로서 역할하였다.

이들 항일운동의 특징은 사회주의적 성향이라는 점이다. 이들의 활동이 사회주의적 성격의 항일 운동이라는 것은 삼촌 심우택이 한인사회당을 결성한 이동휘와 함께 항일운동을 전개한 점 등이 반증한다. 이에 심연수 역시 저항시인, 민족시인으로서 만주 일대에 거주하는 우리 동포들에게 항일독립의식을 일깨우고 고무시키는데 기여할 수 있었던 것도 이러한 사상적 영향에 기인하였다고 할 수 있다. 심연수가 일경의 총에 맞아 청춘의 나이에 생을 마감하였던 것도 그의 항일저항 의식과 활동 때문이었다.

참고문헌

1. 지역관련 자료

『增修臨瀛誌』,『臨瀛誌』,『嶺東地方鄕土史硏究資料叢書(Ⅰ~Ⅵ)』,『三五僊記』,『江陵金氏玉街派譜』,『江陵金氏世譜(己丑譜, 1889)』,『江陵鄕賢十二先生行錄』,『江陵明倫書院誌』,『鄕約文(韓國學中央硏究院 藏書閣 所藏. 등록번호 002884)』,『金蘭世帖』,『嶺東地方金石文資料集(Ⅰ~Ⅱ)』,『三陟郡誌』,『陟州誌』,『眞珠誌』,『烈孝行蹟文狀錄』,『松潭齋誌』,『五峰書院實記』,『河南齋志』,『臨瀛儒義』,『河南齋事蹟』,『香湖先生集』,『七峯咸軒先生遺稿』,『漁村集』,『江陵靑衿錄』,『江陵大都護府先生案』,『江陵鄕校實記』,『江陵鄕校誌』,『東湖勝覽』,『深谷書院事蹟』,『臨瀛(江陵·溟州)誌』,『江陵崔氏大同譜』,『江陵崔氏世譜』,『金蘭半月會世系圖』,『江陵崔氏三賢遺稿』,『江陵朴氏大同譜』,『三可集』,『三陟沈氏世譜(乙酉譜, 2005)』,『生活狀態調査(朝鮮總督府, 江陵篇, 1931)』,『江陵市史』,『江陵地方 祠宇資料集(林鎬敏, 江陵文化院, 1998』

2. 관찬자료

『三國史記』,『高麗史』,『世宗實錄』,『燕山君日記』,『中宗實錄』,『經國大典』,『宣祖實錄』,『宣祖修正實錄』,『光海君日記』,『仁祖實錄』,『孝宗實錄』,『顯宗實錄』,『肅宗實錄』,『英祖實錄』,『正祖實錄』,『憲宗實錄』,『備邊司謄錄』,『新增東國輿地勝覽』,『國朝文科榜目』,『增補文獻備考』,『CD司馬榜目』,『輿地圖書』,『國朝人物志』,『承政院日記』,『三綱行實圖』,『書院謄錄』,『典故大方』,『조선농지년보』,『科擧謄錄』

3. 문집 및 기타자료

『星湖僿說』,『青莊館全書』,『修山集』,『愚伏集』,『惺所覆瓿藁』,『研經齋全集』,『栗谷全書』,『恩坡散稿』,『佔畢齋集』,『磻溪隨錄』,『東史綱目』,『練藜室記述』,『林下筆記』,『阮堂全集』,『祖堂集』,『海東繹史』,『三國遺事』,『牧民心書』,『居官雜錄』,『青邱野談』,『朝鮮黨爭關係資料集』,『大東野乘』,『東文選』,『東儒師友錄』,『己卯名賢錄』,『己卯錄』,『미일신보』,『동아일보』

4. 단행본

국사편찬위원회,『현장조사와 정리를 위한 근현대 지방사료 窓 열기』, 2003.

국사편찬위원회,『한국사』20.

국사편찬위원회,『한국사』7.

金載珍,『韓國의 戶口와 經濟發展』, 博英社, 1967.

김성우,『조선중기 국가와 사족』, 역사비평사, 2001.

김용선 외,『역사교육, 무엇을 어떻게 가르칠까』, 천화, 2002.

김인걸 외,『조선은 지방을 어떻게 지배했는가』, 대우학술총서 477, 아카넷, 2000.

김정숙 외,『전근대 동해안 지역사회의 운용과 양상』, 영남대 민족문화연구소, 경인문화사, 2005.

김한종 외,『역사교육과 역사인식』, 책과 함께, 2005.

배재홍,『조선시대 삼척지방사 연구』, 우물이 있는 집, 2007.

역사문화학회 편,『지방사와 지방문화 1』, 학연문화사, 1998.

吳永敎,『朝鮮後期 鄕村支配政策研究』, 혜안, 2001.

尹熙勉,『朝鮮後期鄕校研究』, 一潮閣, 1991.

李揆大,『朝鮮時期 鄕村社會史 研究』, 新丘文化社, 2009,

이병도,『역주 삼국사기』, 을유문화사, 1977.

李丙燾,『韓國儒學史略』, 亞細亞文化社, 1986.

李成茂,『朝鮮初期 兩班研究』, 一潮閣, 1980.

______,『韓國의 科擧制度』, 集文堂, 1994.

李樹健,『嶺南士林派의 形成』, 嶺南大學校 民族文化研究所, 1979.

______,『嶺南學派의 形成과 展開』一潮閣, 1995.

李樹健,『韓國中世社會史硏究』, 一潮閣, 1985.

이해준,『조선시기 촌락사회사』, 민족문화사, 1996.

李勛相,『朝鮮後期의 鄕吏』, 一潮閣, 1990.

정구복,『고문서와 양반사회』, 일조각, 2002.

정대구,『김삿갓연구』, 문학아카데미, 1990.

鄭萬祚,『朝鮮時代 書院硏究』, 집문당, 1997.

鄭奭鍾,『朝鮮後期社會變動硏究』, 一潮閣, 1983.

鄭震英,『朝鮮時代 鄕村社會史』, 한길사, 1998.

조윤제,『한국문학사』, 연구당, 1997..

蔡雄錫,『高麗時代의 國家와 地方社會』, 서울대학교 출판부, 2000.

崔柄憲,『韓國佛敎禪門의 形成史硏究』, 民族社, 1986.

崔承熙,『增補版 韓國古文書硏究』1989.

崔異敦,『朝鮮中期士林政治構造硏究』, 一潮閣, 1994.

崔在錫,『韓國家族制度史硏究』, 一志社, 1983.

崔珍玉,『朝鮮時代生員進士硏究』, 集文堂, 1998.

추만호,『나말려초 선종사상연구』, 1992.

한국사연구회 편,『韓國地方史 硏究의 現況과 課題』, 경인문화사, 2000.

韓國精神文化硏究院刊,『古文書集成』5, 義城金氏川上各派篇Ⅰ, 1989.

鄕村社會史硏究會,『朝鮮後期鄕約硏究』, 民音社, 1990.

5. 논문

고석규,『19세기 조선의 향촌사회연구―지배와 저항의 구조―』, 서울대학교 출판부,
   1998.

高昌錫,「해제」,『濟州大靜縣德修里戶籍中草(Ⅰ)』, 濟州大學校 耽羅文化硏究所, 1993.

金甲童,「溟州勢力」,『羅末麗初 豪族과 社會變動 硏究』, 고려대학교 민족문화연구소,
   1990.

金東燦,「江陵鄕賢祠硏究」,『嶺東文化』5輯, 關東大學校 嶺東文化硏究所, 1994.

金杜珍,「新羅下代 崛山門의 形成과 그 思想」,『省谷論叢』, 1986.

金錫禧,「慶尙道 丹城戶籍臺帳에 관한 硏究 -19세기 逃亡・移去戶를 중심으로-」,『釜山

大人文論集』24, 1983.

______, 「朝鮮王朝後期의 慶尙道丹城縣戶口帳籍에 대하여」, 『釜山大文理大論文集』14, 1975.

______, 「朝鮮後期 慶尙道彦陽縣戶籍臺帳에 關하여」, 『釜大史學』第7輯, 1983.

金泳謨, 「朝鮮後期의 身分構造와 그 變動」, 『東方學志』26, 延世大學校 國學硏究院, 1981.

金映遂, 「曹溪禪宗에 就하여」, 『震檀學報』第9卷, 진단학회.

金容燮, 「朝鮮後期에 있어서의 身分制의 動搖와 農地占有」, 『史學硏究』15, 1963.

金貞淑, 「金周元 世系의 成立과 그 變遷」, 『白山學報』28, 1984.

金興三, 「羅末麗初 闍堀山門과 政治勢力의 動向」, 『古文化』50, 1997.

김성우, 「16세기 국가재정 수요의 증대와 國役體制의 해체」, 『한국사연구』97, 1997.

______, 「16세기 국가재정의 위기와 신분제의 변화」, 『역사와 현실』16, 1995.

______, 「17세기 전반 반상제의 확립과 사족지배구조의 정착」, 『조선사연구』8, 1999.

김영호, 「일본제국주의의 조선에서의 농업정책」, 『일제하 한국사회 구성체론 서설』, 청아신서 16, 1986.

김인수, 「민족의 정과 대륙의 정의 융합체」, 『민족시인 심연수 학술세미나 논문총서』, 심연수선양사업위원회, 2007.

김점숙, 「1920~1930년대 영동지역 사회운동」, 『역사와 현실』제9호, 한국역사연구회, 1993.

깁갑동, 「나말여초 강릉호족의 성립배경과 존재양태」, 『강릉학보』제2호, 강릉학회, 2008.

盧明鎬, 「羅末麗初 親族組織의 변동」, 『又仁金龍德博士停年紀念史學論叢』, 又仁金龍德博士停年紀念史學論叢刊行委員會, 1988.

______, 「山陰戶籍을 통해 본 17世紀初 村落의 血緣樣相」, 『韓國史論』5, 서울대 국사학과, 1979.

盧鎭英, 「17世紀初 山陰縣의 社會身分構造와 그 變動」, 『歷史敎育』25, 1979.

渡邊業志, 「朝鮮에 於ける 戶籍制의 變遷(1)~(6)」, 『戶籍』, 4-6 · 7 · 8 · 9 · 10 · 11 · 12, 1944~1945.

박영식, 「1920년대의 민족분열정책」, 『일본제국주의의 조선지배』, 청아신서 19, 청아출판사, 1986.

朴容淑,「18·19세기의 雇工—慶尙道 彦陽縣戶籍을 중심으로—」,『釜大史學』7, 1983.

方東仁,「掘山寺와 梵日에 대한 再照明」,『제1회강릉전통문화학술세미나 발표요지』, 강릉문화원·관동대학교 영동문화연구소, 2000.

四方博,「李朝人口に關する身分階級別的觀察」,『京城諸國大學法學會論集』10, 1938.

______,「朝鮮に於ける大家族制と同族部落」,『朝鮮』270, 1937.

宋俊浩,「李朝 生員進士試의 硏究」, 國會圖書館, 1970.

申千湜,「韓國佛敎史 上에서 본 梵日의 위치와 屈山寺의 歷史性 검토」,『嶺東文化』창간호, 1980.

엄창섭,「심연수 시인의 문학과 시적층위 -민족시인 심연수의 시사적 의미-」,『민족시인 심연수 학술세미나 논문총서』, 심연수선양사업위원회, 2007.

吳永敎,「17世紀 鄕村對策과 面里制의 運營」,『東方學志』85輯, 延世大學校 國學硏究院, 1994.

원창애,「16~17세기 과거제도의 추이」,『淸溪史學』第9輯, 한국정신문화연구원, 청계사학회, 1992.

이규대,「17세기 강릉지방 사족과 향약조직」,『영동문화』3집, 관동대 영동문화연구소, 1988.

______,「朝鮮後期 嶺東地方의 鄕村支配構造에 關한 硏究」, 中央大學校 博士學位論文, 1991.

______,「조선후기 문중서원의 건립과 향전의 양상」,『인문학보』25집, 강릉대학교 인문과학연구소, 1998.

이명식,「신라 중고기의 장수 이사부고」, 동해왕 이사부 재조명과 21세기 해양강국의 비전 심포지엄발표자료, 2007.

李秉烋,「賢良科 及第者의 性分 —賢良科硏究 添補-」,『大丘史學』12·13合輯, 1997.

李成茂,「朝鮮初期의 鄕吏」,『韓國史硏究』5, 1970.

李樹健,「朝鮮初期戶口硏究」, 嶺南大論文集 人文社會篇 5, 1972.

______,「直村考」,『大邱史學』15, 16輯, 1978.

______,「高麗後期土姓硏究」,『東洋文化』, 20·21, 1981.

李元浩,「朝鮮時代 科擧 物議에 關하여」,『현상과 인식』제3권 제1호, 1979.

이응수,「김립연구」,『김립시집』, 한성도서주식회사, 1941.

李鍾日,「朝鮮前期의 戶口家族相續制研究」,『國史館論叢』15輯, 國史編纂委員會, 1990.

李俊九,「朝鮮後期 兩班身分移動에 관한 研究 -丹城帳籍을 중심으로-」,『歷史學報』96·
　　　97, 1982~1883.

李智冠,「江陵 智藏禪院 朗圓大師 悟眞塔碑文」,『羅末麗初 歷代高僧碑文(高麗篇1)』

李海濬,「朝鮮後期 湖西地方 한 兩班家의 奴婢所有實態—公州中湖·慶州李家所傳戶口
　　　單子分析」,『湖西史學』8·9合輯, 1980.

李洪烈,「文科設行과 疑獄事件 -己卯科獄을 中心으로-」,『白山學報』第8號, 1970.

林學成,「朝鮮後期 平民家門의 准戶口를 통해서 본 身分變動 樣態」,『韓國學研究』8, 仁
　　　荷大學校 韓國學研究所, 1997.

임헌영,「심연수의 생애와 문학」,『민족시인 심연수 학술세미나 논문총서』, 심연수선양
　　　사업위원회, 2007,

林鎬敏,「朝鮮後期 江陵地方 士族의 鄕村活動研究」, 韓國精神文化研究院 韓國學大學院
　　　博士學位論文, 2004.

장동표,「임진왜란 전후 밀양 재지사족의 동향」,『역사와 현실』55, 한국역사연구회, 2005.

丁暻淑,「江陵金氏 戶口單子 分析研究 -18世紀 戶口單子를 중심으로-」,『人文學報』제16
　　　輯, 강릉대학교 인문과학연구소, 1993.

______,「江陵金氏 戶口單子 分析研究(2) -19세기 戶口單子를 중심으로-」,『人文學報』제
　　　17輯, 강릉대학교 인문과학연구소, 1994.

鄭求先,「中宗朝 薦擧制의 施行과 士林의 成長」,『東國史學』第24輯, 1990.

정동락,「通曉 梵日(810~889)의 생애에 대한 검토」,『民族文化論叢』24집, 영남대학교 민
　　　족문화연구소, 2001.

鄭杜熙,「己卯士禍와 趙光祖」,『歷史學報』第146輯, 歷史學會, 1995.

鄭萬祚,「安東 金尙憲書院 建立是非 -蕩平下 老少論분쟁의 一端-」,『韓國學研究』1輯, 同
　　　德女子大學校韓國學研究所, 1982.

______,「朝鮮後期 朋黨論의 展開와 그 性格」,『朝鮮後期 黨爭의 綜合的 檢討』, 韓國精神
　　　文化研究院, 1994.

鄭奭鍾,「朝鮮後期 社會身分의 崩壞 -蔚山府戶籍臺帳을 中心으로-」,『19世紀의 韓國社
　　　會』, 成均館大學校 大東文化研究院, 1972.

鄭震英,「朝鮮前期 安東府 在地士族의 鄕村支配」,『大邱史學』27, 1985.

曺佐鎬, 「學制와 科擧制」, 『韓國史』10, 國史編纂委員會, 1974.

崔柄憲, 「羅末麗初 禪宗의 社會的 性格」, 『史學研究』25집, 1975.

崔鳳永, 「壬午禍變과 英祖末·正祖初의 政治勢力」, 『朝鮮後期 黨爭의 綜合的 檢討』, 韓國精神文化研究院, 1994.

崔承熙, 「朝鮮後期 鄕吏身分移動與否考 -鄕吏家門 古文書에 의한 事例 研究-」, 『金哲俊博士華甲紀念史學論叢』, 知識産業社, 1983.

______, 「戶口單子·准戶口에 대하여」, 『奎章閣』7, 서울대, 1983.

崔弘基, 「韓國戶籍制度史研究」, 『서울大論文集』18, 1973.

韓基範, 「17세기초 丹城縣民의 身分構造」, 『湖西史學』10, 1982.

韓榮國, 「18·19世紀大邱地域の社會變化に關する一試考 -大邱府戶籍の'新戶'を中心に-」, 『朝鮮學報』80, 1976.

______, 「丹城縣戶籍臺帳 解題」, 『慶尙道丹城縣戶籍臺帳(下)』, 韓國精神文化研究院, 1980.

______, 「朝鮮王朝 戶籍의 基礎的 研究」, 『韓國史學』6, 韓國精神文化研究院, 1985.

______, 「朝鮮中葉의 奴婢結婚樣態 -1609年의 蔚山戶籍에 나타난 事例를 中心으로-(上·下)」, 『歷史學報』75·77輯, 1977~1978.

韓㳓劤, 「星湖李瀷 研究의 一端 -그의 科擧制 是非를 中心하여-」, 『歷史學報』第7輯, 歷史學會, 1954.